南京大学中国语言战略研究中心
语言资源与语言规划丛书

徐大明　方小兵　主编

语言与政治

Language and Politics

［英］约翰·约瑟夫　著

林元彪　译

潘文国　审订

.

国家"双一流"建设学科"南京大学中国语言文学艺术"资助项目
江苏高校优势学科建设工程"南京大学中国语言文学"资助项目
江苏省2011协同创新中心"中国文学与东亚文明"资助项目

外语教学与研究出版社
北京

京权图字：01-2017-9072

© John E. Joseph, 2006
Language and Politics by John Joseph, originally published by Edinburgh University Press, Edinburgh: 2006

图书在版编目 (CIP) 数据

语言与政治／（英）约翰·约瑟夫（John E. Joseph）著；林元彪译. –– 北京：外语教学与研究出版社，2017.12（2021.7重印）
（语言资源与语言规划丛书／徐大明，方小兵主编）
ISBN 978–7–5135–9690–9

Ⅰ.①语… Ⅱ.①约… ②林… Ⅲ.①语言－关系－政治－研究 Ⅳ.①H0–05

中国版本图书馆 CIP 数据核字 (2017) 第 310616 号

出 版 人　徐建忠
责任编辑　张立萍
封面设计　高　蕾
出版发行　外语教学与研究出版社
社　　址　北京市西三环北路 19 号（100089）
网　　址　http://www.fltrp.com
印　　刷　北京捷迅佳彩印刷有限公司
开　　本　787×1092　1/16
印　　张　13
版　　次　2017 年 12 月第 1 版 2021 年 7 月第 3 次印刷
书　　号　ISBN 978-7-5135-9690-9
定　　价　45.00 元

购书咨询：（010）88819926　电子邮箱：club@fltrp.com
外研书店：https://waiyants.tmall.com
凡印刷、装订质量问题，请联系我社印制部
联系电话：（010）61207896　电子邮箱：zhijian@fltrp.com
凡侵权、盗版书籍线索，请联系我社法律事务部
举报电话：（010）88817519　电子邮箱：banquan@fltrp.com
物料号：296900001

记载人类文明
沟通世界文化
www.fltrp.com

和谐语言生活　减缓语言冲突

——序"语言资源与语言规划丛书"

　　语言（也包括文字）职能主要分工具和文化两大范畴，且这两大范畴又都有显隐二态。就工具范畴看，语言作为显性的工具是用于交际，作为隐性的工具是用于思维。就文化范畴看，语言既是文化的重要组成部分，同时也是文化最为重要的承载者，这是语言的显性文化职能；语言的隐性文化职能是起到身份认同、情感依存的作用。

　　百余年来，中国因语言国情所定，一直侧重于从显性工具的角度规划语言，要者有四：其一，统一民族语言和国家语言，消减因方言、语言严重分歧带来的交际障碍。其二，进行汉字的整理与改革，为一些少数民族设计文字或进行文字改革；当年还为这些文字全力配置印刷设备，近几十年专心于进行面向计算机的国际编码，使中华语言文字进入电子时代。其三，探索给汉语拼音的各种方法，最终制定了《汉语拼音方案》，使国家通用语言有了优越的拼写和注音工具。其四，大力开展外语教育，以期跨越国家发展中的外语鸿沟。这些语言规划，保证了国家政令畅通，为各民族、各地区甚至为海内外的相互交流提供了方便，为国家的信息化奠定了基础，为建设中华民族共有的精神家园做出了贡献。

　　这些语言规划主要是改善语言的工具职能，当然也兼及语言的文化职能，比如一些少数民族的语音、文字规范化工作等。当今之时，普通话作为国家通用语言，已经成为毋庸置疑的强势语言，全国已有 70% 左右的人口能够使用；文化大发展大繁荣已是响彻大江南北的时代强音。当此之时，当此之世，语言规划也应当以时以势逐渐调适：国家通用语言文字的工作重心应由"大力推广"向"规范使用"转变；语言规划在继续关注语言工具职能的同时，要更多关注语言的文化职能。

　　规划语言的文化职能，首先要坚持"语言平等"的理念。语言平等是民族平等的宪法精神在语言政策、语言观念上的体现。要尊重各民族的语言文字、珍重各民族的方言，同时也要平心对待外国语言文字。

其次要具有"语言资源"意识。中华民族的语言文字（包括方言土语），贮存着中华民族的历史过程和"文化基因"，镌刻着"我是谁？我从哪里来？"的文化身世说明书，滋养着弥足珍贵的非物质文化遗产，必须科学卫护她，传承研究她，开发利用她。

再次要理性规划"语言功能"。由于历史上的多种原因，各语言的发育状态和能够发挥的语言职能是有差异的，比如，在使用人口多少、有无方言分歧、有无民族共同语、有无文字、拥有的文献资料、适用的社会领域等方面，都各不相同或者大不相同。因此，应在"语言平等"理念的基础上，根据语言的实际状态进行合理有序的语言功能规划，使各种语言及其方言在语言生活中各自发挥其应当发挥的作用。

最后要遵循"自愿自责，国家扶助"的方针。民族区域自治制度是中国的基本政治制度之一，宪法规定"各民族都有使用和发展自己的语言文字的自由"，各民族如何规划自己的语言，民族自治地方如何规划自己的语言生活，应当按照本民族本地方的意愿进行决策，并为这些决策负责。当在进行和实施这些决策而需要国家帮助时，国家应依法提供智力、财力等方面的援助与扶持。

中国是多民族、多语言、多方言、多文字的国度，拥有丰富的语言文字资源，但也存在着或显或隐、或锐或缓的多种语言矛盾。对这些语言矛盾认识不足，处理不当，就可能激化矛盾，甚至发生语言冲突，语言财富变成"社会问题"。语言矛盾是社会矛盾的一种，也是表现社会矛盾的一种方式，甚至在某种情况下还是宜于表现社会矛盾的一种方式。近些年，中国的各项改革都进入了"深水区"，语言矛盾易于由少增多、由隐转显、由缓变锐，许多社会矛盾也可能借由语言矛盾的方式表现出来，因此，中国也可能进入了语言矛盾容易激化甚至容易形成语言冲突的时期。

在这一新的历史时期，科学地进行语言规划，特别是重视对语言文化职能的规划，重视从语言的隐性文化职能上进行语言规划，就显得尤其重要。这就需要深入了解语言国情，工作做到心中有数，规划做到实事求是；这就需要着力研究语言冲突的机理，透彻剖析国内外语言冲突的案例，制定预防、处理语言冲突的方略，建立解决语言矛盾、语言冲突的有效机制；这就需要密切关注语言舆情，了解社会的语言心理及舆论动向，见微知著，提高对语言冲突的防范应对能力。当然从根本上来说，还是要提高全社会的语言意识，树立科学的语言观，特别是树立科学的语言规范观和语言发展观，处理好中华各语言、各方言之间的关系，处理好本土汉语与域外汉语的关系，处理好母语与外语的关系，构建和谐的语言生活，并通过语言生活的和谐促进社会生活和谐。

中国的改革开放表现在方方面面，但更重要的是思想上、学术上的改革开放。语言规划是社会实践活动，同时又是一门科学。徐大明先生具有中外语言学背景，不仅自己学有专攻，而且数年来一直致力于中外的学术交流与合作，具有学力、眼力和行动力。他所主持的"语言资源与语言规划丛书"此时出版，恰得其时，相信能为新世纪的中国语言规划起到重要的学术借鉴作用。

李宇明

2012 年 12 月 12 日

序于北京惧闲聊斋

前 言①

在过去的二十年里，应用语言学抛弃了"语言是一个独立、中立的体系"这一结构主义观点，转而主张语言具有彻底的政治性，同时体现在结构和使用两个方面。这种概念上的转变引发了一些核心议题，包括：语言的选择、语言的正确性、（自我）审查和仇恨言论、表达种族和国家认同的语言行为、性别政治和"强势"语言、修辞与政治宣传，以及科技发展所带来的书面语概念的转变。本书将全面探讨这些议题。

在给本科生和研究生讲授语言与政治方面的内容时，我始终感到缺少一本教材的支撑，这本教材能聚合上述议题，展示其与语言分析在结构方面的联系及其与应用语言学关注的核心问题的关系。由于"语言与政治"可能涉及的领域十分广泛，加之有人认为相关概念和方法仅适用于他们研究的范围，因此好像也没有人肯贸然写这样一本书。而诸如本书之类的著作也必然会遭到一些批评，因为总会有人觉得，就语言与政治之关系的核心问题而言，他们所关心的部分都研究得尚不够深入。尽管我一直致力于让本书涵盖的内容更广泛，但我不得不保证全书具有连贯性，以及所涉问题的论述和探讨具有一定的深度，还要符合出版商对内容长度的严格限制，所以一些本来很值得展开讨论的议题我不得不省去或略述。但我采取了一定的补救措施——在书中提供了参考文献和延伸阅读建议，这些能够引导读者拓宽对相关议题的了解，而这些文献又进而可以介绍更多、更丰富的文献。

感谢艾伦·戴维斯（Alan Davies）和基思·米切尔（Keith Mitchell）让本书成为他们系列编著的一部分，感谢爱丁堡大学出版社萨拉·爱德华兹（Sarah Edwards）对本书的指导，使这一颇为不易的过程得以顺利完成。再次感谢艾伦，并且感谢凯瑟琳·埃尔德（Catherine Elder），感谢他们将我的《语言与政治》一章收录到《应用语言学手册》（布莱克威尔出版社，2004）。写2004年那篇文章的时候，我在文献方面得到了约翰·克

---

① 本书所有脚注均为译者注，下文不再注明。原书注释均以尾注形式出现。

利里（John Cleary）的帮助。本书从当时那一章的雏形到今天成书，耗费了一个学术假期，这也要非常感谢爱丁堡大学哲学、心理学与语言科学院的鼎力支持。

在诸多我要致谢的人中，我必须向塔尔博特·J. 泰勒（Talbot J. Taylor）单独表达我的感激之情，本书对语言的整体思考离不开与他多年的讨论。虽然我时常看到报道说我和他在 20 世纪 70 年代时是牛津大学的同学，但事情并非如此。我们之所以能够一直如此了解对方，主要是因为他既擅长交流又擅长思考。还要感谢恩斯特·普格莱美（Ernst Pulgram, 1915—2005）对我的指导，当时他在英格兰，我在美国安阿伯。早在语言学界研究方法还处于社会性和政治性两者非此即彼的阶段时，恩斯特就已经开始两者并重了。在本书快脱稿时，恩斯特过世，谨以此书纪念他。

目　　录

第 1 章　概述：政治如何影响语言
（以及语言之反渗）

1.1　为什么说语言具有政治属性？

过去十年以来，一些在语言起源研究领域享有很高声望的学者一直在提倡一个观点，即语言的起源从根本上说是政治的原因。邓巴（Dunbar 1996）认为，语言因具有区分盟友和敌人、抚慰盟友和潜在盟友的超高效手段功能而得到了发展。德萨莱斯（Dessalles 2000）认为语言源自组成一定规模的"联盟"的需要，代表着社会和政治组织的最初形式：

> 人类之所以形成语言，是因为一次幸运的变革极大地改变了我们祖先的社会组织。为了生存和繁衍，他们发现自己需要组成一定规模的联盟。在这种情况下，作为个体对联盟成员身份的展示方式，语言出现了。（Dessalles 2000：331—332，笔者译）

尽管这方面的研究难以绝对证实或证伪，语言起源政治因素观的出现，很显然是因为政治视角在应用语言学和社会语言学内部日渐得到重视。三十年前，如果有人称政治可能是语言的本质属性，十之八九没人会把他当回事。但这却又是一个"根正苗红"的观点：

> 因此很显然，国家是自然的产物，而人生来就是政治性动物……总结起来，比起蜜蜂或其他群居动物，人类是更具有政治性的动物，这应该很好理解了。正如我们常说的，自然造物自有其用，而语言正是她给人类单独的恩典。（亚里士多德，《政治学》，第 1 卷第 2 页，乔伊特英译。[1885]）

一切动物都具有政治性，但在有些动物身上表现得更为强烈，而人类表现得最明显，其原因正是语言。这位 2350 多年前的哲学家如此论断，今天会有谁反对吗？

不但有，可能还不在少数，而且这是必然的。因为真要按照亚里士多德的论断来说，反对意见恰恰是政治的必要条件。较之其他动物，人类的特点首先是懂得反对，其次是懂得争取。正如说话一样，懂得反对也是人类的天性。

但即使是这一点，也有人会表示反对。共识政治的拥趸往往把反对意见看作一种社会弊病、一种破坏力，看作是本能的，更具体地说，或许是一种男性本能。毕竟，亚里士多德的翻译者在翻译这段话时，告诉我们"（男）人 ①"是政治性动物，而不是女人。[1]语言的某些方面有时候会诱发强烈的反对意见——用男性指代一切性别正是其中一例。但有没有可能亚里士多德的原意是男人和女人都是政治性动物？可能会有人抗议——或附议——女性的交谈和互动方式对抗性较小，政治性不像男性那样明显。

另一个争论的焦点是，"语言天赋"与政治的捆绑程度如何。每一类有感知的物种都会形成社会纽带和社会群体。这种纽带和群体的产生和维持，需要依靠抚慰、表达，以及其他一些能够体现群体内部、领地之间的阶层等级的仪式行为。那又是什么将人类的政治与动物的政治区分开来？仅仅是因为人类的语言能够产生更高的效率吗？还是因为语言让我们的思考更具有政治性？[2]又或是因为语言本身就具有深刻的政治维度，如此之深以至其触到了语言功能的核心？

本书认为语言的确具有这种政治维度，并以此作为讨论的前提。应用语言学、社会语言学、语言人类学和相关领域各分支学科的同仁，也都以此作为研究的前提。但大多理论语言学研究者否认这一观点，他们认为语言的实际功能凌驾于语言的人际使用，语言与认知密切相关。在这部分研究者看来，语言的政治性顶多不过是次生效应，是附带的结果，是微不足道的偶发现象，不值得，也不大可能对其进行严肃的学理探究。然而，语言学圈子里也有它的政治，而且局面已经是遮不了、盖不住的了——有人认为这是学术研究中最具有政治性的一个领域。在既得利益的捆绑之下，语言学界所谓的"主流"其实是一些很窄的研究。我这并不是在抨击那些不认可语言政治性的语言学研究者，说他们自私自利操纵学术。我的意思是说，我们所有的研究者，无论各自支持何种观点，我们在判断一个研究对象是否成立的时候，应当审慎公允地辨析，从而确保我们并不只是打着方法严谨的旗号一味地坚持过时的偏见，这对充分了解语言毫无裨益。

---

① 英语用的是"man"。这个词兼有"人类、男人"两种意思。

另外，还有一个概念争议也大，即我们所说的"政治"所指为何。在日常使用中，这个词指代政治人士的所作所为，或者说"城邦"的事务——这是亚里士多德的概念，也是这个词的词源含义（源于希腊语的"城、城邦"）。另一方面，"办公室政治""性别政治"等词语也渐渐成了十分常见的日常用语。由此可见，"政治"这一概念的适用范围逐渐扩大，这可不只是学术术语的情况。对于一切存在权力分配不均的情况，一切体现权力运作或受权力引导（甚至是决定）的个人行为，政治都是适用的。然而，正如我们所见，"权力"也是少有的几个极容易引起争议的词语之一。尽管这个词的含义很难确定，但在用到的时候却总是带有政治寓意。

本书兼采"政治"的宽窄二义。本书研究语言与政治的关系，旨在探讨说话和书写在人际互动中起到的作用。这涉及人们如何用语言组织从家庭到国家各个层面的社会生活，以及在这个过程中如何建构我们对语言本身的认识。在本研究中，我们认为语言不是先天存在的，语言不能脱离人们的使用独立存在。相反，本研究高度重视支撑以下观点的大量证据：

- 一切语言自身的形成脱胎于说话和书写实践以及说话者和写作者的观念（或"意识形态"）；
- 个体的语言形式取决于两点，一是说话的对象，二是所说的内容对双方关系的可能影响；
- 身份政治影响着我们如何理解他人说话的内容，其影响之大，足可成为我们判断他人言语真值的首要因素。

本章是全书的第 1 章。我们将列举一些真实的问题和矛盾，说明语言与政治之间的关系为何是应用语言学的焦点。至于这些实例的分析方法，我们在第 1 章不打算触及太多，也不打算过多征引相关研究。我们会在之后的章节充分引证，并回过头来重新论述这里提及的一些问题，以及展示更多的实例。

1.2 不同说话方式所体现的政治

一天早上，我三岁零四个月的儿子克里斯宾（Crispin）找我修理他的玩具。我说："Bring it me"①，他却轻蔑地说："爸爸，你漏了 to，应该说

---

① 意为"把它拿给我"，英语规范的说法应该是"Bring it to me"。

Bring it to me"。我觉得甚是有趣,微微露出笑意。这么小却知道规范别人的语法,而我的笑则无疑助长了他一脸稚气地咬文嚼字。但我觉得这样不好,他要是在学校里也这样规范其他同学的语法,别人可不会觉得有趣,倒是可能出言嘲讽或拳脚相加。如果别的同学觉得他这是在显摆,他们的第一反应肯定是要杀杀他的威风。庆幸的是,克里斯宾居然就这样一直挺过来了。虽然在他六岁半那年,我也偶然听到他对哥哥朱利安(Julian)说"Give it me",但他的语言使用一直明显地倾向于标准形式。比方说,他就不大可能像朱利安那样用错误的语法讲故事(参见第 4 章 4.6)。研究资料表明,如果小孩子因为纠正同学的语言错误而被修理,那么在他说服老师自己不是挑事者的时候,他对标准语言规范的使用将更具说服力。

对英语母语者而言,不管使用同种方言还是不同方言,将"Bring it me"纠正为"Bring it to me"都毫无必要。很多人都可以接受"Bring me it"[①]的说法——当然不是所有;类似地,"Bring it me"的说法也是一半可以接受,不过只是在英国的部分地区。在口头表达中,我还可以接受"Bring them them"[②]的说法,但书面语我不能接受。而大多数英语母语者无论口头还是书面都不能接受这种说法。对于本书当前讨论的主题而言,问题的关键在于,如果我们真的问起来,肯定没有任何人说上面的说法都是可以接受的。人们通常会十分肯定地说其中一个是正确的,另一个可以使用但最好别用,还有一个是完全错误的。甚至是那些平时对一切事情都不常表态的人也会这样明确地回答。

语言的这一独特功能,即充当正误之争的焦点,正是其社会功能的核心。比起我们刚才的那些咬文嚼字,语言的正确性所带来的问题要深刻得多。这些问题被用作判断说话人的才智、勤奋、社会价值,以及受部族长者的关注度等的标准。在现代社会,部族长者的关注度逐渐制度化成"教育"系统,但其中的基本原理始终未变,在最早的人类群体以及现在的灵长类动物群体中都是一个道理。

这种解读语言使用的方式就是一种政治行为。它决定着一个人在该社会阶层中所处的位置,决定着谁能够被委以权力和重任。至于掌权者或有意获取权力的人,他们为达目的而操纵语言的种种方法,则体现了更深的"语言—政治"维度。传统上讲,这一维度属于修辞学范畴,亦即亚里士

---

① 留意其与前文"Bring it me"的区别。

② 意为"把这些拿给他们",但标准的说法应该是"Bring them to them"。

多德所定义的"劝说艺术"。在现代社会,尤其是 20 世纪有关潜意识和思想控制的研究发展起来之后,这一维度则逐步归入别有寓意的"政治宣传"范畴。应用语言学研究的是语言的使用,可看作将语言的政治维度直接纳入语言研究的一种途径(approach),而理论语言学则试图剥离语言的政治维度。语言教学和学习在应用语言学中所占比重较大,考虑到在具体的习得环境下,此二者通常都要涉及两种文化声誉总体不对等的语言,因此也是具有政治性的。上述这些差异,会在教师和学生的关系中以及课堂交流的话语中再现。

在教学活动中,这种纠正违背习惯用法的语言权威是一种强大的社会力量,受过教育的人应该都有这种体验。举个习惯用法例子,比如多个代词主语并列使用。我小时候总是自然而然地说出这类句子:"me① 和鲍比(Bobby)可以去看电影吗?"结果大人总会纠正我:"你该说'鲍比和I②'"。接着还要解释把"I"放在鲍比前面不礼貌,而且大人还会指出,宾格的"me"放在主语位置有语病。最终我确实改掉了原来的用法,如今作为一个成年人,我确信自己在说这类句子时,开口一定就是"Bobby and I(鲍比和我)"。

但我的儿子朱利安一直到十二岁以后才真正掌握了这个东西。他通常都说:"me 和托马斯(Thomas)可以去看电影吗?"然后我也会说:"你应该说'托马斯和I'",再做出类似的解释。只不过跟我以前的老师不一样,我这样纠正他的理由并不是我认为用"me"在语法上不通。比如说,我知道在罗曼语族中,只有为了强调,人称代词的宾格才会放在主语位置,而英语如此倾向于这种用法,让我想到这也许是英语语法的一种"自然"特征——如果真的有所谓的语法。[3]但这也恰恰解释了为什么这一特征具有区分教育程度高低的强大标准作用。而作为父亲,我只是想尽我所能避免孩子给人一种没受过教育的感觉,并不是想阻止英语语法的改变,而且这种想法想了也是白想。那么只要这个区分标准客观存在,我就要避免我的孩子为此而遭受排挤。当然话说回来,从孩子的角度而言,大人纠正语病的动机有没有道理,可能就是见仁见智的事情了。

---

① "me"是"I(我)"的宾格形式。

② "I"是"me(我)"的主格形式。

1.3　与他人交谈的政治

组织语言和表达语言总是与在场的其他人有关，我们不能仅仅依据这一点就说一切语言都有社会性。对我来说就是这样，因为即使我是独自一人，一个人思考、写作、祈祷或对"自己"说话，我的脑海里也有一个"别人"，我是在跟这个人说话。但在一切形式的社会中，都始终有相当数量的人不像你我这样与他人交谈，他们为此一直遭受着严重的后果——他们被看作疯子或智力低下的人，在有的地方他们的存在被认为是反社会的，属于犯罪或威胁，因而被隔离。（我这里虽然用了"他们"，但也可能指有朝一日患老年痴呆症的你和我。）这里，能够被社会认可的语言，处于界定"正常理智"甚至是界定"正常人"的核心地位。

上文探讨我和克里斯宾关于"Bring it me"的问题时，我已经提及了人与人之间的交谈所体现的政治。纠正他人对你说的话，很可能会被看作有意批评或控制对方的行为，或是展示自己优越知识水平的表现，不管你有没有这样的主观意图。但我们不必用纠正他人话语的方式来激起这种政治解读，因为打断别人的发言可以起到同样的作用。还有一些能起到同样的作用，比如别人希望你称呼他的头衔或姓氏，但你直接叫他的名字（反之亦然），这无疑会带给他们十分微妙的刺激。社会学家欧文·戈夫曼（Erving Goffman，1922—1982）最早提出语言交流中这种普遍存在的意识和政治因素的力量。他采用了一个传统上与东亚文化相关的概念——"面子"，将这些称为"丢面子"和"顾面子"。戈夫曼的分析我将会在第4章4.2中做更为详尽的探讨，但为了介绍一下基本概念，我在这里要举一个例子。这是一段时长36秒的两人对话节选，其中一人是我（以下用J表示），我无意间两次触碰了谈话对象（以下用T表示）的面子问题。

J1：你在爱丁堡时有没有买许多东西？有没有买衣服？

T1：哦，没有。我只是买了很多在新加坡买不到的牛仔裤——

J2：哦哦。

T2：——还有几件T恤，但没有买……外套，或是类似的衣服。因为如果腰围合适，袖子就会太长——

J3：哦。

T3：——而且……衣长也……不合适。

J4：你在澳大利亚买衣服也这样吗？还是说会好一点——

T4：澳大利亚的衣服要好一些。

J5：哦哦。

T5：价格上也……比较接近新加坡。

J6：没错，爱丁堡的衣服很贵——

T6：是啊……很贵。

J7：——英国哪里都不便宜。

T7：可能是因为英镑的币值……要比澳元的高一些吧。

　　对这段对话研究了几个月之后，我才意识到 T 为什么当时有些低落，她说话的语调以及频繁的停顿正是明显的体现。之前是我邀请她来爱丁堡待了几个星期，这段录音是这之后我去新加坡找她的时候录的。因为她平时的衣着风格总是很优雅，所以我才问她在爱丁堡的时候是不是买了不少衣服。在后来的交谈中我发现，她在谈话中尽力避开的是，爱丁堡的衣服实在太过昂贵，而且她也没有普通苏格兰女性的身材——至少是那些平时穿得像 T 一样优雅的中上阶层苏格兰女性。衣服腰围合适却嫌长，当然是因为试衣服的人腰粗了。

　　当时我其实反应过来了，我说 J4 这句话是想把话头调过去，去维护她的面子。当时我想，那她在澳大利亚买衣服应该不会有太大的问题，因为她在澳大利亚也待过很久，那地方多的是埃德娜夫人①一般的优雅女士。T 抓住了这个转变话题的机会，但对话却没有往我设想的方向进行。她突然把话题引向澳大利亚衣服的质量上（T4），进而说起爱丁堡服装的性价比问题（T5）。但她在说"价格上也……"（T5）的时候，没有简单地用"便宜"或"更低"把话顺着说下去。回想起来，我想她这是为了顾及我的面子。因为我生活在爱丁堡，如果她直截了当说澳大利亚人跟"我们"不一样，不会对劣等货也漫天要价，那我面子上就不好看了。"价格上也……比较接近新加坡"听起来则更中立，暗示着对于新加坡人来说澳大利亚的衣服甚至也有点贵，而且她挑选衣服的惯常考量是新加坡的价格，而不是某些客观的标准。

　　然而我当时没有注意到这一点，只是简单地表示同意说"爱丁堡的衣服很贵"（J6），之后又纠正说其实不只是爱丁堡的衣服贵，英国哪里的衣

---

① 埃德娜夫人（Dame Edna）其实不是"夫人"，而是演员巴瑞·哈姆弗莱斯（Barry Humphries）男扮女装的谐趣角色，但却是澳大利亚女性时尚界的风向标人物。

服都贵。我这样说，实在是给她出了一道难题。如果她赞同，我会觉得有面子，因为这是对我实话实说的一种肯定；但我讲的这个事实却是我所在国家的缺点（至少在她眼里是），这又会让我没面子。她拐了一个很聪明的弯儿，转而说英国的"好话"："可能是因为英镑的币值……要比澳元的高一些吧。"（T7）她把话题的焦点转向了英国的"优势"，即英镑币值坚挺。澳大利亚的衣服比英国的便宜，不是因为英国人都是黑心的骗子，而是因为澳元的汇价疲软。这样说，给所有人都留了面子，除了澳大利亚人，但当时没有澳大利亚人在场，因此也并无不妥。

这段简短的对话还有一个更深层的问题值得讨论：说话的时机。谈话中我打断了她两次（J2、J3），她也打断了我两次（T4、T6）。我第一次的插话是"反馈"，用代表同意的"哦哦"表示我们对谈话的共同参与。我第二次插话说的"哦"则略有不同；我当时是想表明，我理解她说衣服大小不合适其实话里有话。但回想起来，我想她把这个"哦"解读成了我在表示吃惊（因为"哦"通常用来表示吃惊），同时还觉得她不喜欢爱丁堡的衣服使我有些见怪。她断断续续的回应表明（T3），她开始对谈话的走向感到别扭。如前所述，我问她在澳大利亚会不会好一些（J4），提供了转移话题的机会，这时她打断了我，说"澳大利亚的衣服要好一些"（T4）。

我直截了当地说了她一直在回避的"爱丁堡的衣服很贵"（J6）这句话时，她第二次打断了我。她说的"是啊……很贵"截断了我后面要说的"英国哪里都不便宜"（J7）。从语用上讲，她说的"是啊"（T6）意义并不明确，在顾及我的面子的同时又可能让我丢了面子，于是她陷入了困境。为了摆脱不利局面，她把对英国物价的批评转为了对英镑优势的评论。

若对话更具公然的对抗性，插话则相应地更具政治含义。事实上在不少话语分析中，上述"插话"并不算真正意义上的插话，因为插话的人并不是想要打断别人自己接话。另一方面，谈话中的一方侃侃而谈时，另一方却出言打断，这潜在地违反了会话的核心原则。于是轮到原本的说话者解读对方插话的意思：这是表示赞同还是提出质疑？是单纯的插嘴还是想要争夺话语权？这种解读一向很难把握。因为，只要语调上有一点点的改变，我的"哦哦"听起来就会像是讽刺。当我们在他人面前，试图明确或评估自己的社会地位时，这类对抗性的语言就会发生。

1.4 语言定义的政治性

英语母语者通常会理所当然地认为自己知道英语是什么，因为我们可以辨别哪些是英语国家，可以辨别哪些书是英语词汇和语法的权威工具书，还可以自信满满地判断某个词或某个句子是不是英语。说到英语，人们倾向于把它当作一件事物，认为其存在已历经千年之变，尽管人们使用的方式存在着种种差异，但本质上仍保持着一致。语言学家可能会（或者说应该）指出：从历史的角度而言，这里的一些观点是站不住脚的。语言不是一件事物，不同的历史阶段存在着不同种类的"复数"英语，我们不能把英语想象成一个持续演化近千年的同一事物。

进一步说，英语并不是一开始就是统一的，而且后来随着时间的变化演变出了不同的变体。英语的多样性是始终存在的。从五世纪起，日耳曼人迁移至不列颠，因而使英语源于多种部分融合的（强调一下：只有部分融合）日耳曼方言。那些原始方言间的差异，延续成为如今不列颠群岛各地区间甚至世界上其他居住着英格兰人、爱尔兰人、苏格兰人和威尔士人的地方之间英语的差异。因此，随着时间的推移，必须创立和推行语言的"统一"。

从 16 世纪到 20 世纪初各个阶段，"标准英语"的概念和形式应各种需求而产生，我们将在第 2 章和第 3 章讨论这些问题。其他主要的欧洲语言，其标准形式几乎也是在同一时期出现的。起初，这些标准语言的使用范围十分有限，但从工业革命开始，标准语言的使用范围随着教育的普及而扩大，又在工业革命开始之后的 19 世纪最后 40 年间因全民教育的实施而到达了高潮。

如今，尽管每一个英语国家都在推行、在学校中教授（或至少是旨在教授）标准英语，但这也远不能让每一个人使用的英语都是标准英语，口语尤其如此——即使是受过教育的人也做不到。实际上，英语作为一门国际辅助语，长期以来其使用范围在不断扩大，语言变体也在不断增加。许多地方的英语使用者，包括欧洲的英语国家，也未必一定认同英国或美国英语标准的权威，他们声称他们有自己的英语，有权遵循自己的标准。

我所居住的苏格兰，就恰巧对于什么是他们的"本土"语言有着十分矛盾的看法。凯尔特后裔和日耳曼后裔之间有着原始的分歧，有的将盖尔语视为苏格兰真正的本土语言，而有的则认为与英语同属日耳曼语族的苏格兰语才是苏格兰纯正的本土语言。在连续统上，苏格兰语有一部分形式对于苏格兰之外的英语使用者来说是可以理解的，其他大部分则难以理解。对于那些操近似标准英语的苏格兰人来说，他们对连续统上另一端的苏格兰人态度颇为复杂。不同的语境会引起不同的感受。苏格兰语的本真面貌可能会引起他们的民族自豪感；但有时候他们觉得这样的语言给人的感觉是不够优雅、缺少教养的，那么他们又会觉得难为情。

　　巴克利、诺克斯和巴兰坦（Barclay、Knox 和 Ballantyne）在《标准英语研究》（*A Study of Standard English*）中探讨了这种矛盾心理的一个方面。这本书在格拉斯哥（Glasgow）出版，是一本极好的书。这本书于 1938 年初次出版发行，我手中的是 1960 年的版本，已是第 21 次印刷，足以体现这本书在 20 世纪中叶苏格兰中学教育中的应用之广。[4] 书中有《语法错误》一章，大标题是"文体规则"，下级标题是"词汇'选择'"，其中列出了"粗鄙用语"的六种主要形式：

1. 使用**古体**或**废弃**词汇，比如"hight（'被称为……'的古体词）""yclad（clothe 的废弃形式）"。

2. 使用**口语**、**俚语**或脏话，比如"get even（'扯平'的口语）""awfully（'非常'的口语）""rotten（'非常'的口语）""that ugly（'那么丑'的口语）""step on the gas（'踩油门'的口语）""doss（'妓院'的口语）""boss（'第一流的'的口语）"。

3. 滥用**科学**、**法律**或**专业**术语，比如"leitmotif（主旋律）""a complex（情结）""epidermis（表皮）"。

4. 使用外来词汇或短语，比如"café（咖啡）""kudos（荣誉）"。

5. 使用**新词**、**生造词**或**翻新旧词**，比如"burglarize（夜间去偷盗）""enthuse（热衷于）""merger（合并项）""pelmanize（用佩尔曼式记忆法记忆）"。

　　这真是"awfully（非常）"令人惊讶，惊讶到让人产生某种"情结"，没想到"咖啡"竟被认为是外来的粗鄙用语，没想到"主旋律"属于专业术语（还不算外来词汇），使用"主旋律"竟然构成语法错误。但再看最后一条——而且别忘了这本书是在格拉斯哥出版的：

6. 使用苏格兰方言，比如"gigot（羊腿）""sort（修理）""the cold（冷空气 / 冷的地方）""canny（幸运的）"。

当然话说回来,也只有在苏格兰人们才经常说"苏格兰方言",以至于这些词要被归入英语的"粗鄙用语"。但这意味着这本书的作者在告诉读者:如果他们的用语体现了他们的身份,或是用语源于他们自己的文化,那么这种语言就是粗鄙用语;如果他们不想被当作缺乏教育的人,就必须摒弃这些语言特征。

苏格兰人对苏格兰语的这种矛盾心理是由来已久的。据说,18 世纪伟大的哲学家大卫·休谟(David Hume)临死前忏悔的并非他一生的罪过,而是他的苏格兰腔。然而令人吃惊的是,在过去的 40 年里,英国的语言政治观改变竟如此之大——除非作为历史遗存,否则那些将苏格兰方言视为粗鄙用语的书籍,如今已不宜刊印。这会让作者、出版商和印刷商受到种族歧视的指控。如果有读者认为这一指控根本是政治正确的肆意发挥,那么这部分读者最好做好心理准备,第 5 章里会有更极端的例子。

谁有"权力"规定英语? 这是典型的"政治语言"问题,其焦点在于英语为谁所有,一种语言的"界限"到底有哪些。这个"政治语言"问题永远存在,因为这个问题无解。如上所述,语言不是一件事物,而是一种通常具有多样性的操作行为,正是这样才能在其中实行多种统一措施。这些措施就是我们通常所说的语言权威,但它们又不可避免地会与"惯用法"(usage)所代表的另一类权威相抵触,而惯用法是早期的操作行为,背后有习俗和一定社会真实性的支撑。这些支撑可能会让人们认为早期的语言操作行为是"自然的"——但语言研究者需要对此持谨慎态度,因为真实性和自然性在语言之类的文化实践中一向是可疑的概念(参见尾注 3)。

语言学自 19 世纪被定义为对语言的"科学"研究以来,一直主张任何强行实施的语言权威,最终都会在一种关键的权威,也就是惯用法的面前败下阵来——全体人民不着痕迹的集体决定,将是他们的语言的走向。惯用法如何发挥作用完全不得而知,仅此一点,却并没有阻止科学的语言学把(标准)语言作为一种无关乎政治的、"自然的"现象来分析,也不妨碍科学的语言学质疑对相关机制的研究。[1]

---

[1] "语言与政治"方面的研究在应用语言学内部往往因"科学性"而受到质疑。作者这是在回击所谓的"科学的语言学"。

1.5 语言选择中的政治

世界上大部分地区的语言环境，要么使用固定的双语，要么使用固定的多语，要么使用某种不彻底的双语——我们称之为"双言制"，即两种截然不同的语言体系共存于同一言语社区，且二者被看作"同一语言"的不同形式，但其中一种语言专门用于高级语用场合。在所有的这些非单语环境中，在特定情形下该选用何种语言就是一个政治问题，原因有两个方面。其一，选用何种语言同时取决于并决定着说话者之间的关系；其二，若是选择错误，可能会带来某种恶果。例如，在比利时的两种官方语言中，是选择说法语还是佛兰芒语就是一个敏感的问题，因为错误的选择可能会冒犯对方。对于还未完全融入比利时文化、不能完全了解特定群体语言中的政治内涵的人，要做出正确的选择十分困难。在使用双言的环境中，比如在印度东南部的泰米尔纳德邦，如果在"高层次的"正式场合中——比如官方典礼上，使用"低层次的"泰米尔语，就会被认为是完全不合时宜的。这样做的人至少有搞破坏的嫌疑，还可能被当作疯子。

在后殖民语境中，是选择前殖民者或者说是宗主国的语言，还是选择"本土"语言，虽然在不同地区表现方式各异，但通常都充满着政治意味。事实上，世界各地的研究（例如 Breitborde 1998）一致认为，小规模的地方语种[5]、中等规模的区域语种以及大的世界通用语种，它们的使用状况在年轻一代中已经发生变化，即大的语言不再像以前那样强烈地反映阶级诉求。相反，私域和公域的二分法已经改变——也许是受到大众传媒的影响。具体表现为，尽管私域仍然是地方语种的领地，但其受大的语种的渗透较之以往要多得多。不使用大的语种，如今正是年轻一代的政治"标志"。考虑到教育和经济机会，政治上中立的选择是选用大的语种；但也不能否认，有大量的年轻人仍十分抗拒这一选择，并将那些选择大语种的人视为文化叛徒。

在必须要做出制度性选择时，语言选择中的政治问题变得非常棘手。例如，政府该选用哪种或哪些语言开展工作、与公民沟通，而且最重要的是，该选用哪种或哪些语种来开展教育。制度性问题被最大程度放大的案例多是那些有过被殖民历史的国家。这些国家大多数由殖民者建立政治体制，殖民者退出之后他们的语言仍发挥着某些制度性功能。

第 3 章将讨论毕利格（Billig 1995）提出的"日常民族主义"。这个概念描述的是我们在日常生活中不经意间产生或表现出国家归属感的现象，比如使用印有国家标志的硬币和纸币，或是进入邮局看到门口悬挂的国旗。对大多数人而言，多数情况下说话和写作都以日常的方式表现出他们的身份，包括国别的、区域的、种族的以及其他身份。

1.6 语言监察中的政治

从文化上看，通过口音、词汇和语汇的标准化来监察某一语言的形式，这种意图与为这一语言设定边界的意图密不可分，如什么是或不是英语。同时，这两种意图又融合成另一个让人不安的"意图"——监察语言表达中呈现的思想。人们竭力希望语言或多或少是可以掌控的。这有助于社会秩序感的提高，也有助于为大部分的教育奠定基础。

这还与我们从文字游戏（如填字游戏）中能够获得的满足感有关。填字的过程，就好比手持光亮驱散黑暗。完成的字谜代表着知识和秩序，并取代了空格表示的愚昧和无知。"拼字游戏"是一款有 29 种不同语言的热门桌面游戏。表面看来，它模仿了填字游戏，但它将玩家置于更像是出谜者而非解谜者的地位。尤其是玩到高级别，最需要玩家注意的是，拼出来的东西在这门语言里到底是不是一个词。赢得游戏的关键是拼出符合游戏要求的词（非大写、无省字符或连字符、非外语），但实际上拼出来的词没几个人认识。英语的拼字游戏，词中若包含罕见字母 x、j 和 q，根据游戏规则就能得到格外高的分数。

在早期的比赛中，游戏会规定一部特定的词典（各个国家规定不同）作为官方指定版本，用来判断某一字母组合到底是不是英语单词。但没过多久，这种做法就惨遭碰壁，因为没有哪部词典可以涵盖这一语言中的所有词汇。即使一部词典能够将现有的所有专业术语、新的外来词语和俚语（包括各个区域的变体）全部囊括，也不能预知明天又有哪些新词产生。即使在线词典也不能立即收录新的词汇，因此新词的产生和被纳入"该语言"有个不确定的时间过程。所以官方发布了拼字游戏的统一词汇表，而且为了在特定国家都能玩拼字游戏，这些词汇最后成了判断英语单词的公认权威。需要做出规定的问题包括：古英语动词 CLEEK 的过去分词应该拼成 CLAUCHT 还是 CLAUGHT？ MOJO 的复数形式应该写成 MOJOS 还是 MOJOES？ HONDLE 的第三人称单数应该是 HONDLES 还是 HONDLIES？还有形容词 HOOTY，以及它的比较级 HOOTIER 和最高级 HOOTIEST，是否该纳入英语词汇？（目前认可的形式分别是 CLAUCHT、MOJOES 和 HONDLES，HOOTY 及其派生形式也得到了认可。）

但 1995 年，恰逢一场"政治正确"的浪潮，美国全国拼字游戏协会决定推行一部《纯净版拼字游戏玩家词典》，这部词典删掉了 167 个单词及其派生形式，理由是带有"侮辱性质"，其中一些会冒犯某些人群，还有一些则过于低俗。这些词里有 ARSE、ASSHOLE、BAZOOMS、BOCHE、BULLSHIT、DAGO、DICKED、DYKEY、FAGGOTY、FART、FATSO、FRIG、FUCK、GOY、GRINGO、JESUIT、JEW、JISM、LEZZIE、LIBBER、MERDE、MICK、NANCY、NIGGER、NOOKY、PAPIST、PEEING、POMMIE、POOFS、POPERY、POPISHLY、REDNECK、REDSKIN、SHKOTZIM、SHIKSA、SHITHEAD、SPIC、SQUAW、TURD、TWAT、WETBACK、WOG、WOP 和 YID。这导致了一些非常尴尬的情形发生，比如一个耶稣会会士或一个犹太人参加拼字比赛时，他们就不能拼出 JESUIT（耶稣会士）或 JEW（犹太教徒），因为官方认为这些词带有冒犯性质。[6]

到 1998 年，拼字游戏已恢复使用未删节的词汇总表，上述所有词汇得以重见天日。这表明虽然人们希望制定并实施某种语言权威，但这种权威应当予以限制，尽管限制的界限模糊不清，但就介于禁止使用 CLAUGHT 与禁止使用 JESUIT 和 BAZOOMS 两者之间。这个例子引出的一些问题，包括语言规范的本质、权威的限度、"侮辱性"词汇是否属于某一语言不可分割的部分，我们将在后续几个章节中探讨。

1.7 语言、思想和政治人士

人天生是政治性动物，但有些人把这一属性发挥到极致，就成了专业从事政治活动的人士（简便起见，译文称之为"政治家"）。成功的政治家需要具备这种能力：通过语言向人们描绘一个清晰明确且鼓舞人心的美好未来，并以此领导他人。很多伟大的领导人同时也是出色的演说家，比如丘吉尔、罗斯福……当然，希特勒也是出色的演说家。因为蛊惑人心的演讲者也会领导人民——确切地说是误导人民，使其相信执政党狭隘的私利代表着全体人民的利益，但事实上他们的所作所为直接触犯着人民的利益。也有人十分不善言辞却成为强大的领导，要论能说会道，凯撒绝比不上西塞罗。小布什的演说水平甚至连老布什都还不如，跟里根、克林顿更是没法比。但他出了名的不善言辞实际上却帮他赢得了很大一部分选民的信任，因为选民们逐渐将巧言令色与缺乏诚信联系在一起，认为巧舌如簧的人其实是为了操纵他们对事实的认知，而坦率直白的话语才是事实的真实描述。

2003 年，以美国为首的多国联盟入侵伊拉克，他们为入侵所做的政治"宣传"问题在之后五年里一直备受争议。2005 年 1 月，白宫低调地宣布，放弃搜索伊拉克的大规模杀伤性武器。入侵国的领导人曾一直声称他们最终会找到那些武器，当然在此前的几个月里，他们已将谈论的重点从大规模杀伤性武器，逐渐转移到推翻萨达姆·侯赛因以及他们获得的虚假情报问题上。面对误导民众的指控，联盟国的领导人一致回应称，他们只是诚实地根据所得情报采取行动。

问题的中心是美国中央情报局（Central Intelligence Agency；CIA）2002 年 10 月的一份报告，即《伊拉克大规模杀伤性武器计划》。文件文字表述模糊，无论对入侵持何种立场，从中都可以找到正当的理由。就好像《圣经》，《旧约》中说要以眼还眼，《新约》却主张"把左边脸也转过去 [让人打]"①。但中情局这份报告的含糊不清并非偶然为之。报告的行文结构连贯有力，一般受过修辞教育的美国人都会忍不住想读下去，当然大多数文件其实并不采用这种结构。

报告的第一部分名为"情势要点判断"，共分为七个小段落，后五个段落下都分小点列述。前两段是对事实的直接认定：

> 伊拉克无视联合国的决议与限制，仍继续实行其大规模杀伤性武器（WMD）计划。巴格达方面现已拥有化学和生物武器，以及射程范围超过联合国限制的导弹；如果任其发展，他们很可能会在 2010 年之前制造出核武器。
>
> 巴格达方面用障眼法遮掩了其发展 WMD 的活动。海湾战争之后伊拉克的 WMD 曝光，在这之前伊拉克也是想尽一切办法否认相关情报。

报告此时把这些强烈的指控置于文首，是为了产生最有效的冲击。同时，文句很少使用限制性的修饰词或数量词。第一段只用了一个"很可能"，而且语义上还倾向于伊拉克会在 2010 年前生产出核武器。但即便是只有这一个语义上表示谨慎的词，到了第四段还是被打消了：

---

① 即以德报怨之意，出自《马太福音》第 5 章第 39 节。

伊拉克将于何时制造核武器，取决于其何时获取充足的武器级核燃料。

句中用了"于何时制造""何时获得"——没用"如果获取"，假设这里用"如果获取"，我们简直要夸赞其措辞之恰如其分，与之前的"很可能"倒是有那么一些异曲同工之妙了！事实上，条件句（"如果"句）出现在紧随其后的要点描述里：

- 如果伊拉克从国外获取了充足的武器级核燃料，它可能会在一年内制造出核武器。

但跟统领这一句的段落不一样，这句话没有加粗强调。第二个要点则更是一个典型的条件句：

- 如果不能从国外获得这些燃料，伊拉克就很可能无法在 2005 年之前造出核武器。

单独看这句话，这似乎是在为反对入侵提供论据。但这句话只是加粗段落下的附属项，相比加粗体的"伊拉克将制造出首枚核武器"，这句话给人的感觉完全不同，就像是对最乐观情况的设想，意味着迟早还是需要入侵的。

各要点项中修饰词激增，和前两段的寥寥无几一样明显。在以下叙述中，BW 代表生物武器，UAV 代表无人机（例如导弹），粗体是我加上的：

- **如果**伊拉克得到了燃料，它就**可能会**制造出核武器。
- 伊拉克有**一些**投递式致死性 BW 战剂，**潜在**威胁着美国本土。
- 伊拉克拥有一支**小型**导弹部队，并且正在开发一架 UAV，**大多数**分析家认为这架 UAV **很可能**是用来投递 BW 战剂的。
- 巴格达方面的 UAV **可能**会对其邻国造成威胁，如果 UAV 被部署**接近或进入**美国本土，**还可能会**对美国造成威胁。

不管是否正如看起来的那样，开篇段落与其他部分是否并非出自同一人之手，中情局的目的都是为了一箭双雕。坚信必须要入侵伊拉克的人，在报告一开始就找到了明确的论据，而对心存疑惑的人而言，开头之后的整本报告都将是他们的证据。

但支持入侵的人还有一件秘密武器，那就是美国学生所学的议论文书写方式。书写议论文或报告时，最先陈述主要结论。之后的部分都将是对这些结论的论证。即使在段落层面，也以"主题句"开头，之后的内容再做进一步的阐释。Essayinfo.com 网站为学生们的写作提供了如下建议：

引言段

引言段应概括要点，或是描写引人注目的细节以引出主旨……文章主旨通常写在引言段末的中心思想句里，中心思想句中还包含三点或以上支撑主旨的依据（描写极简）。每一条依据都应在接下来的正文段中详细阐述。注意：中心思想句并非都要置于引言段的段末，有些文章会将其放在段首。

---

www.write-an-essay.com 网站给出的建议也一样，只是措辞不同：

书写议论文的引言

引言要介绍议论文的主旨，并吸引读者进入主题。好的引言……应该：

• 着眼于由问题所引发的议题。

• 概述意图讨论的主要议题。

• 对文章进行总结。

• 回答提出的问题。

这些建议与所有美国出版社的写作指南相一致，但这完全不同于欧洲大陆国家教授的传统写作方式。他们的方法是积累论据，步步为营，最终得出结论。在开头就抛出结论，这会让结论看起来像是作者事先做出的判断，而不是通过复杂推理得出的结论。因为这很难让读者信服，在没有任何悬念的情况下，他们也没有兴趣通读整个论据。

我并不是说，我们可以根据不同国家阅读文本（如中情局报告）的方式不同，就能解释为什么法国或德国不愿入侵伊拉克而美国却急于入侵。因为除此以外，无法解释为什么西班牙、意大利、波兰加入了入侵联盟，事实上英国也加入了。要知道，英国的修辞传统是介于美国标准和欧洲大陆标准之间的。相反，我认为中情局的报告是有意利用了某种方式的写作和阅读模式。这种写法会使很多美国人都想当然地认为首段之后的文字都是在证明之前的加粗部分，他们不会把之后的修饰语解读成对"中心思想句"真实性的质疑，而是理解成一种精确的表达，精确到足以反驳一切提出的怀疑理由。

我们回过头再来看报告的第二段："巴格达方面用障眼法遮掩了其发展WMD的大部分活动"——现在看来，显然这一段本该引出一个重要的问题，即中情局何以得知第一段所述的内容。但开头的"中心思想句"，其"回答提出的问题"的作用暗示了另一种解读：尽管伊拉克遮掩了大部分活动，但这大部分已被中情局发现并得到了证实。

这些写法是否构成蓄意蒙骗的政治宣传行径，仍然要看如何解读。但有三点需在此指出：

1. 一直以来风靡美国教育界的修辞结构——先抛出论点再陈述论据，其实并没有本质上的错误。但我们仍需尽力让每个人都认识到，开篇的论点不见得真的与之后的论述相符，这种情况下"中心思想句"并没有依据。

2. 联盟国领导人以及众多核心顾问都是训练有素的律师，都是修辞专家。他们知道该如何阅读模棱两可的文件。他们声称自己只是诚实按照情报采取直接的行动，这个说法无论如何都是不诚实的。

3. 显然，任何情报机构都不该依据未经证实的假设得出肯定的结论。但考虑到普通读者所接受的写作训练水平，中情局发布这样一份行文结构使得普通读者将言之凿凿的结论当作事实的报告，是非常不负责任的。

我万分希望从长远看此次入侵和占领可以改善伊拉克人民的福祉。但即使能得到好的结果，即使做出最善意的解读，也无法消除我们深切的不安，因为入侵国家的民主政府太缺乏诚意，他们的所作所为是对选民智商的侮辱。

更重要的是，我希望这个实例能讲清楚，语言和篇章结构分析何以影响到文本的解读，以及语言与政治的问题何以引起国际共鸣。

1.8　语言和选择

本书有一个贯穿始终的中心问题：涉及语言，谁有能力做出"抉择"？

从根本上讲,权力与政治关乎的都是谁的意愿和选择将占据主导地位。谁有权决定什么是规范的英语,什么是不值得提倡的英语? 以至一切语言中,什么是正确的语法,什么又是错误的? 在多语环境中,谁有权选定使用哪种或哪些语言开展教育? 一门语言中,谁有权决定在某个特定时间说什么是合理的,说什么是无礼的,表现方式又是什么? 当我意识到自己正在语言方面做出选择时,这些选择会不会是某种具有霸权力量的社会结构强加于我的呢? 抑或是这种语言本身强加于我的呢? 我对自己听读内容的解读是自发的吗? 还是说,这也是代表企业和政府利益的势力,企图控制我的感知和思考方式而强加于我的?

这些问题无法明确回答。原因很简单: 无论给出什么答案,答案本身仍将面临上述同样的问题: 如果我认为自己做出的语言选择是自发的,会不会我的这种想法本身也是某种霸权力量强加给我的呢? 为了避免陷入这种死循环,也为了避免走上过于简单化的政治路线,我们需要探究这些问题自身,看看其中有哪些是人们认为不言自明的,还要从先前研究者在解决这些问题时的发现中吸取经验。在之后的章节中,我会以比较精细的方式一一完成这些任务,我会更注重对实例的分析,而非理论上的解释。本书最后一章将对语言与选择问题的各种情况进行评估。目的是让读者充分了解问题从而找到自己的答案,而不只是接受我的思考。

1.9 结论: 语言具有彻头彻尾的政治性

我知道你心里在说: 得了吧,什么所有的语言都具有政治性,这肯定是夸大其词。厨房墙壁的上购物清单有政治性吗? 婴儿早期的牙牙学语有政治性吗? 计算机使用说明有政治性吗? 两个人在酒吧里的聊天有吗? 莎士比亚的十四行诗也有? 那动词词组呢?

诸位读者,我知道你们此刻正在质疑我。但就如我在本章开篇所说,异议是政治之母,因此,我首先要感谢诸位带有政治性的质疑,从而印证了我的观点。那么,我现在真的是在坚持主张所有的语言都具有政治性吗? 包括你们所举的那些例子,如果我要对这些做出政治性解读会不会显得十分荒谬? 各位读者,我是在坚持自己的主张,但需要加上一个限制: 所有的语言行为都具有"潜在的"政治性。因为即使在我说话的时候并不带有政治意图,我的听众或读者仍会以质疑的方式解读我的立场,他们可能会说我只是没有意识到自己带了政治意图而已。这样的质疑甚至有可能是对的。然而重点在于，他人对我的话语的反应、对我的动机的推测，乃至在他们的立场上看我是怎样的一个身份，这些我都不能控制。

再来看购物清单。在我家就非常带有政治性。因为这是我妻子的清单。如果我在单子上增加一些，她很可能会认为这是我对她的指责，怪她东西用完了还不买；如果我加上去的东西是我随手就能买到的，她又会厌恶我的懒惰。所以我在购物清单上留言所选用的语言（"我们的……用完了"对比"亲爱的，能麻烦你顺路带……回来吗？"），将会直接影响到我们的婚姻政治。

婴儿早期的牙牙话语——这么说吧，我们认为这些咿咿呀呀主要是在表达命令，要求他人听从自己指挥的一种言语方式。没有什么比这更具政治性了。

再来看计算机的使用说明。表面看起来这似乎是最难做出政治解读的了。但我一打开首先看到的便是"© 2003"[①]，紧跟着是"未经书面授权，不得复印、转载或翻译本说明的任一部分"，这是为了表明说明书文本的法定所有权，告诉读者除了阅读和评论，他们对此不享有任何其他权利。"内含信息如有更改，恕不另行通知"，恐怕每本书的版权页，都应该以这句话开头。这是为了让制造商免于因说明书中错误的或不清晰的信息而吃官司，但这句话留有太大的余地，实际上会让生产商不被追究任何责任（当然真的上了法庭未必绝对不被追究）。最后，为防万一：

> 本产品和服务之全部保证，已载于本产品和服务附带之明示保证声明。本说明书的任何内容均不构成额外的保证。

这些声明由制造商的律师起草，清楚地说明了在制造商和用户的隐性合同关系中，用户的权利和义务分别是什么。声明的用语明显有别于正文。因为说明书的其他部分，更主要依靠难以用语言表达的图形，配以尽可能简洁的文字，说明怎样连接显示器等问题。在法律声明那一部分，所有条款均有完备的说明，为的都是给制造商保留最大的余地，同时限制用户的权利，好让用户弄坏了东西不找他们维修，或是入手几个月后想换新型号也不会找他们退款。

再说两个人在酒吧里的聊天。我们究竟为什么喜欢在酒吧里聊天呢？

[①] 意为"版权所有，保护时间自 2003 年起"。

这关乎人际关系的形成，即人际关系中的语言行为。详见第 1 章 1.3 "与他人交谈的政治"。

还有莎士比亚的十四行诗。饶了我吧。如果我们认识不到那些具有政治意味的潜台词，我们根本理解不了这些诗。大到时代政治背景——伊丽莎白时代不服从英国国教的天主教徒；小至个人情感方面，诗人与他的贵族资助人、诗人和一个小伙子以及黑女郎的关系，以及最后对巴斯城的宣传。而所有这一切都由语言、纸张上的字迹、词汇，以及三者的组合方式构成。

再说动词词组。正如某位整体上有相同感受的读者（generally sympathetic reader，以下称 GSR）质疑这一节的标题所说的那样，"比方说，这是否意味着动词词组具有政治性？若是如此，这便突破了'政治性'的底线，这个词就没有意义了。如果一切事物都具有政治性，那恐怕任何事物又都不具有政治性"。GSR 已经能够接受的观点是：所有语言在使用中都具有潜在的政治性，但语言结构不是这样，语言结构是构成说话者语言能力的形式，是 GSR 称之为"抽象分析"的对象。但在我的成长环境里，尽管学校教过正确的说法应该是"it doesn't"，尽管考大学、找白领性质的工作，都必须使用正确的形式，但几乎每个人都还是说"it don't"。我实在想不出，除了高度的政治性，还能用什么来形容动词词组。

我不同意 GSR 的理由基本概括了沃洛希诺夫（Voloshinov）批判索绪尔的理由，我们将在第 4 章 4.1 讨论。虽然我并不能在第 4 章 4.1 中把所有的道理都讲一遍，但这一部分一定会清楚地证明，人们可以毫无顾忌地对任一语言问题做出抽象的、无关于政治的分析，无论是结构上还是使用上。没有什么能强迫他人对一张表格或一段话做出政治解读，但也没有什么能阻止人们进行政治解读，当然独处或"内心独白"的时候不在此内。[7] 语言能多方面、全方位地决定人们相对于彼此所处的立场，如果我们无视语言的这一功能，我们对语言的认识就是片面、歪曲的。语言总是一次性发挥多种功能，我并不认为语言的政治功能胜过其他功能（这是我们无法衡量的），我也不否认，每天都有不计其数的语言行为其实并不会带来任何政治影响。然而，如果我们用"政治性"囊括所有说话人、听众、作者和读者相对于彼此的定位，如果我们主张语言行为都有政治解读的潜在可能，那么恐怕只有极少数的语言完全没有政治性。但我们研究"政治性"并不会失去意义——同理，不能因为某研究者认为所有的语言都是有结构的，就说结构分析失去了意义。

更进一步说，我们对语言结构和语言使用的常识判断能够帮助我们对二者进行有效区分。但这个常识也会带来问题，我们可能会据此认为此二者是本质上完全不同的东西，并把语言结构当作首要的、最为"真实的"，而把各种情况下的使用都当作次要的。然而事实恰好相反。语言的"使用"才是真实的、首要的——每个人的语言都是如此，儿童正是在语言的使用活动中获取语言的"知识"——语法学家随后将"知识"组成语言的"结构"。动词词组不是语法学家"发现"的，也不是他们凭空捏造的；语法学家所做的工作在语言里本来并不存在。语法学家并没有原模原样录下所有的使用者如何变换某种屈折语的动词形式。相反，他们制定词形变化表，规定合乎逻辑的、正确的屈折变化形式，体现的只是特定群体使用的词形变化方式，通常是受过教育且观念保守的精英群体。那么我们已经可以得出结论，动词词组是具有政治性的。此后，语法学家制定的词形变化表很可能通过教育体系被加之于其他群体，这就让动词词组具备了完全意义上的政治性。

我想再强调最后一点。由于理论语言学与应用语言学界之间的政治斗争，这两个领域的研究者有时会很难看见他们其实是有共同点的。我虽然坚持认为语言本质上具有根本的政治性，但并非想扩大二者已经存在的分歧。本书对于部分坚定的语言认知论乃至先天论读者均有启示，即使在他们看来，本书所描述的现象都是偶发的附加现象，无法做出"科学的"解释。但我并不这样认为。本书构建的语言观中，语言无法脱离人们认识和讨论它的方式而独立存在。换而言之，语言本身是一个"政治的—语言的—修辞的"构造。而且，语言学家们提出的种种语言理论同样是一个个"政治的—语言的—修辞的"构造，他们的理论与他们试图解释的语言行为一样，都适用于本书的分析。

你可以同意我的观点，即言语和语言来源于我们的说—写—表达行为，以及归根到底人类所具有的解读的认知能力。又或者你认为语言有着某些不依赖于人的成分，语言只是我们所"使用"的系统。无论你倾向于哪种观点都没有关系，只要你承认言语和语言和与之相应的人们的生活息息相关，你最终会坚信语言是具有政治性的。因为人天生就是政治性动物。

尾注

1. 本段用到的古希腊词语 "anthropos" 一般不分性别地指人，而 "andros" 这个词则指相对于女人（gyne）的男人。就这个问题而言，古典欧洲语言较之现代欧洲语言更容易让我们做出判断，而这个现象本身正可以说明语言与过去使用或正在使用相关语言的社会之间的关系。这一解读的局限性将会在本书第 4 章进行讨论。

2. 这个问题可能会引起"物种歧视"的政治问题，这里暂且不表。与之类似的蜜蜂和某些其他动物所拥有的复杂信号系统，是否应将其视为亚里士多德所说的"语言天赋"的问题，也略过不表。

3. 其实在分析语言时，我对"自然与非自然"的二分法持十分谨慎的态度，我在 2000 年（Joseph 2000a）对这些二分法的历史做过综述。

4. 感谢霍德与斯托顿出版社（该出版社于 1998 年收购了发行本书的戈登出版商）的约翰·米歇尔（John Mitchell）。他在 2005 年 2 月 22 日给我发电子邮件，证实该书"几乎普遍使用于苏格兰的所有学校"。

5. 这里所说的语言"规模"，是为了简略地表达使用该语言的社区规模，这是一种常见但带有风险的隐喻，主要是因为与语言有关的隐喻都极容易引发误解。

6. 如果在比赛时拼出"JESUIT"，不是耶稣会会士的罗马天主教徒会觉得被冒犯[1]，至于"JEW"这个词，如果被用作动词则对犹太人具有冒犯性质[2]。

7. 这是语言的真实维度，尽管对语言的交流、交际和寒暄等其他主要功能而言这个维度并不重要，但对于语言的表达功能而言，甚至可以说是至关重要的一个维度。这意味着对于应用语言学研究者而言，无政治性的语言并不太重要。

---

[1] Jesuit 除了"天主耶稣会会士"之意外，还有"阴险小人"之意。

[2] Jew 作名词时意为"犹太人"，作动词时意为"狠命地讨价还价"。

第 2 章　语言和国家

2.1　他们和我们

据《创世记》记载，大洪水消退后，诺亚的子孙后代在地球上繁衍生息："各随各的方言，宗族立国"（《创世记》10：5）。[1] 如此重视"方言"和"国家"之间的关系，为语言赋予近乎神圣的特殊地位并视之为意义和文化记忆的储藏库，犹太教—基督教—伊斯兰教文化并非是唯一这么做的。现代（后文艺复兴时期）的民族概念往往指在血统、语言、文化、聚集地上存在关联的一个群体，其中《圣经》是最直接的源头。

在文艺复兴前，欧洲对民族的认识却并非如此。当时的民族划分，首要标准是宗教信仰，其次是统治的王朝。封建制度虽早已被其他社会制度所取代，但却比后世其他制度具有更强、更宽泛的控制性。在封建体制下，个体为上也为下单独负责。正是因为社会的管控力度如此之大，个体的符号化形式归属在这个时候并不十分重要。后来，封建社会秩序逐渐松弛，情况则有所不同。当时在整个欧洲，"语言"就是指拉丁语，与大多数人日常生活使用的通俗土语格格不入。这些通俗土语当时算不上"语言"，除了满足日常交流的实际需求，也没人觉得它们有任何重要性可言，而拉丁语则是举行神圣仪式和传播神圣教义的圣洁媒介。

文艺复兴带来的一个大的变化是，在有些地方普通人终于可以自己阅读或者听别人朗读《圣经》。而此前《圣经》一直仅有少数知识人群才可以阅读，也只有通过他们的解读大众才可以安全接受。随着国家意识以及"语言—国家"两者相互关联的意识广泛传播，人们越来越希望把通俗土话提升至语言地位，并使之"有权力"，从而承担部分拉丁语的专属职能。这种意识甚至被看作个体对国家的一项义务。当然，这一意识还有实际的经济效应：那些没受过拉丁语教育的人，以及那些更希望阅读母语的人，带动了图书销量的增长。[2]

《圣经》和文艺复兴后形成的"国家—语言"观念，至今仍有深远的影响。当然，历史上试图推翻它的也不乏其数，并确实在一定程度上削弱了这一观念。其中冲击力最强的，当属以国际主义为目标的马克思主义。然而从 1989 年东欧社会主义失败开始，民族主义卷土重来。此后仅仅五年，民族主义这个概念为何如此危险就得到了证明。疯狂的塞尔维亚民族复辟分子为实现国家的"种族净化"，采取了种族屠杀。再往东，到了黎凡特（现叙利亚、黎巴嫩、以色列等国），以色列与邻国的紧张局势持续恶化——经过几百年在外流浪散居，希伯来民族终于实现了《圣经》所载的权利，拥有自己的国土、建立以色列国。《创世记》的文本权威性之强，竟使得一直居住此地的其他民族失去居住权，导致几十年来类似巴以冲突的悲剧不断发生，周边国家甚至全世界都受到了冲击。

毫无悬念，以色列认定其建国的合法性，用的是源自《圣经》的"国家—语言"相关性。希伯来语一直是犹太教官方语，犹太教的所有核心文本和仪式都使用希伯来语。自 19 世纪后期，欧洲各地的犹太小群体预见犹太复国不远，便着手在各种领域重新使用希伯来语，包括口语和书面语。然而，究竟选用何种语言的论战一直持续到以色列建国为止。是选择像英语或阿拉伯语这样的国际通用语言，还是选择某种移民广泛使用的语言，如意第绪语（与日耳曼语密切相关）或犹太西班牙语，怎样选择能够更好地服务于以色列民众的利益？（参见 Myhill 2004）然而希伯来语最终凭借其重要的意识形态和象征意义压倒了种种现实考虑。这个决策有效地帮助以色列民众树立了强烈的国家意识，其成功是不容置疑的。

"强烈的国家意识"什么时候会转益为害？如果这样的国家意识致使一部分本国人认为另一部分不是本国人，并对他们持有敌意，这个时候国家意识便有害无益了。这里有必要详细说明一下"认为"的意思。原因是，人们在否定某人的民族身份时，考量的因素有很多，因为事实上没有哪个人的民族身份理由是百分百没有问题的。在纳粹执政期间，德国政府官方认定犹太人不是德国人，尽管这些犹太人都世世代代生活在德国（参见 Hutton 1999）。第一次世界大战期间，德裔美国人因为讲德语[3]被当作反美人士受到迫害；第二次世界大战期间，日裔美国人即便对美国忠心耿耿，却依然被投入监狱。截至 20 世纪 50 年代，没有一个共产党员是"正宗美国人"。20 世纪 60 年代我在密歇根州生活，那时我还小，当时有种常见的车尾贴纸，上面写着"剪好头发，做真美国人"①。

而今，全世界富裕国家对国内来自贫困国家的移民以及对有移民意向的贫穷国家的人，都怀有相当的敌意。和上面美国的情况一样，即便是几

---

① 美国"3K"党（United Klans of America）的口号之一。

代的老移民也不免感受到这种敌意。然而有时候，正是那些老移民，更厌恶新来的移民。在我撰写此文之际，法国政府正在评估一项新立法，规定母亲与子女在家里必须使用法语。这项法规特别针对母亲，原因是语言习得研究一致表明，孩子使用什么语言是由母亲决定的，而在家里讲法语是培养孩子以法语为母语这一意识的最佳方式。此举旨在减少移民子女，尤其是北非的移民子女的疏离感，同时防止他们因使用自己的家乡语而形成亚文化群体，因为法国政府担心这会导致他们形成独立于法国文化的小圈子。

这项立法极有可能行不通，因为若真在居民家中实施起来，可能要采取小说《一九八四》中所描述的极端手段安装闭路电视并实施监控。我们可以对照这几年流行的"真人秀"节目《老大哥》，想想真的要实施会是什么样子。但我想说的是，越是好心想帮助他人的人，越容易跨过界限，导致对他人权利的践踏。以法国这项立法为例，法案起草者毫无疑问确实是真切关心这些少数群体的福祉，希望尽一切所能让他们融入法国社会。在欧洲国家，出身和血统不重要，只要讲本国语言就会为国家所接纳，法国尤其如此。法国政府看待这件事的角度和法国内外许多人都不一样，多数人会认为：法国政府剥夺居民的语言自主权，剥夺他们发展自己亚文化群的权利，而这些亚文化本可以使得"成为法国人"具有更多、更丰富的内涵；政府的这种做法是对法国文化的垄断控制，是对基本人权的侵犯——这可是 18 世纪"人权"概念诞生的国度啊。

根本问题在于民族主义本身的运作方式。20 世纪 70 年代至 80 年代初之间，亨利·泰菲尔（Henri Tajfel，1919—1982）与多名合作者提出"社会认同理论"。其中指出，国家认同以及其他各种身份认同皆是"个体自我意识的**一部分**，源自个体对其作为某个（或多个）社会群体成员的认识，以及个体对这一成员身份所附带的价值和情感的认可程度"（Tajfel 1978：63，粗体为原文所有）。那些我们认为自己属于其中一员的社会群体，就是我们的"内群体"；未被我们当作内群体成员的那些人，则被我们归入"外群体"，在内群体看来，他们不只是外族人，更是一种威胁，是敌对势力。我们知道，但凡有理智的人都会反对歧视压迫少数外族人的做法，但与此同时我们也要明白，此类歧视与民族身份认同构建过程正是同时产生的。

极端地看，民族认同总会具有压迫性，但控制在合理的限度下，通常可以看作一种积极的力量，有助于培养人们的自我认同感和安全感，避免产生疏离感。由于语言和国家在概念上如此密切相关，语言选择的政治性

（下一章会讨论）几乎不受纯粹的"功能性"标准左右，比如哪种语言通用性最高。民族认同的象征和情感维度十分关键，语言政策如果忽视这两者，那么在长远上是不能发挥作用的。

2.2 判断"一门语言"的标准

作为希特勒政权侵略目标规划的一部分，德国学者、纳粹党成员海因茨·克洛斯（Heinz Kloss，1904—1987）对英语世界尤其是美国进行过详细的研究。战后，克洛斯对这个研究进行了改造，使之成为现代日耳曼语系中"文化语言"（Kultursprachen）的首个大规模研究。所谓"文化语言"，英语中一般指的是具有书面形式的或具有标准形式的那些语言。克洛斯在1952年建立的模型（1967年和1978年两次修订）得到了广泛认可。根据这一模型，某一方言如想获得一门语言的地位及相应权利，必须符合两条标准。

第一条标准被克洛斯称为"距离"（Abstand），指的是该方言必须在语言的各个层面上，与一切已知的相近语言有显著差异，从而避免被当作这些已知语言的方言之一。如果结构上差异不够大，这一方言便不能被视作一门独立的语言。此外，该方言还必须满足克洛斯提出的第二条标准"扩展"（Ausbau），即必须用该方言创作一定量的书面作品，且作品需要带有精心雕琢的效果，包括书面语的借用（有时也包括句法手段的借用），同时作品至少在拼写和语法方面有一定的应用规范。

一种方言要获得"语言"的地位，语言的差异性和书面作品这两个标准缺一不可——必须同时满足，尽管目前这两方面尚未有明确的达标门槛。汉语的各种"方言"便是语言的差异性不足而不能成为独立语言的最佳范例。这些方言结构之间的差异性完全可以比得上日耳曼语系内的各个语种（包括英语、德语、丹麦语、瑞典语等），但是从"扩展"的标准看，日耳曼语系现存的语种有十几个，而汉语"语系"只能算作一门语言。然而结构语言学家并不这么认为。据夏季语言学研究院的民族语言数据库（www.ethnologue.com）统计，日耳曼语系包含53种语言（含现存和已灭绝语言），而汉语语系分成14种不同的语言。这也是知名语言学家约翰·德范克（John DeFrancis）所认同的观点，他在《汉语：事实和错觉》（DeFrancis 1984）一书中明确指出，在他看来人们最大的错觉是把整个汉语语系只当作一种语言——10多亿汉语母语者都有这样的"错觉"。

那么有没有不需要"距离"标准，只需要符合"扩展"标准的语言？对此，克洛斯也承认纯"扩展语言"其实可以单独存在，这些"扩展语言"实际上同属一种语言，只不过使用的群体始终不承认罢了。一个典型案例便是塞尔维亚语和克罗地亚语，这两种语言彼此互通，两者的差异程度接近英语中的不同方言，小于汉语的方言。但他们在书面语发展过程中，均刻意拉开相互之间的形式差距。塞尔维亚语是多数东正教国家使用的语言，采用跟俄语一样的西里尔字母。而克罗地亚语是多数信奉罗马天主教的国家所使用的语言，采用跟英语一样的拉丁字母。鉴于二者的语言距离不足，语言学家往往把这两种语言并称为"塞尔维亚—克罗地亚语"。但塞尔维亚人和克罗地亚人却不接受这种叫法，两国间的宗教以及与之相伴的文化差异之大以致在 20 世纪 90 年代引发了战争和"种族清洗"。

克洛斯的模型中存在一个令人费解的失衡。一方面，他坚持认为，距离和扩展是某方言获取语言地位的必要条件，二者缺一不可；另一方面，他却认可不需要"距离"标准的纯粹的"扩展语言"的存在——但他也只是部分认可，因为这种语言只有被缺乏语言教育的人使用。但语言专家能看出这是一个错觉，是德范克认识汉语方言的一个缩小版。"扩展语言"是真正的语言，因为语言专家是这么说的。然而实际使用者不这么认为，因为他们在文化和政治心理的束缚下，陷入了统一的错觉。

然而，稍稍从人类学角度看看这些问题，便不难发现，被错觉蒙蔽的其实正是克洛斯和德范克他们自己，他们对语言学的"客观"的分析能力产生了错觉。如果一个民族对自己的语言的集体认识和专家的分析有出入，那么理论上当然是专家更正确，因为所谓专家就是要能够知常人所不知，我对这个并无异议。但如果"专家"只是这种文化的局外人，我们必须要明白，这时候该文化内的所有人民都是专家，局外人只能算他们的学生。这种看法作为局外人的专家或许没法接受，毕竟这会让他们处于相对弱势的位置，违背了"专门家"之本义。

这里涉及的问题是"知识的政治"。[4] 过去一百年来，人们的看法发生了翻天覆地的变化。现代人类学认为，每种文化自己的共同信念传统才是这一文化的基本现实。这种观点可能会让人觉得带有一定的"神秘"色彩，因为这样的"真实状况"可能与文献记录不符，或是包含了超自然的人物和事件。但如果这一民族自愿以之为真，并据此构建自己的生活、思想以及身份，那就足够使之成为"真实状况"，专家们再怎么分析也并不影响。在百万、亿万的使用者觉得塞尔维亚语和克罗地亚语就是两种不同的语言、汉语的诸多方言就属于同一语种的情况下，区区几千个语言学家的否定态度又有什么了不起？更遑论他们的看法对这些使用者的生活有何直接相干。

克洛斯从自己的分析中得出了错误的结论，原因在于他所建的模型中，实际上只有"拓展"才是最终的决定要素。两种方言如果因为语言距离不够不能成为独立的语言，那么可以通过在书面语中有意培养形式差别来弥补，塞尔维亚语和克罗地亚语以及其他语言的例子就是这个道理。爱尔兰盖尔语和苏格兰盖尔语是众所周知的两个不同语种，而世界民族数据库将两者并称"爱尔兰—苏格兰盖尔语"，并将其定义为"一种古书面语，其原型是 12 世纪形成的爱尔兰语，起初流通于两国的特定阶层，在爱尔兰流通至 17 世纪，在苏格兰流通至 18 世纪"。但生活在苏格兰盖尔语区的居民一直到 17 世纪才承认了一门当地人称之为厄尔斯语（爱尔兰语）的语言。大概就在那时，当地人才开始希望拥有"属于自己的"正宗盖尔语。于是这部分人特意按照（回过头来说）不符合今天书写规范的方式书写盖尔语，并称之为"爱尔兰—苏格兰盖尔语"。自那以后，爱尔兰盖尔语和苏格兰盖尔语两者写在纸上比耳朵听起来的差别变得越来越大——按克洛斯的话来讲，这种差距主要是属于"扩展"上的而非"距离"上的。[5]

书面语的发展总会带来差距的扩大，有时候还会创造差距，不只是与其他相近方言越来越不同，甚至还会与其基础母方言渐行渐远。所以最终，要判断是不是一门独立的语言，"扩展"这一标准也可能失效。书面语发展只是一种表现形式，而非根本原因。只要人们认定他们的说话方式是一门独立的语言，那么实际上这就是一门独立的语言。他们将会用各种办法向他人"展现"其独立的语言身份，但归根结底，最重要的是这一语言所"构想的使用共同体"——借用安德森（Anderson 1991）描述民族的术语。

换句话说，判断是不是一门语言，归根到底是一个政治问题，[6] 是语言专家无法通过测量结构性差异或互通性程度给出客观解答的政治问题。语言专家能够做的工作是，调查该语言群体及邻近语言群体对该语言的看法，从平民百姓到社会名流各个阶层的看法，分析有关的政府和教育政策，这些工作可以起到印证作用。当然，结构或理论语言专家对这一尚未确立的语言的"客观"分析也有可能会对公众的看法产生一定的间接影响。

然而，应用语言学专家却能发挥更大的影响。因为他们是编词典、写语法书的，而这些对于新兴语言的"扩展"至关重要。他们影响语言教学，并为政府制定政策提供建议，决定该语言在教育中的应用程度（有关概述详见 Wright 2004）。应用语言专家的影响不仅存在于语言形成之初，这门语言的整个发展过程都受到他们的影响。因为语言在变化、迁移，因而必然需要被反复评估，而这又会引发更多认识和评价这门语言的新要素，那么解决新矛盾的新措施又必须同步到位。当前的英语便属于这种情况：复数的"世界英语"创造了一个矛盾的局面，作为统一的一种语言，这里面有许多标准需要维持下去，然而与此同时复数的"世界英语"又打开了接受新语言的空间——这里的新语言指新兴英语（参见第 2 章 2.6）。在过去的 30 年里，学界对这一矛盾局面的认识，伴随着应用语言学的"政治转向"而加深，这绝非巧合。

2.3 书面语的作用

在人们眼中，甚至连本族语群体都认为，缺乏书面语形式的语言难以成为一门语言。语言缺少书面形式可能会导致濒临消亡，而创造书面语则可以有效预防这一灾难。但书面语的创造是带有政治性的，因为书写系统代表着一种文化借用，有时会被视为一种文化入侵、文化殖民。此外，即便该语言群体接受相应的书写系统，他们在书写的方式方法上也会很难达成共识。书写方式方法的分歧能够引起持续几十年乃至几百年的政治问题，从文化上割裂该语言的使用群体（尽管这也为该语言的使用群体提供大量可供书写的素材）。

现代语言学只将口语视作真正的语言，而认为书面语只是言语的一种次要表现形式，不过事实恐怕要让其大失所望。真相是，在各种文化当中，无论口语有多大的差异，只要书面语相同，人们就认为他们使用的是同一种语言。人们通过共同的书面语来抵消语言差异的方法有好几种。即便在书面语历史十分悠久的国家，如果该书面语传统倾向保守——这正是书面语的本质特点——那么随着时间推移，语言变化也将会导致言文脱节的双言制现象的出现（参见第 3 章 3.2），只不过人们依然将两者视作同一语种。"法裔加拿大人"和法国人都讲"法语"，但魁北克法语独立的拥趸颇为气馁，因为两者尽管在口语上存在很大差异，但标准书面语的规范却几乎完全相同，因此属于同一种语言。许多阿拉伯语国家也存在相同情况，只是书面语的影响力在这些国家比前文提及的英语示例更大，原因有二：其一，阿拉伯语的日常用语中的短元音在书写体中通常不用字母表示，只有辅音（和长元音）才会；其二，阿拉伯语存在极强的正确和正宗的标准，在穆斯林中体现为《古兰经》所代表的语言。然而对数百万以阿拉伯语为母语的基督教徒而言，尽管《古兰经》并不是他们的神圣经典，但《古兰经》所代表的古典书面语言的权威影响却丝毫不打折扣。

在非字母文字系统中，这种影响更有意思，特别是汉字书写系统。汉字是意符文字，也就是说，每个汉字代表一个词。某些汉字本身是基础构字部件，不能拆分；还有一些汉字由一个基本部件加上另一个部件组成，两者之间通常有一个用以表音。然而，尽管有了声旁，汉字不像拼音文字那样把每个词的发音单位全部表达出来。例如，在汉语普通话中，"然"这个字发"rán"音，粤语发"jin"音，吴语发"zø"音。三个发音不仅辅音和元音有差异，声调也各不相同。虽然讲普通话、粤语和吴语的人完全清楚他们之间的发音差异、他们讲的话相互听不懂，但他们能百分之百知道他们在用各自的方言讲同一个汉字"然"。如果你去问他们原因，他们通常会拿出这个词的书面语作为证据，在他们看来这才是"然"这个词。

然而另一方面，讲英语和讲德语的人却不会认为"yes"和"ja"是同一个词；他们会告诉你"ja 是 yes 的德语词"或者"yes 是 ja 的英语词"。尽管在口语表达中，英语往往不说"yes"而说"yeah"甚至"yah"——与德语 ja 发音完全相同，但他们不会认为这两个是同一个词。对于普通的英语使用者而言，"yes"和"yeah"或"yah"是"同一个词"，第一个是正式用法，另外两个则用于非正式场合；至于词的本身，真正的"yes"只有一个。

究竟是不同的书面语体系导致对词的认识不一样，还是反过来？实际上这是个"鸡生蛋蛋生鸡"的问题。然而我们可能很难相信，这两者其实并不相关。虽然汉字可以部分表音而英语拼写部分不表音，但汉语音—形关联的方式比拉丁字母丰富得多，导致人们更加觉得汉语是"一门"语言，但拉丁字母就没有这样的效果，包括英语和德语这样十分相近的语言也没有这样的效果。不过两者均未动摇各自的文化身份"认定"。

2.4 通过控制变体构建"语言"

在历史上不同文化中，语言书面形式的发展，一直与该语言的"标准"形式的认可紧密相连。标准一经提出，便会产生神话的效果，人们就会认定这才是该语言唯一的、真正的、原本的形态，即"严格意义上的语言"。

原本与该语言平起平坐的其他方言，在此之后一概被视作该标准形式的变体、地域用法或是不妥的误用。

今天我们可以通过最早的一部近代专著来认识语言标准的发展：但丁·阿利吉耶里（Dante Alighieri, 1265—1321）的《白话论》①。该书写于 1306 年前后，但 1529 年才出版面世（参见 Dante Alighieri 1996）。书中的白话特指意大利白话，考虑到现代意大利一直到 19 世纪 60 至 70 年代才建国，这部著作具有重要意义。建国之前意大利由很多小的城邦组成，其中圣马力诺和梵蒂冈城至今仍是那时候的城邦。追溯到但丁那个时代，意大利的书面语是拉丁语，只有诗歌方面例外。人们日常交谈说的都是本地方言，整个意大利半岛各地方言差异极大，甚至只相距几英里，两个地方的口音就完全听不懂，如果两地之间还隔了一座山或一条河，情况更是如此。但丁开始思考，究竟是什么将这些方言联系在一起成为"意大利语"，即这些方言有何共同点？与法语、西班牙语以及其他拉丁语系方言又有何区别？

在确定意大利语通用方言时，但丁编造了一个神话，过去某个时期所有意大利人都讲同一种口音，而与其他地方完全不同。事实上，这是从来没有过的事情——18 世纪以来发现的铭文和其他文本足以证明。早在罗马帝国崛起前，意大利半岛上就通行过各种印欧语系语言，包括奥斯坎语、翁布里亚语和希腊语等，以及早期拉丁语和伊特鲁里亚语这种冷僻语种。在古罗马帝国统治的几个世纪中，语言多样性虽并未消失但语言种类的确有所减少，取而代之的是拉丁语的分化。拉丁语仿佛一道巨大的鸿沟，把受过希腊语教育的贵族精英所使用的古典语言和普通百姓使用的日常口语彻底隔开。各区域之间的差别最终产生的正是但丁所指的意大利方言，这些区域变体自始至终都是存在的。

这一点但丁也许心里清楚，然而他只是有意要创造一个统一意大利语的神话年代。但其实这也无关紧要了，因为最终他的确成功创造了这个神话。但丁在《神曲》中创制的"volgare illustre"（杰出的、受到启发的且又富有启发性的白话），不仅成为标准意大利语的基础，还扩大成为现代欧洲标准语言的原型。但丁的"volgare illustre"虽然有意超越区域，但实际上非常接近但丁的母方言托斯卡纳语——这证明了 15、16 世纪出现的那些标准语言实际上也是类似的情况。法语的基础是巴黎近郊（Île-de-

---

① *De Vulgari Eloquentia*，作者译为 *On the Eloquence of the Vernacular*，但一般也译作 *On the Eloquence in the Vernacular*。

France）的方言；西班牙语的基础是卡斯蒂利亚方言；葡萄牙语则结合了从里斯本（葡萄牙首都）到科英布拉的各地方言；而英语以英国东南部的各种方言为基础；德语则以埃尔富特和莱比锡一带的中东部地区各种方言为基础。

在这些国家，人们认为他们所创造的正是"语言"，而不是什么"标准方言"——这是一个现代语言学概念。文艺复兴时期，"语言"和"语法"指书写规范的方言，通常专指拉丁语、希腊语、希伯来语、阿拉伯语、叙利亚语及小部分其他语种，但平民百姓的日常白话和口语却是算不上的。"法语语种"或"英语语种"以及其他现代兴起的语种，他们获得拉丁语那样作为一门独立语种的地位则要更晚——具体晚多少可以这么算：当人们认为其表达力接近或完全不输于拉丁语之后，再过一百年或更多，人们差不多才能认可他们的语言地位。

拉丁语和以它为原型后起的现代语言有一个明显的区别：拉丁语是一种死的语言。也就是说，它不是白话，不存在以之为母语言说社群的大众。在修道院和大学拉丁语确实也拥有一定的言说社群，但对这些人来说，它只是一门学术性质的第二语言。就像米歇尔·德·蒙泰涅（Michel de Montaigne，1533—1592）的母语是拉丁语这一个例，人们之所以知道这个例子本身正说明了此类情况之特殊。（参见 Burke 1993：56）人们借助语法学习拉丁语。这并不意味着拉丁语在言说中不存在变体；相反，变体其实有很多，大部分原因可归结为使用者母语的影响以及一些深层的历史原因。

但是就拉丁语而言，"这门语言过去是什么样子"并无争议——拉丁语法著作、拉丁文学经典和神学著作经典已经充分描述了拉丁语的面貌。意大利语倒存在一个问题，在现代意大利人当中，意大利语"属于"哪些人呢？这是个最重要的"语言问题"（questione della lingua）。拉丁语首先属于西塞罗、奥古斯汀、多纳图斯和普里西安，换句话说，这些经典著作定义了拉丁语，因而是完全可控的。

这也是现代欧洲语言的创制者和先驱们力图重建的目标原型。为此，他们尽可能为新的语言复制和拉丁语一样的使用规则，为每个词、每个屈折变化、每一种句法结构指定"唯一的正确形式"，竭力克服变体。这是仿照拉丁语的主要方面，相对次要的方面还包括每个词汇的发音——之所以说是次要的，是因为口语对拉丁语而言是次要的。以现代标准西班牙语的基础卡斯蒂利亚语为例，在标准西班牙语形成过程中，仅卡斯蒂利亚方言内部就存在着多种变体。有些特点在坎塔布里亚地区偏保守的卡斯蒂利亚方言里仍然存在，但到比较新潮的布尔戈斯方言里就发生了变化。以下是部分例子（摘自 Lapesa 1968：133—134）：

- 拉丁文词源以 -um 结尾的词，坎塔布里亚地区卡斯蒂利亚语则保留了词尾元音 u（如 buonu "好"，拉丁文为 bonum），但在布尔戈斯语中词尾则变成了 o（bueno）；
- 坎塔布里亚语单词中保留的 mn，如 nomne（"姓名"，词源是拉丁语 nomine），在布尔戈斯语中则变为 nombre；
- 坎塔布里亚语单词中保留的 mb，如 ambos（"两者"，词源是拉丁语 ambo），在布尔戈斯语中则简化为 amos；
- 坎塔布里亚语保留了介词与其后阴性定冠词 la 合并的形式，如 enna（in the [在……中]）以及 conna（with the [随着……]），在布尔戈斯语中则被 "en la" 和 "con la" 取代。

在上述四个例子中，标准卡斯蒂利亚语有三个采用了布尔戈斯语的形式（bueno, nombre, en la/con la），有一个采用了坎塔布里亚语的形式（ambos）。我们由此可以看到，标准语言的形成实际上是个非常复杂的过程。

这个过程在当时是一个激烈的政治过程——或者说现在依然"如此"，因为这一过程并没有因标准卡斯蒂利亚语已经"成形"就告一段落。标准语的白话方言基础在不断发生变化，加上词汇的增长以及其他语言的持续影响，这一切意味着标准化过程必须要继续往前走。其中的政治主要涉及语言问题和身份认同问题：每一种变体均存在一个系统的正确标准，每一种变体均只属于某一部分言说群体。假如你所在镇的语言变体成了标准形式，而我所在镇的语言变体被贬为不符合标准的语言，这其中的社会和政治因素是显而易见的。

同时也有相当例外的情况。有时候标准形式的依据是"逻辑"，体现的是对某个知名模范语言结构的仿效，而不是参照某个白话方言的结果。英语中有一个著名的例子，林德利·默里的《英语语法》（Lindley Murray, *English Grammar*，1795）禁止使用 "to boldly go（大胆去）"这样的"分裂不定式"，理由是 "to go" 这样的不定式是一个完整的单词（"to go" 等于拉丁语 -ire 词根），因此中间不能插入别的单词。在当时，这是标准英语的一条特殊准则。而事实上，更有可能的是，英语所有的方言都乐意接受，甚至需要这种"分裂不定式"。分裂不定式结构的"天然性"、本族语者使用它时的随意从容，使得这条特殊禁止准则的区分效果十分明显。能遵守的人，说明他们对这整套人为制定的规则掌握良好，反之说明他们掌握得不好，或者说他们对自己的"自然的"行为的控制还不到火候。那些掌握得好的人可以获得各种社会权力圈子的认可，没掌握好的人则被排除在外。

不止如此，运用语言标准开展区分工作的人以及传授语言标准的人还形成了各种专门的职业——教师、考官、招聘委员会及许多其他"把关人"。这些人不一定是本族语者，但就"这门语言应该如何"这一问题，他们发挥了非常直接的作用。他们用红笔画出不规范的语言变体，他们给学生的书面作业打分，他们决定水平等级，决定招聘雇佣，决定是否予以出版。最后一个例子有点特殊，因为作品即使存在语言使用不规范的现象，依然有可能得到出版，只不过出版社需要雇佣编辑进行修改，使之规范得体——也就是"严格意义上的语言"——然后再印刷出版。

2.5 语言、知识和权力

一切主流宗教都符合"宗教"(religion) 一词的词源，意为"约束"，把个人多元多样的思想约束在一个统一的教义之中，而教义本身又遵从一个统一的文本传统。主张一神论的宗教进一步将现实的多样性约束到单一的本源和真理里。不难理解为何所有宗教似乎都若隐若现地要求使用统一的、不变的单一语种：为了该宗教文本传统的延续，在某些情况下也是为了满足"真理语言"自身的要求。

即使在现代世俗文化中，当语言学家和人类学家开始重新研究人类起源时，他们的脑海里总会浮现出过去《圣经》里描述的画面——在一个与世隔绝的统一部落里，住着一个大家庭，不过当时文字尚未发明，也就无历史记载，或者说处于历史空白期，人们的生活完全不受历史影响。与大自然和谐相处、享受长期和平生活的同时，偶尔与周边部落发生冲突。整个部落拥有同源文化和语言，上下团结一心，不存在重大的政治分歧。因此就没有必要争取民主了——因为君主制（或寡头统治）完全满足了人民的需求，算得上是一种隐性民主。

田园牧歌式的一幅图画。这似乎是让我们回忆自己的童年，我们是个小部落，大家亲如兄弟姐妹，带头的是个仁慈的共同君主。倘若我们的童年并非如此，那这便是我们结合身边的文化叙事文本（新闻报道、电影、电视节目）想象并遗憾未能拥有的理想童年。我们要牢牢记住这个幻想中的童年，这样我们才能理解，当现实威胁到这幅田园画的和谐时，为什么人们会失望到产生暴力倾向。这种失望可能有两种情况：我们本来需要通过"其他部落"才能定义"我们的部落"以及我们部落的根本特色，现在大规模移民蜂拥而至，这就导致我们无法拒绝自己怀疑我们本来是否是一个统一的部落；另一种导致我们愤怒的情况则是"我们的"语言受到了威胁，不仅包括来自移民的威胁，而且还包括来自我们内部那些"误用"语言的捣乱分子的威胁。这些误用通常比我现在所使用（或我认为我所使用）的语言形式更先进，当然也比语法和词典中的陈旧保守形式更为先进。

多语现象、语言变化及不规范用法，都像是在威胁文化的根基，因为语言本身就是文化的主要文本、在精神上把过去和现在联系起来的基础。语言研究者主张语言持续变化论，因此所有"规定主义"的语言学实际上都是站在"语言专家"（史迪芬·平克就很喜欢用这个词）立场上的反动偏见（在极端情况下，甚至会变成种族主义），并且注定要以失败告终。这个观点我们可以说有道理，因为语言专家的干涉从不能真正阻止语言的发展进步。然而这里面至关重要的一点被漏掉了：这种干涉会导致某一语种内部小群体的语言分化，导致一部分的语言相对别的小群体更加保守。这种分化能够充当资源和权责分配的标准，通常导致掌握和使用更为保守、"文化程度高"的语言形式的一方，能够获取更多的资源和权力。如果语言学研究者没有考虑到这一重要文化力量，那么他们就看不到语言中真正对人们重要的那些方面，而实际上他们本人以及他们的子女都会直接受到这些问题的影响。

事实上，进入现代以来，社会的运作一直有赖于以语言变化为基础的实物经济。资源和权力的分配毕竟需要有据可依。早期的主要分配标准是继承，但随着现代世界日益民主化，尤其自19世纪中叶以来，出身在决定社会地位上的作用逐渐被以语言运用能力为基础的考核标准所取代，如考试和求职面试。在我的圈子里，也就是学术界，一个人是否能平步青云显然取决于其规范书面语的书写能力，同时说话也不能太不规范。我在英国曾经两次担任讲师职务并被任命为委员会成员，我亲眼见到各方面都十分优秀但说话带北方口音的候选人最终落选，（在他们离开面试室后）考官认为他们明显不如其他入围者"聪明"。然而，我可以很肯定，他们给出这个评价的时候除了口音再没有别的依据。虽然我看不惯同事们这样的偏见，却也不得不同时扪心自问：其实在批改学生作业时，我也会比较重视"写作水平"。我的评级标准依学生是否为英语母语者而有所变动，尽管这似乎与以口音判断机灵与否的例子有显著不同，但其实从逻辑上看这两者没有明显区别。我颇下了一番决心跳出结构逻辑，深度审读了先前遇到的英语语言错误——然而我发现两者无法完全分割开来，有时候我怀疑我当时批阅的时候还手下留情了，有些文字可能本来就没有表达任何意义，我只是按照我的理解在猜想而已。

米歇尔·福柯（Michel Foucault，1926—1984）曾提出一个著名观点，知识不能独立于社会而存在，它由权力决定。在特定的时间和地点，只有部分人能够决定哪些可以成为知识，而这些人正是社会力量选择的结果（参见 Foucault 1977：27—28；1980）。无论人们能否接受福柯的观点，也不管知识究竟是什么，那些在特定制度中被认为具有知识的人总是拥有某种权力——给予或剥夺对他人的制度性的认可，当然这也包括了这种认可所附带的能够"兑现"的一切相关资源。[7] 他们为此在权力的语言呈现形式方面——正确使用语言的标准——进行了大量的投入。我在之前的研究中（Joseph 1987a）不止一次指出，他们对这些标准的重视体现的纯粹是他们的私利。[8] 虽然这么做并不全错，但这低估了人们心目中语言和知识的重要性，尤其低估了宗教信仰将真实的知识归源于某一原生的、正确的语言形式。后来我认识到，实际上正是那些没有掌握标准语的人最坚信标准语是衡量人的知识和社会价值的唯一正确标准。而对那些真正掌握了规范标准的人来说，即便所有的人都能说一口标准的规范语，他们也几乎不会表现出丝毫的不愉快。但是人们的预期不是这样的，人们觉得标准语被教育精英和有权有势的人视为他们专有的商品，只想自己占有而不愿别人染指。[9]

语言上比较势利的人实际上都是民主派，因为他们的理想是，每个人说起话来都一模一样，都正确无误。在当代，霍尼（Honey 1997）就是这一观点的坚定拥护者，他认为如果每个孩子都学习标准英语，那么我们就可以消除英语中的一切阶级差异。霍尼的观点也远不同于语言的普遍民主观，即人与人之间的语言不存在好坏之分。同时霍尼的观点也不同于特权语言观，即某专门的、强大的语言形式专供世袭当权者使用。

我们现在对这些问题的认识，源头在于已有 2000 多年历史的基督教教义，这其中语言与知识有着本质的关联。知识本质上由事物和概念（柏拉图式理想型继承）的真形式构成，它只完美存在于上帝的脑海中。这些真形式，必然带有瑕疵，或存在于在我们身边的实体物上，或存在于某些知晓这些形式之人的脑海中。它们以一种不用于任何一种真实人类语言的特殊的"内语言"(inner language)形式为我们所掌握。相比内语言发挥传播神圣知识的作用,现实生活中的人类语言仅仅满足了人们交流需求,级别远远低于内语言(详见 Joseph 2005)。按照基督教的正式教义来说,语言差异本无足轻重——这些差异都是浅层次的——然而,即便是天生就具备某些知识(尤其是上帝论)的人,他们最终所具备的知识大多数还是得靠后天习得。这种情况下,人类语言的重要性就显现了,因为它们是人类传播神圣知识的媒介。为了确保人类知识的"回接"(即宗教),最保险的做法是采用某一种普遍使用的语言。这种做法能最大限度地提升人们对知识传播的准确性的信心,在检验人们是否准确掌握神圣知识的时候,也能最大限度地减少障碍。

几个世纪以来,人类文明的绝大部分都实行单语种系统,连形式都几乎少有改变。汉语和阿拉伯语国家,还有大多数南亚地区就属于这种情况。这些地方均存在着仅用于宗教或其他非常有限范围的、极其保守的古典语言,同时又存在着相对不那么保守的通俗语言规范。当然,就双言制隔离的程度来说,这些地区不尽相同。欧洲的单语系统情况则是,西欧一统天下的是拉丁语,东欧则是希腊语。这种局面持续了 1000 多年之后才逐渐改变,在这一过程中一方面单语系统仍然发挥影响,然而与此同时另一种语言获得了国家通行白话的标准语地位。这一发展过程耗费了许多时间,实际上至今仍未停止——也许永远不会停止,因为法律、宗教和教育中的某些象征性功能依然为这些古典语言所专属。

可以这么说,在这个发展过程中,最初的障碍其实是人们不能相信他们所操的各种白话就是不同的语种。拉丁语和希腊语都有明文载于各种专著的"语法",而且变体得到了绝对的控制——因为这两种语言都是"死语言",即便是希腊语,其古典形式现在也已经没有了母语使用者。考虑到掌握并传播上述知识的紧迫感,这一点满足了(或许决定了)对语言定义的期待。当一个人的"境界开悟"需要通过其对高深的拉丁术语的掌握体现出来之时,很难想象这样的知识能够以方言形式被记述下来并顺利传播开去。因为这样的方言本身就有两处"不规范":其一是各地之间均存在变体差别(甚至单一个体在使用时也都存在变体),其二是缺乏载明正式化规则的语法书。

这就是为什么但丁在 14 世纪初构想(用他本人的话来讲是"发现")一种"意大利语"时,用了"volgare illustre"(优秀的白话)来表述——说其"volgare"(通俗的),因为不仅学者专家们讲"意大利语",普通人也讲；而说其"illustre"（优秀），因为它可以成为传播最崇高知识的媒介。但丁知道，实现这一目标要下些工夫。他在《论白话的口才艺术》一书中提出了计划，并在《神曲》的创作中予以实现、展示。意大利语成为后继其他"优秀白话"的学习模板。但丁的实践表明，一门白话可以不仅仅只是一个语种，还可以是一门承担宗教开悟的语种，能为任何一"国"的书面文化提供基础（包括在政治上尚未立国的地方，因为意大利国家的建立还是但丁之后几个世纪的事情）。自但丁之后，欧洲语言的政治迎来了新纪元。其最先带来的影响是，用方言书写渐渐被接受，越来越多的人——虽然只是少数人——开始用白话写作。随着16世纪活字排版以及印刷业资本主义的出现，白话书籍比拉丁文书籍拥有更大（尽管声望不如后者）的潜在市场。卖出大量的印刷本，利润率就能加速增长，而这一切的前提是，必须要有大量能够读懂书中所用语言的受众。

这为原来的"语言—权力—资源"关系带来了一个全新的转折。学者、教士关注最多的是语言的开悟性，所以源自拉丁文和希腊文的借词给人的印象是逐渐增加。尽管如此，出版商知道，如果要增加受众使得卖书有利可图，那么必须要在学术语言和通俗语言之间实现某种平衡。没有利润就筹不到资金出版更多的书，有钱人会把资金投到别处。不过16世纪同时还有另外一个重要的情况：国家概念的"出现"。我为"出现"一词加上引号是因为它是一个无意识的过程。但实际上，我们从文献记载中可以清楚地看到，为了使民众接受国家的概念，政府投入了巨大的努力。要从最根本的"知识"层面推广"我们是同一个国家国民"的信念、强化与邻国及敌国的差别意识，"本国语言"显然是一个非常顺手、得力的概念。虽然这些观点直到19世纪初才得到清晰的阐释（例子见 Joseph 2004a：109–115 对费希特 [Fichte] 的评价），但其实从但丁时期到18世纪末，很多围绕书面语和文化的活动都曾若隐若现地体现了这些观点——北欧国家当中更甚，他们当时走的都是脱离罗马教皇建立国教的立国之路。如此，一国之宗教开悟语言又显然成了宗教知识改革的媒介。

2.6 新兴语言如何出现：从"下滑的标准"到"世界英语"

在20世纪的前十年，普遍主义（universalism）似乎成了大势所趋——不论是受工人阶级欢迎的马克思主义，还是世界语或其他通用语言构想，都为中产阶级提供了一个万全之策——弗迪南·德·索绪尔（Ferdinand de Saussure，1857—1913）提出语言中存在一种"对立"（tension）（参见 Saussure 1922：281）。一方面，交际的刚性需求——索绪尔称之为"交际的力量"，迫使语种多样性的降低；但另一方面，乡土根性（esprit de clocher）——意大利语为"campanilismo"，即"本地归属感"，促进本地语言多样性的增长。非常有趣的是，索绪尔提出这个观点时，他的弟弟雷内（René）刚好当上国际世界语协会会长。世界语提倡者认为人工制造的语言有一个优点，即作为一项理性的发明产物，它不会像自然语言那样随时变化，后者不过是些古板的不理性产物。然而，索绪尔却认为，任何人造语言，一经流通，注定会重蹈自然语言的覆辙，会无法避免地发生变化（同上，第111 页）。统一还是多样，最终起决定作用的是交际力量和乡土根性之间的平衡。

这种"索绪尔对立"对复数的"世界英语"之出现有很好的解释力。假使英美两国的英语在语言形式上完全相同，那么交际的刚性需求则会得到最大限度的满足，但是民族身份则得不到体现，反之亦然。但现实是，两国语种相同而形式各异——几乎完全互通，不过是存在一些象征性的特点——然而交际和身份的需求却同时得到了满足。当前各国各地的"世界英语"亦情同此理。[10]

然而，人们通常并不这样来看。当某地的"世界英语"还处于萌芽状态的时候，人们尤其如此。我在 2004 年的专著（Joseph 2004a 第 6 章）中讨论过的"香港英语"的出现，便是一例。"香港英语"已经具有足够的系统性特征，在语言专家看来是自成体系的，尽管很多香港本地的英语使用者还不能接受。因为对他们来说，英语只有"标准"和"不标准"之分。但被他们归为"不标准"英语的种种特征，累积起来正是语言专家接受"香港英语"的依据。主流的话语一直是"下滑的英语标准"。据博尔顿（Bolton 2003）和埃文斯（Evans 2003）的研究，自 19 世纪以来，在香港这一直是主流话语从未改变。要认识到的关键一点是，"下滑的英语标准"和"香港英语的出现"仅仅是看待同一件事物的两种方式罢了，即受到一定母语干扰而产生的语言变化，或站在母语立场上对语言变化的"抵制"（参见第 3 章 3.4）。

继《方言》（Tongue，1979）之后，布朗（Brown 1999：165—166）补充收集了介词和副词小品词在新加坡英语和标准英语中的不同用法。

新加坡英语使用介词／副词小品词，而标准英语不用的例子

to consider about something（考虑某事）

to cope up with something（处理某事）

to demand for something（需要某事）

to discuss about something（讨论某事）

to emphasise on something（强调某事）

to list out items（列出项目）

to lower down the volume（降低音量）

to mention about something（提及某事）

to page for someone（呼叫某人）

to regret for something（后悔某事）

to request for something（要求某事）

to say something out（说出某事）

to sell something away（售卖某物）

to source for something（寻找某物来源）

to stress on something（强调某事）

to tolerate with someone（忍受某人）

标准英语使用介词／副词小品词，而新加坡英语不用的例子

新加坡英语：to butter someone 奉承某人（标准英语"to butter someone up"）

新加坡英语：to deputise someone 顶替某人（标准英语"to deputise for someone"）

新加坡英语：to side someone 支持某人（标准英语"to side with someone"）

新加坡英语：to mug the facts 死记硬背（英式英语口语用"to mug up [study] the facts"）

新加坡英语：to mug Shakespeare 死记莎翁的作品（英式英语口语用"to mug up on Shakespeare"）

to dispose something 处理某事   to meet an accident 遭遇事故

to officiate a ceremony 主持仪式   to participate a game 参加比赛

to pick someone in a car 开车接某人   to tamper something 篡改某事

新加坡英语和标准英语使用不同介词／副词小品词的例子

in campus vs. on campus 在校园

over Channel 5 vs. on Channel 5 在 5 频道

to hand/pass up homework vs. hand/pass in 交作业

to put off a fire vs. put out 灭火

to put up a show vs. put on 演出

to round up a lesson vs. round off 听完一堂课

to take out shoes vs. take off 脱鞋

上述示例主要反映的是新加坡英语口语的特点——有些在香港英语等"中国英语"也能看到，布朗还列举了新加坡主流报纸《海峡时报》中关于新加坡英语介词／副词小品词用法的例子（粗体显示）：

> [Name] was presented with an oversized cheque... [人名] 收到了一张巨额支票。He said with a wide smile: "I'm going to frame it **up** and put it in my office."（他咧嘴笑道："我要把它裱起来，放在办公室里。"）
>
> （1996 年 1 月 3 日）
>
> He says: "You can never get through the telephone lines..."（他说："你永远打不通这个电话……"）（等于标准英语 "You can never get through on the telephone"）（1996 年 5 月 18 日）
>
> [H]e said there was no issue **in** which it [the government] was not prepared to debate with the opposition.（[他] 说它 [政府] 不准备与反对派进行辩论，这事千真万确。）（1996 年 8 月 14 日）
>
> Singaporeans have snapped up nearly twice as many **of** such cars in the first half of this year as they did last year.（今年上半年，新加坡人抢购这款汽车的数量几乎是去年的两倍。）（1997 年 7 月 15 日）

的确，前两例都有直接引语，但事实上从前的《海峡时报》和大多数其他报纸一样，出版前已经直接"清理"了直接引语中此类英语的用法。而今《海峡时报》不再频频这么做了，这无疑表明了新加坡英语的地位得以提升，即便有可能是因为文字编辑疏忽而犯了失误。正是在这一不断上升的"失误浪潮"中才涌现了一批又一批的英语新形式。这些形式的出现标志着人们的关注点逐渐从"下滑标准"转移到新出现的事物上，而这些新事物又与我们自己息息相关。

根据克洛斯的定义，"扩展"的过程有其特定的顺序。当然，他构思这一过程的时候还没有互联网，甚至连说明手册之类现在很为我们重视的技术写作都还没有，因而显得十分过时。然而他的构思的指导思想至今仍有价值：

- 预备阶段：小幽默（笑话、滑稽的新闻片段）；未经正规教育创作的民歌、儿歌、谜语、谚语等；
- 第 1 阶段：抒情诗；各种打油诗、笑话故事、小说和广播节目的对话；
- 第 2 阶段：戏剧；严肃叙事性散文（不仅包括对话部分）；叙事诗（田园诗和史诗）；短篇报刊杂文（非虚构文学的开端）；
- 第 3 阶段：非虚构文学得到发展；通用教科书；与本国历史相关的原创短文（例如讣告）；以纪实散文写成的通俗杂志、布道辞、广播节目；
- 第 4 阶段：各种科目的教材；与本国历史相关的长篇原创作品；成熟的期刊和杂志；严肃的广播节目；
- 第 5 阶段：题材全面多元化的长篇原创作品；社区级、国家级的官方公文；全部报纸。（Kloss 1978：52，作者英译）

从我们现在的情况看，这五个阶段的每一个阶段都可以附上许多相应类型的网址，其中，一般的技术写作类的网站应该排在第 5 阶段的第一种类型。值得注意的是，克洛斯的架构含有对"严肃""通俗"等文本语言的价值判断，后来引起了相当多的反对意见；此外，他构建的过程步骤以他研究的语种案例为基础，并不具有普遍性。当然，是不是可以进一步往前推不好说，但就眼下来看，尽管科技发展迅猛，一门新语言的地位之认可，以及其标准之确立，最有影响力的因素仍然是印刷品和广播。

"世界英语"出现带来的情况，以及人们对此的种种反应，其实都是所有新生语言产生的必经之路——"世界语"这种人工语言例外。[11] 在获取独立身份——在当代通常表现为民族身份——需求的驱使下，"扩展"任务通常可以由文化精英来承担，从而把新语言给人们的印象从"下滑的标准"转变为全新的一门语言。这一"拓展"工作最关键的先锋是书面创作，原因我们在本章前几节已经讨论过；当且仅当该语种身份群体中，临界数量以上、文化水平高、社会地位高的群体，他们认可这种新语言能够传承并传播知识，该语言的地位才能算有了保障。不过，即便这种认可，本质上也是一个说服和修辞的过程，与语言的政治地位有着不可分割的关系。

2.7 压迫和认同

为了充分揭示与"国家语言认同"有关的一个奇怪事实，作为本章结尾，我要回到本章一开始的主题："他们和我们"。"他们"越采取多种手段压制我们的认同，就越会激发我们维护乃至强化这一认同。最近有一个相当鲜明的例子，即在西班牙东北部包括巴塞罗那，以及一直延伸至法国佩皮尼昂一带地区的加泰罗尼亚语的认同问题。在中世纪晚期和文艺复兴早期，加泰罗尼亚语文学蓬勃发展。自 15 世纪起，随着西班牙逐渐摆脱阿拉伯人的统治并在费迪南王子和伊莎贝拉女王联姻后实现国家统一，由于官方推行的是卡斯蒂利亚语，加泰罗尼亚语因而逐渐没有了声音。但它的一系列方言一直有人使用，19 世纪浪漫主义复兴期间其文学语言大放异彩，与法国南部的普罗旺斯语并肩，并一直持续到 20 世纪。

但作为一门"拓展"语言，加泰罗尼亚语如火如荼的复兴却是在 20 世纪 30 年代西班牙内战之后的事情。当时加泰罗尼亚是左翼运动的中心，1936 年建立了无政府工团主义政府，在随后的几十年内一直是对抗佛朗哥政府的中心。因此对马德里方面来说，压制加泰罗尼亚方言具有明显的政治动机。而对加泰罗尼亚人来说，法律禁止使用加泰罗尼亚方言反而使之成为政治和文化诉求的象征。保留并违法地继续使用自己的语言，已然是他们的政治和文化需求。加泰罗尼亚语因受"其他"力量压制而获得了象征的力量。马德里政府推行卡斯蒂利亚语的努力，不但使加泰罗尼亚语变成民族斗争的武器，而且使得这种违法和藐视政府的行为"越燃越旺"。

20 世纪 30 年代到 70 年代中期是加泰罗尼亚语遭受压制最猛烈的时期，却也是其最具活力的时期。加泰罗尼亚方言与卡斯蒂利亚语的两极分化创造了一种民族文化凝聚力，使加泰罗尼亚人有了一种共识，他们拥有同一种语言、同一种精神。1975 年佛朗哥去世后，加泰罗尼亚人终于迎来了他们的胜利。1978 年颁布的新宪法建立了十七个自治地区，首次赋予加泰罗尼亚人在官方文本上使用加泰罗尼亚方言的权利。

然而过去几年的报告表明，加泰罗尼亚语在它的年轻人群体中渐渐失去了其民族激励价值。年轻人往往只把它当作学校的一门必修课程，不再

是文化民族主义的重要元素。因为不曾为民族主义而战斗，他们把它看得
理所当然。一些人在校外更喜欢说卡斯蒂利亚语，而英语在某些地区也非
常流行。与此同时，加泰罗尼亚南部的巴伦西亚省也发起一场重大运动，
旨在重新获取官方对巴伦西亚语的认可。巴伦西亚语（方言）的"拓展"
积累少于加泰罗尼亚语，并且在许多加泰罗尼亚人看来，它与加泰罗尼亚
语的"距离"不足以使它成为一门独立的语言。讽刺的是，对巴伦西亚语
的拥护者来讲，现在加泰罗尼亚人成了他们的压迫者。然而历史也表明，
压迫乃认同之母，虽然看似矛盾，这种压迫也许是旧文化赐予新兴文化最
好的礼物。

建议补充阅读资料

语言与认同的政治方面：Fishman (ed.) (1999)，Murray (1999)，
Schieffelin, Woolard and Kroskrity (eds.) (1998)，Suleiman (2003)，
Wodak et al. (1999)。

新兴语言：Ammon, Mattheier and Nelde (eds.) (2003)，Bolton (ed.)
(2002)，Chan (2002)，Schneider (2003)，Tsui and Andrew (eds.)
(2002)。

意识形态和语言标准化：Androutsopoulos and Ziegler (eds.) (2003)，
Blank (1996)，Bonfiglio (2002)，Cheshire and Stein (eds.) (1997)，
Crowley (2003)，Deumert and Vandenbussche (eds.) (2003)，Fisher
(1996)，Grillo (1989)，Kroskrity (ed.) (2000)，Linn and McLelland
(eds.) (2002)，Wright (ed.) (2000)。

语言与认同方面更充分的参考文献可参阅我的著作（Joseph
2004a）。

语言和印刷文化：Eisenstein (1993)。

福柯关于语言：Martín Rojo and Gabilondo Pujol (2002)。

关于克洛斯：Wiley (2002)。

尾注

1. 令人困惑之处在于，其后《创世记》第 11 章的文本与此不同，开篇就是"那时，天下人的口音、言语都一样"。接着才谈到上帝决定"变乱他们的口音，使他们的言语彼此不通"，阻止他们建成通天塔，建塔之处后来被称为巴别城。

2. 面向国际学术市场的书籍仍然采用拉丁文。

3. 我的曾曾外祖母出生在美国印第安纳州，她就是其中之一。当然，不得不承认的是，她坚持在房子外面悬挂德国国旗确实让事情变得更棘手。她的经历如此深刻以至于在母亲的家族中口口相传，并传到了我这一代。我母亲那边虽然祖籍是阿尔萨斯和瑞士，但他们却总是称自己为"Dutch（德国人）"——他们用的这个"Dutch"源于 deutsch（德语），即他们不是按照出生地确定自己的身份，而是按照母语（德语）作为身份的来源。

4. 应用语言学关键问题梗概，请参见彭尼库克专著（Pennycook 2001）第 2 章"知识的政治"（The politics of knowledge）。

5. 有关苏格兰盖尔语，详见吉利斯的编著（Gillies 1989）以及我的著作（Joseph 2000b, 2004a：212—215）；有关盖尔语在爱尔兰民族主义历史发展中的地位，详见克罗利的研究（Crowley 1996）。

6. 这与乔姆斯基（Chomsky 1986）的立场一致，但乔姆斯基得出的结论却是奇怪而站不住脚的。因为语言终究是政治性概念，而他以一句"不真实"就草草打发了。从这个角度来讲，他和约翰·德范克一样，是那一代语言学家中的典型代表。不过随后他又表明唯一的绝对真理是说话个体对语言具有从内部到直观上的了解（乔姆斯基称之为"I-语言"，因其同时满足个体性 [individual]、内部性 [internal] 和直观性 [intuitive]，而这三个单词都是 I 打头的）。然而研究（Jpsoph 2000a：163—167）表明，I-语言恰恰是从乔姆斯基觉得"不真实"的、以政治为基础的"E-语言"以同样的要求抽象而来。

7. 关于布迪厄"文化资本"观，请参见布迪厄的著作（Bourdieu 1986）。哈贝马斯"论金钱本身就是语言的一种发展"，参见哈贝马斯的著作（Habermas 1999：235）。

8. 我 1987 年所著之书的哲学思辨主要以（伪）达尔文主义为依据，这在语言学当中至今仍若隐若现。我并不关心人们相信什么或者他们说他们相信什么，我只关心人们在进行可被专业研究人员解释的、能为其谋取（多产）利益的行为时，表现出哪些特点——当然他们的任何利益也都可理解为能给我带来好处。现在回头想想，我倒是觉得，就"什么是自利的"这一层来说，人们乐意相信的才是重要的，而不是我的解读。因为毕竟我的所谓客观立场其实只是一厢情愿。

9. 标准语言的阶级势利观念似乎完全过时了，对此我相信有个例外能支持这个观点，参见塞林科特（Sélincourt 1926）的有趣论述。

10. 有关复数的"世界英语"及有关问题的调查，参见布鲁特-格列夫的研究（Brutt-Griffler 2002）。埃尔林（Erling 2005）深刻批判了世界英语或国际英语的各种构想。

11. 即便是世界语，20 世纪初在纯化论者和改革者之间同样也产生了分裂，从而形成了新语言伊多语，这个过程与上文所述新语言诞生之路有所区别，但又并非完全不同。

第 3 章　语言选择的社会政治性和语言正确性

3.1　作为言者的听者

前一章从政治因素方面探讨了不同的语言如何获得认可，以及这种认可所面临的障碍。考虑到具体环境中存在多种言说方式需要个体做出选择，本章将探讨和语言选择紧密相关的一系列问题，并重点关注个体语言选择的政治动因和后果。

第 2 章 2.5 提到有人指出，按照基督教传统教义，语言上的差异并不真的重要，因为较之任何人类语言产生之前就已存在的内在知识语言，人类语言的差异十分肤浅。正如圣·奥古斯丁（St Augustine，354—430）在施洗者圣约翰诞生会上的布道：

> 这里有一个内在词语，孕育于心灵——现在它想走出去，想被人们言说。你思考一下它想被说给谁听。你有没有见过希腊人？你想一个希腊词语。拉丁人？你想一个拉丁词语。迦太基人？你想一个迦太基词语。去除听者的多样性，心灵孕育的内在词语，究其本身不是希腊语，不是拉丁语，不是迦太基语，它不是任何一种语言。（Augustine 1863：1304—1305，本书作者译）[1]

这段话可以看作贾尔斯（Giles）的言语调节理论的早期版本（参见 Shepard, Giles & LePoire 2001）或贝尔（Bell 1984）的"听众设计"；但不同的是，奥古斯丁并不认同语言选择的重要性，而现代语言学却认为语言选择的重要性可以有力地说明"言者"和"听者"并非两极对立的角色。对于任何话语，听者都不只是被动的接受者，实际上他们需要对话语最终采取的形式部分负责，因为正常情况下言说者都会调整自己的言说方式，以适应他们对听众社会—政治反应的预期。我选择哪种语言，以及选择何种言说方式——是用标准的方式，还是用带有能够标记地域、社会阶层、教育程度、年龄时代等特点的方式，这些选择是我的对谈者为我设定的，无论我是否本有此意。如果我们之间的区别很大，上述事实自然很明显。但通常这种情形表现得更微妙，而且还会借助文化的强大力量作为掩护——下一节将会讨论这个情况。

3.2 拒绝杂语现象

多语和语言变体现象一直是人类社会的特点，这是人类社会正史开端以前，至少自异族通婚开始之后，一直就有的特点。许多文化都要求婚配双方来自不同的部族，又以女方加入男方部族共同生活为主，因而每一位嫁过来的女子都会增加男方部族的多语现象。她不仅带来了自己部落的语言，而且随着时间推移，还学会了丈夫部落的语言——现在也是她的语言——但使用方式带有她的母语的痕迹，此外还带有使用第二语言一般或多或少都会有的变异。因此，她使用第二语言的方式即成为一种变体。虽然她带来的绝大部分变异只限于有生之年她本人使用，但还有一些则可能得到传播和保存。首先是她的子女，母亲是对子女语言影响的第一人。由于不是每个新娘都来自不同的外部部落，如果有更多同族女子嫁入她所在部落，那么这些变异就会得到更多的支持。

甚至在部族文化不要求异族通婚的情形下，异性相吸这个经典的道理依然成立。至于这里面是不是有所谓的基因达尔文主义原理，即不同基因群族的混合具有生殖上的优势，我们且不去理会。如果你听外国人说你的母语并觉得这样的口音很"性感"——这种体验应该都有过，除非你的母语非常偏以致很少有人想说——这种感觉就是你对异国腔调的本能呼唤。正是这种本能的要求，使多语和语言变体现象即使不在法律上也会在事实上成为一种常规。

为什么不能"在法律上"？这主要是出于我们在第 2 章 2.1 部分讨论过的原因：每个民族都有其自己的语言，以维持"群内"的联系，并与"群外"保持显著的差异。"语言"这一概念从本原上就要求拒绝变体的多样性，而"族语"的概念同样从本原上进一步要求拒绝多语现象。也许柯勒律治的"悬置怀疑"比"拒绝"更合适，因为人们总是对语言变体保持警觉，即便这种警觉只表现为鄙夷任何对规范的偏离，视之为错误或劣质的。而正是在这里，政治介入了——因为一切被认为是好的或正确的语言形式，其习惯使用者被赋予了权力，而那些不习惯使用此种语言形式者则被剥夺了权力。

甚至连号称对语言进行科学研究的语言学，在其研究历史上也往往把语言视作单一的实体，对语言变体视而不见，或者认为无足轻重。1959年查尔斯·A.弗格森（Charles A. Ferguson，1921—1998）引入"双言制"（diglossia）这一概念，这对现代结构主义语言学的发展至关重要。这个概念最初的狭义定义是：

> [指的是] 一种相对稳定的语言使用情况。在语言的主要方言（含一种或加上数种区域标准）之外，还存在一种与之浑然不同的、高度编码的（通常语法也更复杂的）高层变体，为使用书面语的受尊敬的大量群体所使用，源于早期文献或另一个言语社区。这种变体多数情况下要通过正式教育才能学会，且主要用于书面语和正式谈话，但在该社区的日常语言中并不使用。（Ferguson 1972 [1959]：244—245）

弗格森此文的重要性在于，将文化政治恰好置于语言定位和语言分析的正中心。他主要考察的案例包括阿拉伯语、现代希腊语、瑞士德语以及海地克里奥尔语。弗格森列举的其他例子包括泰米尔语和汉语，并用拉丁语比较了中世纪和文艺复兴时期新兴的罗曼斯语。他尤其反对西欧语言界惯用的"标准语言＋方言"这一组合模式。因为，这一组合方式对所涉双言制在结构和功能上的"差异性"程度体现都不够。标准法语在法国是"日常交谈"的语言，因此标准法语和非标准的法国方言不构成双言制关系。在海地，情况却又两样，只有海地克里奥尔语是日常交谈的语言，因此海地克里奥尔语和标准法语是双言制关系。在这种情况下，他称海地克里奥尔语为L（低层），而标准法语为H（高层）语言。

然而才几年的时间，弗格森的这一狭义定义就被摈弃了。用过这个理论的人发现：在高、低层语言的功能差异化方面，比起文化政治方面的隐性因素，语言结构的不同的重要性显得微不足道。费什曼（Fishman 1967）提出一个更泛的"双言制"定义，囊括了所有多语种或多方言社区，其中每一变体都拥有不同的功能领域和不同等级的声望。从这个定义看一切语言社区都存在"双言制"现象——"独语"社区只是一种假想。在这样的一个假想的语言社区中，一切使用非主要语种的人，或者虽然使用的是主要语种但使用的方式有别于该语种的一般规范的人，都被边缘化或者彻底无视。用帕顿（Patten 2003：358）的话来说就是：

也许有少数国家可以认为不存在语言少数民族居民——日本、韩国和冰岛时常被作为例子——但这些国家也存在第二语言教师、外国军事人员、难民，等等，这些人群一样会把语言多样性元素带入社会。

实际上日本至少有一个无可争议的"定居"少数民族群体，即土著阿伊努人。

比弗格森更激进的主张诞生于 25 年前，但后来又湮没无闻了。米哈伊尔·M. 巴赫金（Mikhail M. Bakhtin，1895—1975）在 1934 年至 1935 年的论述中提出，语言的正常形态是"杂语性"，各种不同的语言使用方式不断相互掺杂。他认为普通概念的和专业语言学概念的"单一语言"，

> 其本质总是假定的而非既定的——在语言活动的每一刻，这个概念都在抵制杂语性的现实。与此同时，"单一语言"却又让人觉得真实存在，体现为压制杂语现象的一种力量，以及诸多具体的限制……
>
> （Bahktin 1981：270）

巴赫金的这一架构颇具马克思主义色彩。单一语言和杂语之间的张力构成了阶级斗争的舞台，特别是声音和符号（在第 4 章 4.1 将进一步讨论）。

这种观点还有一个强有力的证据：书写。如第 2 章 2.3 所述，历史上书写在语言认可上发挥着十分关键的作用。书面语言在消除口头语言变体的种种要素方面存在着持续的影响——特别是口音，但也包括音质、语调等，而这些对于信息传递和身份解读十分重要。比如你阅读此书，除非你很了解我，否则你读的时候脑子里的声音不是我的而是你自己或者想象中某人的声音，其口音、音质、语调全都出自你的想象。如果你听过我口头讲话，你就没有书面语给你的这种自由。我的声音会折射我个人语言的变体情况。

但为什么我们通常认为我们的语言是单一语言而非杂语？原因是，像所有的感知一样，我们对语言的感知也只是盲人摸象。如果我在任意时刻都对身边的事情保持均等的关注——这种情况想象起来都很难更不用说真的这样做——那么实际上我根本没有"关注"或"注意"任何事情。一般情况下语言感知的重点具有选择性，关注的焦点通常是语言学家所指的语言诸多"功能"中的某一个：交际、陈述、表达、寒暄或各种行为。一次语言对话完成之后，如果我们认定交际已经完成，那么我们就会认为刚才

我们使用的是"同一种语言",无论我们的语言在第三方看来存在多大的变体差异。

这就是我们大多数时候关注的焦点,即便在过程当中我们肯定会对另一方所说的话,做更多"信息"之外的解读。我们会根据另一方说的话判断他们的籍贯、社会地位、教育、教养——简而言之,即他们的"身份"。有时我们甚至很清楚自己的这些判断,但即使如此,如果交际最后的印象是我们能够相互理解,交际功能的中心地位就足以使我们悬置对非变体的怀疑,转而朝着"我们说的是相同的语言"这个方向去想。

3.3 教育的作用

如果我们把语言和政治比作一个国家,那么教育就是处于中心地位的国家首都,是每个人都要经过的集权中枢,是运转国家、决定国家未来方向的大都会。在书写层面上,这是古往今来的事实。语言,特别是"正确"或"标准"的语言,其政治职能与书写密不可分,它们都需要依赖技术,而技术则需要通过相当强度的持续教授才能掌握。即便是在手工业传统的"师傅—学徒"制度当中,书写的教学虽然不是必需的,但也需要教授一套专门的词汇和话语。这种语言一方面包含了这门手艺的知识,同时也是掌握这门手艺的标志。伟大的古典语言,如拉丁语、希腊语、希伯来语、阿拉伯语、叙利亚语、迦勒底语、汉语、梵文、泰米尔语,等等,其传承和习得都需要通过与宗教和行政管理结合在一起的正式的教育制度。经过千百年的历史之后,这些语言不仅被认为是双言制中的"高层"语言,甚至被视为语言的"本尊"(tout court)。

欧洲文艺复兴时期涌现的各种世俗语言的标准,完全取决于受过古典语言读写训练的人的"转换技能"。白话标准进入学校教学的过程十分缓慢。最先从 18 世纪开始,到 19 世纪开始占了上风,到 20 世纪最终取代古典语言并将古典语言边缘化——实际上 20 世纪前几十年间仍存在这样的情况——欧洲某些大学的博士学位要求,学位论文除了母语版本之外,还要再提交一份拉丁语版。

在整个欧洲和美洲,普及教育自 19 世纪 60 年代开始到该世纪 90 年代基本完成,并普及到欧美的殖民地。普及教育极大改变了教育的性质,虽然开展教育的制度从来没有实现制度设计者期待的社会公平,但是教育从少数人的特权变成每个人都会经历的阶段,当然程度会有所不同。到了

20 世纪 60 年代，甚至连伟大的被压迫者教育研究权威保罗·弗莱雷(Paulo Freire, 1921—1997) 也不得不承认，一旦受到教育并得到解放，以前受压迫的人将反过来成为压迫别人的人 (参见 Freire 1970: 27)。福柯在 20 世纪 60 年代 (参见第 2 章 2.5) 提出"知识"本身是权力的一种体现并得到了广泛接受，到了 20 世纪 70 年代皮埃尔·布迪厄 (Pierre Bourdieu, 1930—2002)、让-克劳德·帕斯隆开始把教育看作一种本质上是在复制现有的阶级划分的制度 (Bourdieu & Passeron 1977)，他们的分析拥有坚实的数据基础，因而很难从意识形态立场上去否定。

布迪厄 (Bourdieu 1991) 认为，在教育从事的这种社会复制 (social reproduction) 中，语言发挥了中心作用。在探讨标准法语的区域差异时，布迪厄描述了一个从外省来巴黎读大学的学生感受到的"胁迫"。布迪厄探寻了这种胁迫的本质及其存在的范围。巴黎的标准法语人群对其他省份方言的反应，让外省人感觉到一种胁迫，布迪厄将这种胁迫描述为并不产生任何实质"胁迫行为"的"象征性暴力"。布迪厄认为，尽管这种胁迫感的产生与外省人的非标准法语使用者自身不无相关，

> 某种程度上只有对方言差异非常敏感的人……才会感觉到，而其他人会表现出无所谓。这基本上可以说明，胁迫感的产生根源在于双方所处的情景 (说标准法语的一方可能会说自己绝无此意)，或者说，根源于双方在社会生产中的条件状况。(Bourdieu 1991: 51)

换言之，有些外省人并不在意标准法语使用者对他们的方言的反应，在这种情况下，胁迫感就不存在，但他们只是少数。受过良好教育的法国人最终都只讲标准法语，或者是方言之外主要讲标准法语，从这一点我们可以推断，胁迫感是普遍存在的。

我们可以以此作为模型来认识普及教育的推广对消除方言差异的作用，以及普及教育如何推动 16 世纪的"国家语言"(national language) 梦想成为不局限于少数精英、最终成为多数民众语言的实现。对于那些敏感的方言人群而言，教育为他们的胁迫感创造了必要的环境。不过，盎格鲁-德意志历史学家埃里克·霍布斯鲍姆提出了另一个十分不同的模型。霍布斯鲍姆关注的是 19 世纪末期，期间正当普及教育应运而生。他认为普及教育最大的受益阶层是中产阶级下层，其主体是小商人和工匠，他们的子女可以通过考试，进入市政和殖民地公职机构以及白领行业；而当他们

摆脱中产阶级下层之后，劳动阶层的子女通过同样的过程，又会填补这一阶层。

> 官方使用书面白话，地位崛起抑或不保的则是身份不高但受过教育的中层社会，其中包括那些通过学校教育谋到一份非体力劳动工作而爬上来的中产阶级下层。(Hobsbawm 1990：117)

这些人也是民族主义的支柱——不只是某些场合下积极挥舞小旗子的那种，更体现在比利希（Billig 1995）所述的平淡的日常生活当中，包括他们使用"得体的语言"并坚持语言的规范性，甚至在与他们自己的孩子交谈的时候也是如此。霍布斯鲍姆认为，我们通常意义上讲的"国家认同"实际上可以追溯到维多利亚时代的小店主和小职员，他们嫉妒上层社会和劳工阶层的阶级归属感，因为前者拥有俱乐部和贵族头衔，而后者在社会主义思想中被给予很高的身份。贵族和工人都不需要教育来保持自己的地位；两者都不需要像中产阶层那样不得不担心自己的语言，特别是那些因掌握标准书面语和口语而谋得地位的中产阶层。

布迪厄和霍布斯鲍姆的论述并不一定相互矛盾。两者都在描述，个体在社会经济欲望驱动下，语言逐渐转向标准化的原因。但布迪厄的话语深受结构主义影响，旨在探明人们这些自然而然的"选择"如何被社会力量所左右，关注的焦点在于镶嵌于人们"习惯"（habitus）当中的"生产的社会条件"，这些习惯人们自婴儿期开始累积，最终使人们倾向于选择某些感情和反应。在布迪厄的模型当中，这些社会力量被认为是从反面发挥影响的，是大棒而不是胡萝卜。与此同时，霍布斯鲍姆则对马克思主义作了进一步发挥，他认为语言转移的原因不在于"生产条件"（他在1990年之前拒绝使用这个术语，认为这是庸俗唯物主义的简化论），而在于个体的选择，其动机是正面的胡萝卜效应，但并不全是经济因素的作用。他认为是正面的效应促使了人们做出语言转移的选择。然而从我们每个人在做重要选择的经验可知，我们的选择不会完全由社会力量决定，但也摆脱不了社会力量的限制，实际上我们会同时考虑正面和负面的因素——胡萝卜加大棒。换句话说，正负两方面的因素，可能同时都是正确的。

同样，在某些情况下，标准语的传播及巩固所依赖的"胁迫感"和"暴力"并不仅仅是象征性的。在普及教育实施的头七八十年里，凯尔特语地区的英国、法国儿童，以及法国巴斯克郡的罗姆人（又称吉卜赛人）以及语言与英语、法语差距很大的少数民族儿童，他们在学校里被禁止说自己的母语，被抓到就要遭受痛苦的体罚。这个情况我们在下一章将会进一步探讨，但这里我们必须要注意到，在向"国家语言"过渡的进程中，教育制度是一个重要的机制。孩子们每周要在学校至少待五天，而学校怎么教学生很少受到法律约束，这是大棒政策。至于胡萝卜政策，学生的家庭社区总体来说和国家语言进程步调一致，他们为自己的国家以及国家拥有的海外殖民地深感骄傲，他们坚信国家语言和认同会为他们带来繁荣和进步，而坚持本地方言则意味着贫穷和落后。

今天，上述这些地区的学校正在扮演他们的角色——不一定做得很好或很有热情，或得到了不同程度的政府支持——拯救他们曾经想方设法消除的少数民族语言，但英法两国的主要战线已经转移到其他地方：标准或非标准的英语或法语。近几年，凡是对移民有巨大吸引力的国家，语言选择方面的新问题也进入议程。每一次语言与政治的辩论中，教育都无一例外处于争论的中心。原因现在应该很清楚：正是通过教育，语言和国家认同才得到了建构、执行和传承，这是最重要的。乔治·奥威尔写在《一九八四》的名言："谁控制了过去就控制了未来，谁控制了现在就控制了过去"（Orwell 1989 [1949]：37）。这句话可以略作扩充：控制了学校的人，他们也就控制了过去，因为他们控制了历史课的教授；他们还可以重构社会阶层的现状，因为通过语言选择和语言标准的实施可以起到强大的个体乃至群体分化作用；他们还可以塑造未来，因为他们可以教育走向未来的孩子——也包括不作为，任由孩子们毁掉。

3.4 语言帝国主义

上一节我们探讨了 19 世纪末 20 世纪初语言在欧洲和美洲各国的普及教育中的表现。在上述这些国家的殖民地，另外一个因素使得事实上的语言教育更复杂，因为要在殖民（者的）语言和当地土语之间做出选择，尤其是遇到当地土语有着悠久的书面语历史的情况，比如中国和印度。殖民地语言政策在不同时期时有变化，在殖民地当地偶尔会被高度政治化，但极少体现在各宗主国的立法机关上。总的来看可以这么说，法国和英国的政策分别代表了两个极端。法国总体倾向于在教育中推广殖民（者的）语言，而英国则使用本地土语，其他殖民国家的政策则落在两者之间。葡萄牙在殖民史上接近法国的政策。西班牙一直到 19 世纪都还实施更支持原住民语言的政策，包括当时仍然是西班牙殖民地的地方，以及虽已获得独立但越来越被"同化"的原殖民地（参见 Joseph 2000c）。

　　按照罗伯特·菲利普森为代表的、对英语"语言帝国主义"的批判来看，这个情况似乎出乎意料。但事实上，深入研究殖民地办公室的文献之后——埃文斯（Evans 2003）做得最为详细，我们几乎不会有任何疑问，英国伦敦方面的殖民地管理并不支持用英语对被殖民者开展教育，只有很短的一段时间例外。这种政策有很多种解读，其中最险恶或许也是最现实的则是：他们认为，殖民地管理事务方面的工作，本来都是给英国本土的中产阶级下层青年的，如果被殖民者掌握了英语，则很难找到理由不让这些人从事相关工作。还有一个跟一般认识相悖的情况是，在殖民历史上，大多数殖民地并没有给欧洲列强带来巨大的财富，实际上他们要花很多钱经营殖民地。当然有一些特别赚钱的例外，如充气轮胎发明后对橡胶的需求猛涨，刚果因而为比利时带来了巨大财富。列强占领并扩大殖民地的主要动机，一是要保持相对其他列强的领先地位，二是为国内无法就业的年轻人提供机会。[2]

　　欧洲各殖民帝国已然瓦解，然而语言方面的情况却令人惊讶地少有变化。事实上倒是老的殖民宗主国自己发生了很大变化，主要原因是第二次世界大战之后大规模移民涌入，多数来自前殖民地，对英国来说主要来自南亚（通常是经过东非）、加勒比海地区；对于法国来说则以北非国家为主。英国继续了其一个世纪前的殖民政策，因而相比法国，它更支持英语之外的母语在学校使用——虽然英国从 2005 年开始，破天荒对新入籍的移民提出了英语语言水平要求。大多数前殖民地国家的语言选择仍然停留在当地白话和后殖民（者的）语言——这里的后殖民（者的）语言要么是英语，要么是与英语竞争日益激烈的语言。

　　"语言帝国主义"批判的要点是，这种选择不公平。它迫使亚洲和非洲的广大地区、美洲以及大洋洲一些地区中不计其数的人们，不得不在他们的文化遗产和后代的生存之间做出选择。"语言帝国主义"批评者认为，这哪能称为选择。强势的全球语言和文化，特别是英语和美国文化，它们的霸权力量左右了落后国家人民的选择。如果他们真的相信他们是在进行自由的选择，那么他们一定是患上了马克思所称的"伪觉醒"的典型症状。

　　按照这个道理，接下来的情况自然也不足为奇——这一批判并非起源于第三世界学者（根据批判者的意见，这些第三世界的学者自己也可能是伪觉醒的受害者）。最先提出这一批评的是一位改革派"帝国主义分子"，菲利普森（Phillipson）。他在 1992 年的著作中以最明确的态度，把语言与政治置于应用语言学和英语语言教学研究的中心。他在著作中提出一切不以学生母语开展的教育都是帝国主义，哪怕是这种教育本身旨在帮助学生摆脱贫困、获得就业机会，"某些人从事相关工作时，可能出于最无私的动机，但实际上他们的工作有利于构成帝国主义。所有与教育援助相关的人都有这个嫌疑……"（Phillipson 1992：46）。托弗·斯古特艾普－康加斯是菲利普森的妻子和研究伙伴，她的表达更激烈："学校每天都在进行语言种族灭绝"（Skutnabb-Kangas 2000：x）。这种英语语言帝国主义已嵌入教育系统的制度本身甚至已嵌入教室的课堂布置。教师作为整间教室里唯一的英语母语者或者至少是英语高手，居高临下地站着，而一屋子的学生毕恭毕敬地端坐着（因而处于较低的地位），他们的母语非但没有被视为他们的财富，反而被当成他们学习"更有价值的"语言的障碍。因此，"英语主导地位之形成和维持，依靠的是英语相对其他语言在制度上、文化上持续翻新的不平等关系"（Phillipson 1992：47）。菲利普森造了一个词来描述这种形式的不平等——"linguicism"（语言歧视）。这个词与种族歧视（racism）、性别歧视（sexism）等词汇在形式上同根、在内涵上相呼应。他对语言歧视的定义是："某种意识形态、社会结构或社会惯例，其特征是以语言为依据划分群体，并使群体间权力和资源的不公分配合法、落实和扩大。"（同上，第 47 页）菲利普森认为，英语语言帝国主义就是语言歧视的一个"例子"或"子类型"。他澄清道，语言歧视的存在不止于推行"唯用英语"的学校。多语学校如果不能平等对待每一种语言，实际上也一样存在语言歧视。比如，学生在基础教育阶段的确以母语教育为主，但上了中学之后为了考大学又过渡到英语教育："语言歧视是存在的，比如学校支持多种语言，但这其中存在某种语言在教师培训、课程研制以及上课时间上占有明显的优势……"（同上）20 世纪 80 年代菲利普森刚提出这个观点的时候，英语语言教育（English Language Teaching；ELT）有关人士的态度是不予理睬。理由是，ELT 的工作只不过是执行一套有效性已经得到科学研究充分证实的系统的教育技术，不是在"搞政治"。但 1992 年《语言帝国主义》重新出版的时候，ELT 人士的自我辩护遭到了菲利普森尖锐的反驳，他认为 ELT 的说法不过是拿"专业主义"作挡箭牌。菲利普森十分反感"专业主义"这个说法。在他看来，专业主义就是：

人们只要完全跟着 ELT 的方法、技巧和步骤，及其相关的语言学习和教学理论，就能理解和分析语言学习……英格兰中心论和专业主义共同为英语作为主导语言披上了合法的外衣……（同上，第48页）

菲利普森认为，在专业主义的幌子下，标准英语课堂教学的语言形式问题以及教学方法的问题，与文化和语言帝国主义紧密相连。他举了个例子，"听说教学法"。在很多文化中，传统教育都是十分侧重书面形式的，但听说教学法对此置若罔闻。菲利普森认为，这种教学法实际上代表了一种语言观念，意思说只有我们这种现代的、专门的教学方法才是有效的，你们传统的方法都是一文不值的。

菲利普森的批判依据是加尔通（Galtung 1979）所提出的文化帝国主义理论。根据这一理论，帝国主义指的是一个社会主宰另一个社会的关系，主要有四种方式：剥削、渗透、碎片化和边缘化。加尔通继承了马克思主义理论家安东尼奥·葛兰西（Antonio Gramsci, 1891—1937）的"霸权"概念，他认为上述四种方式并不需要占支配地位的一方刻意实行。帝国主义关系的结构可以让这些方式自动运行——正如菲利普森分析的英语教学一样。加尔通将世界划分为占主导地位的"中心"和处于被主导地位的"边缘"，但他同时说明实际情况要复杂得多。菲利普森解释说：

> "中心"和"边缘"各有各的权力中心。两者也各自都有自己的"边缘"，并同样遭受各自的"中心"的剥削。两个中心的精英阶层利益相通，各有各的帝国主义方式，在我们这里的话题上表现为：语言。
> (Phillipson 1992: 52)

例如，英国显然是一个中心国家，但英国内部也有自己的语言"边缘"，其中包括凯尔特语、罗姆语的和新移民群体。马来西亚是一个"边缘"国家，但它有自己的语言"中心"：精通英语的那部分马来西亚人。多数情况下，这些以英语为母语的马来西亚人会前往某个"中心"国家接受高等教育，然后回国"剥削"他们的同胞。他们凭借的是卓越的英语知识，因为英语使得他们与讲英语的中心国家具有了共同的利益。从文化帝国主义的角度来看，他们都是内部的敌人。

但是，"边缘"中一大批睿智雄辩者的学者——毕竟按照菲利普森的说法，说得好听些他们是伪觉醒的受害者，说得难听些他们就是自己文化的叛徒——他们激烈反对菲利普森的理论，最温和的一部分反对者也表示菲利普森的理论必须修改，最起码得砍去腿部以下的支撑部分。比松（Bisong 1995）、马科尼（Makoni 1995）、拉贾戈帕兰（Rajagopalan 1999a，1999b）[3] 等认为，语言帝国主义的持续存在是一个虚构的东西，是一个强加于人、不得人心的荒诞臆想，体现的正是它所批评的帝国主义，其恶劣程度不亚于帝国主义本身。菲利普森认为，第三世界国家的人民是霸权势力的支配对象，因而他们不可能行使自由选择的权利，尽管有时候这些霸权势力看起来像是"为了他们好"。但这些学者认为菲利普森的观点透着一股浓浓的高人一头的架势。因为菲利普森把他们全部当成中心控制系统的棋子，等于无视他们的人性本质。回顾一下人类学，这是 20 世纪初以前司空见惯的观点：世界上，只有那些属于"中心"的群体，才充分拥有人类的理性和自由意志，而"边缘"的群体都不过是些患者，只能服从处于"中心"地位的主人们的意愿。在菲利普森看来，他们只有"选择"他们的传统语言才算是做出了选择，也就是"菲利普森"选择，而如果他们选择某种大的世界语言（或是他们本地语言之外的某个地理范围有限但"更大"的语种），那么他们的选择就是在"中心"力量支配下的选择。

菲利普森的特殊论证形式，使得处于"边缘"地位者毫无反驳的余地，最终可能造成一个僵局，人们要么接受他的世界观，要么彻底反对。最初，英语语言教学及应用语言学领域的研究者的确发现他们只能站在赞成或反对的某一边。但是，坎纳拉吉（Canagarajah 1999a，1999b）的研究带来了另一种可能。菲利普森认为要推翻霸权的语言帝国主义，坎纳拉吉对此表示赞同。但菲利普森认为反对"大"语种、支持小的传统语种（他后来建议世界语）是唯一的办法，这个看法坎纳拉吉不认同。在坎纳拉吉看来，菲利普森没有看到的是，"边缘"人群不会仅仅被动地接受"中心语言"。相反，他们会改变中心语言——他们会让中心语言带上自己的口音，换句话说就是带上他们的母语的语音遗留（或干扰），带上词汇、语法遗留以及其他"中介语言"的特点。这些遗留都无法直接追溯到母语，但是它们能够把"边缘"人们使用的中心语言和这门中心语言的"中心"老家区分开来。这种以语言为形式的积极干扰，坎纳拉吉称之为"抵制"。通过这种"抵制"，"边缘"的人们"占有"了这种语言，使其为自己所有，同时可以将这种语言作为武器来运用，在国际舞台上推进他们的反中心政治事业，而这是他们使用传统语言永远无法实现的工作，因为这些语言只有他们自己使用。

　　坎纳拉吉的理论产生的一个问题是：如果某人在使用第二语言的时候，带着自己的口音以及其他有别于中心变体的特点，但心里却不打算"抵制"——比如，尽管他们一心想说得"像一个母语者"但仍然有口音，并且把他们的口音视为一种无法克服的缺陷——那么在这种情况下，他的言语还能算"抵抗"和"占有"吗？这个问题的出现是因为，在人类事务中"抵制"一词的使用通常带着一种主观、蓄意的政治立场。在抗疾病、电阻、防水材料或阻碍问题解决这些语境下，这个词没有这样的含义；但是在语言方面，这些隐喻似乎并不恰当。在我看来，关键的一点是，如果整个群体按照坎纳拉吉说的方法"抵制"某一语言——无论他们是否人人如此或部分如此，乃至无人有意识如此——他们至少在语言距离（Abstand）方面已经将之据为己有，从而一砖一瓦地准备着直至最终提出政治主张，即他们的语言形式是一种不同的、侵占而来的、具有抵制性的语言。

　　坎纳拉吉的研究并没有消除"语言帝国主义"这一问题的存在。但是，他也没有把这个问题简化成二选一的问题：一方是边缘语言，仅为边缘群体所掌握用以表达其思想和文化；另一方是绝对属于中心群体的中心语言。与此同时，在坎纳拉吉的研究里，边缘群体是鲜活的生命，他们拥有选择权和能动性。或许最重要的一点差别是，语言帝国主义的研究不可能真的有助于弱小语种生存，因为它漠视现实生活中边缘群体的实际选择（无论是自主的还是权力支配下的）。而坎纳拉吉的理论则给予了边缘群体两点肯定，一是肯定了他们抵制的勇气（无论其抵制是有意的还是无意的），二是肯定了他们的抵制方式之灵活竟足以骗过菲利普森这类语言专家的眼光。他的研究使得边缘群体对其语言产生了所有权意识（或者说很大程度地提升了这种意识），从而帮助边缘群体在他们本地之外更为广阔的空间，清晰地表达其本地语言继续生存的资源诉求——哪怕在他们的内心深处，他们也希望自己以及子孙后代能享受到大语种教育带来的种种优势。

　　反对菲利普森语言帝国主义论点的另一个角度来自马克思主义语言学家霍尔博勒（Holborow 1999）。她批评的要点理由与戴维斯（Davies 1996）等非马克思主义研究者大致相同，但是从她的观点来看，菲利普森抨击语言帝国主义的方案是彻底反动的。她在著述中表明："菲利普森的中心—边缘、南—北分类，把他反帝国主义的策略框死在民族主义和推广民族语言上"（Holborow 1999：77），然而民族主义是社会—阶级团结的一贯障碍。此外，菲利普森认为英语的传播将导致人们以英美的方式思考；而霍尔博勒则以现代马克思主义者的身份批判，把创造力归因于语言正是后现代主义的最大谬误之所在。霍尔博勒指出,语言传播更多是文化变迁的结果而非原因;"入侵"的语言更可能做出改变以适应新的文化,而"语言帝国主义"的"受害者"完全有能力将强加给自己的入侵语言当作反抗帝国主义和阶级压迫、获得解放的最有力工具之一。

3.5 语言权利

与语言帝国主义批判相关的是"语言权利"(language rights)的思想。它首先是一个群体或者个体应有的基本人权,即人们应当被允许在公共场合使用他们的母语,并让他们的孩子以母语接受教育,即使他们的语言并不是他们生活所在之地的官方或多数人的语言。这是一个很新的概念,法律规定的实际语言权利还很少。正如众多研究一致指出的那样,人们通常所指的"语言权利"更准确地说其实是此类权利的"诉求";其隐含意思是,自然法中存在着这样的权利,因此应该被纳入宪法或法规。

此类权利诉求出现得相对较晚,这里面有几个原因。以前,语言少数族群更关心的往往是政治自治的实现(如果地缘相邻,则也可能是与母国的重新统一),或者要求在政治和文化上完全融入社会大环境。另外,群体的语言权利问题有可能被认真对待,但个体的语言权利却没有被认真对待的可能:个体的问题似乎是随民主法则产生的,少数应当服从多数,而不是反过来。最后,在教育方面,不言而喻的共识似乎是,公立教育系统的作用旨在传承民族文化,并引导全体国民接受这种文化。外国文化可以是研究的对象,但外国的风俗习惯,包括语言,不应该成为教育的题中之义,因为公立教育用的是纳税人的钱。如果语言少数族群希望用自己的语言接受教育,那就得自己出资。

但就政府在少数族群教育问题的观点转变这一点来说,这最后一个原因的逻辑缺陷却起了重要作用。因为事实是,少数族群成员也是纳税人,所以在民主体制下,他们有权对公立教育的语言提出要求。而且还有一个实际情况,即在某一国的某一特定区域,某个少数民族可能并不是"少数群体"。比如,苏格兰语在英国属于少数族语言,但在苏格兰就不是了。反过来差不多也是这样。比如在威尔士,尽管只有不到一半的人使用威尔士语,但它还是主要语言——这里的问题就复杂了,因为我们无法确定谁是或不是"真正的威尔士人",比如新近来到威尔士的移民算不算?又比如出生在威尔士但父母是从英格兰过来的算不算?

这在教育上带来的问题则更直接。在当地以及任何地方，总有数量不少的纳税人希望自己的孩子能接受威尔士语的教育。而当今的政府理念比较信奉权力下放，这就造成当这部分人提出要用自己选择的语言接受公共教育时，政府很难否定他们的要求。假如问题是旁遮普语，情况一样可以按照这个逻辑分析。旁遮普语是不是当地的"祖传"语言这一点本身无关紧要——因为语言属于人而不是某个地域，而旁遮普语是威尔士旁遮普人的祖传语言。

近年来，语言权利概念已经延伸至一切与政府或公共机构有关的语言交际，不再只局限于教育领域。20 世纪 70 年代以后，世界各地的政府开始用本国传统的或法律规定的官方语言开展公务。[4] 一切不懂官方语言的人，只能通过代理人跟政府办业务，这些人包括新近的移民、聋哑人、土著居民、少数民族以及殖民地属民。一直以来，无论是在"中心"国家还是"边缘"国家，审讯过程中被告无法理解法院审判程序中所使用的语言都是司空见惯的事情。

但如今，世界上大多数地方的官方法庭都配有口译人员，而且是被告人不可置疑的应有权利——尽管法庭口译相当复杂，因为法庭口译有时候需要弥合各国法律体系之间的差异，而且证词中隐性的细微差别在翻译时存在着很多法律风险。库克（Cooke 1995）曾对法庭判决书翻译中的语言复杂性做过一项精彩的研究。当时研究的裁决是澳大利亚几家法院判定的，案子是一个原住民杀死了一名白人警察。研究过程花费了大量的时间。库克先把法庭上的英语翻译转换为土著语，再让以土著语为母语的人将其翻译回英语。这一来，人们才注意到两者之间存在着巨大的语言—文化差异：英语词语"有罪"和"无罪"在翻译成土著语言时，相应的土著词汇的意思是问被告是"坏人"还是"好人"，而不是他们[①]是否犯了被指控的罪行。

法庭大概是"语言权利"发展得最快的地方，因为就政府对个人的暴力机器效果而言，法庭可能是最极端的地方，因为法庭有着生死予夺的权力。而在风险没这么大的地方，人们也就并不觉得保障个体语言需求是政府义不容辞的责任。爱丁堡市议会的"口译和笔译服务"，目前"提供大约 40 种族群语言以及盲文、录音带、大字体和英国手语等的口译和笔译服务"。议会还根据讨论的主题，从这些语言中选择一种或几种（特别是阿拉伯语、孟加拉语、汉语、意大利语、日语、旁遮普语、西班牙语、土

---

① 原文在这里用的是"they"，但作者在上文交代案件背景时作者说的是"一个"土著人。

耳其语和乌尔都语）发布其官方信息。市议会还为幼儿园至中学高年级的儿童提供盖尔语教育，因为虽然现在没有只说盖尔语的人了，但盖尔语作为民族认同的象征，其价值仍然很高。然而，爱丁堡市还有 100 多种语言，各自拥有一定市民数量的母语者。在语言方面，爱丁堡是典型的跨欧洲、美洲和大洋洲的城市。实际上在客观存在的官方语言经济效用的驱动下，未来官方语言的数量可能会继续增加，但这个情况要排除某些突发的政治因素，譬如移民和难民政策的分歧比现在更大。

在过去十年中，加拿大哲学家泰勒（Taylor 1994）和金里卡（Kymlicka 2001）在他们的著作中提出了一些关于语言权利的创新的观点（参见 Kymlicka & Grin 2003；Kymlicka & Patten 2003）金里卡以其道德哲学家的经典思路论述了语言权利的问题——他假设正义是一切理性社会的目标，然后探究了在涉及少数语族时正义的内涵问题。金里卡根据约翰·罗尔斯（John Rawls，1921—2002）在《正义论》（*A Theory of Justice*，1971）[5] 提出的方法，先假设语言权利问题最正义的解决方案是让单一民族国家中的所有团体在所有领域内（如教育、政府、广播等）享有平等的语言权。然后再为一切例外情况寻找理由——譬如在某些情况下，如果某个少数族群的语言未被赋予全部权利，这个少数族群自身（连同整个社会）反而会得到更多的益处。此类情形包括少数族群因过于分散而无法形成一致的政治群体或身份群体。在这种情形下，如果他们使用多数人使用的语言，实际上他们就能更有效地追求其政治权利，并在不损害其身份的前提下融入社会——他们的身份本来就很难长期存在。

但是，即使承认这种情况的存在，金里卡还是认为，公正仍要求每个国家给予国民使用多种语言的语言权利。在罗尔斯的理论中，单语主义政策永远不可能是公正的。但金里卡也承认，公正并不是每个国家制定语言政策的主要目的。国家对安全的考虑也不能被认为是不合理的。许多东欧国家，包括达夫塔里和格兰的编著（Daftary & Grin 2003）中所研究的一些国家，他们格外重视自己国家的独立——他们的这种顾虑和重视至少也是部分合理的。他们最头疼的问题是国内存在一个总是觉得自己属于另一个政府的、强势的少数民族。

令人惊奇的是，在公正和国家安全的利害之间，金里卡的理论维持了极高的道德平衡。他捍卫语言"净化"的有关法律，例如 1994 年法国"杜蓬法"，禁止在广告、广播、商店等名称中使用英语，以及在纳粹德国通过的旨在消除外语借词的法律（参见 Klemperer 1949）。金里卡的理由是，这些都是强化民族身份的合法手段，没有明显伤害到谁。可问题是，语言净化法实际上总是伴随着种族净化运动，极端情况下甚至需要通过实施种族灭绝才能推进。诚然，这种关联推理是不厚道的——清除德语里的非日耳曼词语决不能跟毒气室画等号。但实践表明，语言净化是种族主义思想的重要征兆。这就使得人们不得不去想：对于这种思想，即便不像金里卡那样地去接受它，就连置之不理都已经是不道德的了。

金里卡的观点还有一些其他方面的问题。在道德合法性上，他认为较之近期移民，"土著"少数民族（很久以前移民的后裔）更有权利主张语言权利。这个看法尽管在逻辑上符合罗尔斯的公正理论，但也一样令人不安。部分原因在于，跟一战到苏联解体前那段时间不一样，现在我们很少会觉得单一民族国家就是无可非议的准自然实体。然而，国家仍然是金里卡思想的基石，他的这些结论成立与否，要看我们对国家的恒定性的态度。

当然，这些评论并不否定金里卡的贡献。他的贡献在于，首次发起了哲学界对语言权利的政治和道德问题的认真思考，并为社会语言学和应用语言学研究者们提供了一个思考相关问题的崭新的理论框架。他的工作，总体上说，是哲学家的工作——他不需要拥护大多数人支持的观点，也不需要提供权威答案。

到最后，当前的语言权利话语会把我们带到一个什么样的境地呢？从道义上看，那些因少数民族强大而"缺乏安全感"的国家，似乎理应有权压制境内的强势少数民族以维护单一民族国家的统一；而与之相对的较安全国家，他们在道义上则有某种责任感，他们应该落实多语言权利——当然也不是谁想要都能给，但历史上境内一直存在的那些原住民，他们的语言权利至少得落实。可能我们会怀疑，这个逻辑会形成一个死循环的局面：安全感足的国家先是扩大境内少数民族的权利，但这样做的结果却是让原本很有安全感的主要民族产生了不安全感（由媒体发觉并由媒体放大，历史上不乏此类案例）。于是，道义责任转向了撤回原先的少数族语言权利，这不仅仅是为了保护国家的单一民族安全感，也是为了保护少数民族群体免于遭受政治上的反冲。这也许不是多语多文化长久共存的理想方案，但眼下我们还找不到更好的替代办法。

3.6 少数民族身份的语言表达

近年来的语言身份认同研究都将语言认同视为一种"表述行为的"（performative）话语。我们说话时所做出的（或者说是确实体现出的）"自我表达"和他人对我们的自我表达的解读，这两者之间就是我们的身份认同——用安德森（Anderson 1991）的术语说就是一切"想象的共同体"。正如一些社会学家所说：

> 国家身份本质上不是固定不变的，它很大程度上取决于人们在不同情境和不同时期所做出的自我表达。身份认同建立的过程并不完全取决于人们的自我表达，还得看被接受的情况，即大多数人对这种表达的承认或否定情况。（Bechhofer et al. 1999：515）

这里还要补充一点：别人对我们的身份认同我们不能忽略不计。同样，我们也不能忽视，这里说的"自我表达"并不局限于"我是孟加拉人"这种直白的陈述。更多情况下，其表达形式是比利希（Billig 1995）提出的"日常民族主义"（banal nationalism）。他认为：

> 日常民族主义本质上是人们的意识形态习惯，西方已经立国许久的国家，正是靠着这些习惯延续国家认同。有人认为这些意识形态习惯独立于日常生活，但是比利希反对这种看法。每天，国家的体现方式，或者说国家的"旗帜"正是存在于公民的生活中。在立国许久的国家，民族主义绝非间歇性的情绪，而是某地特有的一种状态。
>
> （Billig 1995：6）

比利希批评民族主义研究过分聚焦于"激情挥舞的旗帜"，忽略"日常悬挂的旗帜"，比如邮局门口安静悬挂的国旗。日常悬挂的旗帜之所以能够延续日常民族主义，正是因为它是一个"被遗忘的提示"（同上，第8页）——其重要性被来来往往看到旗帜的人有意地"遗忘"了，但在他们的内心深处却是深切知晓的。比利希的研究要点在于，那种呼吁呐喊不绝于耳的民族主义恰恰只是极少部分人的表现，而民族主义研究却向来不怀好意地把注意力放在这种情况上，无视镶嵌在每个人（也包括那些热血民族主义者）日常生活中的日常民族主义。更重要的是，他指出，

这正是人们遗忘"我们的"（立国许久的国家）民族主义的一种
意识形态模式：日常民族主义不再表现为民族主义，而是消融在各个
"社会阶层"的"自然"环境当中。同时，民族主义被视为危险情绪
和非理性的东西：它被看作一个问题或病症，对世界各国是多余无用
的东西。民族主义之非理性投射的对象是"别人"。（同上，第38页）

换句话说，"我的"民族主义以及"我们的"民族主义是良性的、自
然的，而"他们的"民族主义则是非理性的、危险的。

在比利希看来，"身份需要通过镶嵌于社会生活的习惯得以体现"（同
上，第8页），包括语言。这样他和布迪厄就站到了一起。布迪厄把身份
认同看成"镶嵌于社会生活的惯习"，这与上文提到的观点基本一致。"身
份认同本质上不是固定不变的，它在很大程度上取决于人们在不同情境
下、在不同时期所做出的自我表达。"我们在各自的生活中获得新的身份
认同；确实，在任何特定的时间，我们每个人都会表现出或表达出一系列
不同的认同，取决于我们所处的语境以及我们面对的对象。更重要的是，
与特定身份认同相关联的那些特点具有流动性、时间性。兰普顿（Rampton
1995）研究过伦敦青年认同"交叉"的情况。一些经典的牙买加英语形式
特征被亚洲青年所接受，同理，牙买加青年也接受了亚洲英语的一些特
征；而这两种英语特征又均受到英国"白人"青年的青睐，被他们视为当
代青年的身份标记，而且是更"酷"的身份，他们也没有完全忘记自己的
种族身份，但苗头和方向已经出现。

回到语言少数族群体，他们身份认同的表现有多种形式，主要可分为
三类：

- 通过少数族语言所表现出的认同表达
- 通过大语种语言所表现出的认同表达
- 在少数族语言和大语种语言之间进行转换所表达出的认同表达

每一类都可以进一步分解。少数族语言的表现形式可能纯粹是地方性
的，也可能是少数族语言的标准形式，两方面均包括口语和书面语。苏格
兰的盖尔语使用者是典型的"老的"语言少数族，因为他们的方言与地域
紧密相关，不存在真正意义上的跨区域标准。在多代之后仍然保留移民身
份的社群中，如意大利裔美国人、意大利裔加拿大人或意大利裔澳大利亚

人，他们的身份意识往往就只有意大利语水平是"好"还是"烂"。他们的语言的一切独有特征，无论受各自母国方言的影响，还是与母国语言变化无关的语言变化，包括英语的影响都被他们看作是负面的，被认为是语言水平一代不如一代的现象。

另一方面，根据佩尔塔（Perta 2004）的研究，阿尔贝雷尔族人，15世纪初移民意大利的阿尔巴尼亚族后裔，几个世纪以来一直保持着独特的身份认同。最近有建议让他们的孩子接受标准阿尔巴尼亚语教育，因为习惯上人们认为这是他们的母国的语言，但是他们对此表示坚决反对。原因似乎是，自1991年东欧剧变以来，越过亚得里亚海的"新的"阿尔贝雷尔族移民潮一直饱受大众媒体的强烈批评，他们将这些新的阿尔贝雷尔族移民描绘为不诚实的寄生虫。因此，尽管"老的"阿尔贝雷尔族社群500年来一直如此自称自认，但现在他们不想要阿尔巴尼亚人这个身份了。面对新的移民，阿尔贝雷尔族人不仅察觉到自己与他们之间的不同，更看到了自己与几百年来共处一片天地、一直被自己视为压迫者的意大利民族竟然有这么多共同之处。现在，只有他们特殊的阿尔贝雷尔方言，而不是标准的阿尔巴尼亚语，才能成为他们表现少数民族认同的可接受的途径——所以谈及少数族群语言教育时，这就引起了问题。

大语种语言也可以作为少数族群身份表现的手段。例如在英国，第二代和第三代印度人和巴基斯坦人，除了他们的"祖传语言"之外，还普遍掌握一系列各有特点的英语形式，有的特点不带有种族特征，有的则带有浓郁的种族特征。他们使用这种变体来表现他们的亚洲人身份，但不是给印、巴之外的人看的，而是专门针对彼此的。2004年10月，我参加了BBC亚洲电台的一个谈话节目，一同参加的还有两名年轻的英国籍亚洲男子。其中一人在节目中说，他如果听到别的亚洲人讲英语带有种族口音痕迹，就会感到"文化自卑"；然而另一个人则认为，你的英语应该表达"你真正的身份"。一个接一个的听众来电纷纷谴责第一个人——甚至问他为什么不干脆去把皮肤漂白（参见 Armour 2001）——这么一个种族语言表现问题竟然引发了人们这么激烈的情绪，更何况第一个人所指的并非"他们"的语言，而是代表殖民征服时代遗留的亚洲口音，这让我十分惊讶。

这里需要强调一下：节目中的两个亚裔男性青年，都是在用大语种语言表达自己的身份，只是一个带有亚洲口音，一个没有。但他们却在用同一种语言表达不同的身份认同。那个说话带亚洲口音的人其实也能让自己听起来像"英国人"——所以说，他这种用亚洲口音表达身份认同的情况跟他生在巴基斯坦的父亲不一样，后者的英语是第二语言，无论多么努力都没办法消除口音。所以对于这个儿子来说，我们可以比较放心地说这种情况属于语言"抵制"，因为他有意选择不采用大语种语言的主流言说方式，跟他父亲的情况完全不同。但我们也可以反驳：在大语种语言当中，一切有助于提升杂语性的声音，无论是否带有主观意愿，都发挥了抵制语言文化同质化的作用。

最后一种认同表现方式是在少数族语言和大语种语言之间进行转换时所表达出的少数族群身份认同表达。在语言学中，语码转换是一个复杂的话题，专家们就如何对其展开分析存有激烈的辩论；就我们当前讨论的话题而言，我们只需要明白大语种语言和少数族语言的混合有多种表现方式，且存在于许多地方。因为我从小在密歇根长大，习惯了那里的"经典"语码转换模式。这种模式在很多研究中都有过阐述，比如法英双语的加拿大人，或英西双语的美国人等。这种模式有一个明确的"矩阵"语言，其对第二语言的切换，存在着非常有规律的句法或话语界限。不过，来到中国香港我发现情况完全又是另一回事。操粤语和英语的双语者几乎每个句子里都有语码混用的情况，有时甚至是一个词当中也有语码混合的情况，所以几乎没法判断哪种是矩阵语言。这会儿粤语似乎是矩阵语言，但一会儿又变成了英语。但也不是香港"所有"的双语者都是这样——这种语码混用的讲话方式，香港人一般认为是受过教育和国际化的标志，但体现的仍然是"汉语身份的表达"（performing Chineseness）[1]。

在香港的那段时间，无论在种族上还是语言上我都是少数群体的一员。我很重视学习一些汉语，最起码能够让我表现出自己是一个与香港这个地方有些关系的"外人"。我不想要做另外一种"外人"——他们在香港生活多年，可是从未说过英语以外的任何语言。这样的人让我想起我少年时看到的那些西西里美国女性。她们在 20 世纪初来到密歇根州，但一直到 60 年代 70 年代，她们都还不能或不愿意说一个完整的英语句子（或是标准意大利语句子）。另一方面，我在香港的那些英美国家的同事则全心全意投入到身份的表达中，说的一口流利的汉语，表现出了与香港极其亲近的关系，让人觉得他们再也不会离开这里。这引起了我复杂的羡慕、嫉妒和恐惧之情——我担心我也可能被这种非常有吸引力的文化所诱惑而失去自己。因此，成为大语种语言使用者是我的一个矛盾的愿望，因为我

---

① "Chineseness" 是作者新造的一个词，根据上下文应该是指"与汉语有关的身份认同"。

对掌握程度设定了一个上限。

　　当然，在这种情况下，我所属的"少数族群"是寡头政治。在历史上英国曾对香港进行殖民统治，所以英语在香港具有特殊的地位。但汉语也绝对不缺乏声望，而且汉语的大语种地位几乎是压倒性的，因为90%以上人口的第一语言都是汉语。

　　这里存在一个内在的悖论，因为"语言权利"只能给予少数族群，他们需要这种权利，因为他们的语言受到威胁，多数族群语言则没有这种情况，结果可能是多数族群开始认为，正是因为给予了少数群体语言权利，自己反而受到了威胁。事实确实如此，多数族群自己的语言权利总是被忽略的，没有得到法律承认或保护；语言权利的真相就是侵蚀他们的权利以创造和维持少数族的语言空间。但是，把多数派的权利和感受撇在一边存在的危险，历史已经多次给过我们教训。这往往会导致极端政党兴起为多数族群的权利提供支持并限制少数族群的权利。对语言少数族群而言，寻求平衡才是明智之举，而公然与多数族群对抗则是自我毁灭——即使在道义上，他们过去遭受的不公正对待使得他们的对抗似乎有一定道理。

　　这方面的讨论范围遍及各种不同的情况，我们不应该指望某一个方面的研究会改变全部的情况。如果要提出一个理解、对待这些问题的理论，那么首先要立足于这个事实：所有这些情况，产生的基本问题都是相同的。而不同的是，这些问题的答案要一个个具体对待。在第7章7.4（第6到第11小点），我们将会再次探讨这些基本问题中的若干个，以及概述这些问题的可能答案。

建议补充阅读资料

语言帝国主义：Bolton (2003), Byram & Risager (1999), Eggington & Wren (eds.) (1997), Fishman(ed.) (2001), Laforge & McConnell (eds.) (1990), Mar-Molinero (2000), Ricento (ed.) (2000)。

语言政策的意识形态层面：Ager (2001), Ammon (1997), Annamalai (2003), Blommaert (1996), Blommaert (ed.) (1999), Cooper (1989), Coulmas (ed.) (1988), Cummins (2000), Dua (ed.) (1996), Gardt (ed.) (2000), Kaplan & Baldauf (1997), Landau (ed.) (1999), Mansour (1993), May (2001), Schiffman (1996), Spolsky (2004), Tollefson (1991), Tollefson (ed.) (1995, 2002), Weinstein (1983), Weinstein (ed.) (1990), Wodak & Corson (eds.) (1997), Wright (2004)。

少数族身份认同及语言权利：Ammon，Mattheier & Nelde (eds.) (2002)，Crawford (ed.) (1992)，Kibbee (ed.) (1998)。

国别的具体案例研究一般多刊载于《多语言和多元文化发展期刊》（*Journal of Multilingual and Multicultural Development*）以及《语言政策》（*Language Policy*）这两本期刊。

尾注

1. "内在词语"的拉丁语原文是"verbum"，而"词语"拉丁语原文是"vox"（参见 Joseph 2005）。

2. 19 世纪下半叶也存在真正的人道主义关怀，即将非洲人从桑给巴尔统治者和旧土耳其帝国人经营的万恶的奴隶贸易中拯救出来——如有谁怀疑这一举动的真诚，不妨参考一下至今北半球人对减轻非洲人痛苦的那种义务感。然而，欧洲各国自己也只是在几十年前才退出这个贸易，再加上明确的证据表明，"争夺"殖民地的主要动因是欧洲的政治斗争，而去殖民化过程也并没有立即废除奴隶制，这些使得人道主义关怀看起来像是烟幕，当然这对相关的人道主义努力很不公平。

3. 另见戴维斯（Davies 1996）对菲利普森的批评，基本精神非常相似——戴维斯是一个"中心"国家的学者兼教师，马科尼（Makoni）和拉贾戈帕兰（Rajagopalan）都是他的学生，语言教育者和经济发展研究者之间本不该缺少互动，这方面布吕蒂奥（Bruthiaux 2000）的研究富有启迪。

4. 例如，美国从来没有确立某一官方国语，尽管一些州设有官方语言。以下列出了以立法形式确立英语为官方语言的州及其立法时间：阿拉巴马（1990 年），阿肯色（1987 年），加利福尼亚（1986 年），科罗拉多（1988 年），佛罗里达（1988 年），佐治亚（1996 年），伊利诺伊（1969 年，取代 1923 年确立"美国语"为官方语言的立法），印第安纳（1984 年），爱荷华（2002 年），肯塔基（1984 年），路易斯安那（1807 年，作为进入美国境内的一项条件），密西西比（1987 年），密苏里（1998 年），蒙大拿（1995 年），内布拉斯加（1920 年），新罕布什尔（1995 年），北卡罗来纳（1987 年），北达科他（1987 年），俄克拉荷马（2003 年），南卡罗来纳（1987 年），南达科他（1995 年），田纳西（1984 年），犹他（2000 年），弗吉尼亚（1981 年立法，1996 年修订），怀俄明（1996 年）。阿拉斯加（1998 年）和亚利桑那（1998 年）通过的类似措施被州法院判为违宪。1989 年，新墨西哥州第一个通过"英语加宣言"，宣布新墨西哥州"倡导在美国开展其他语言教学，并认为这不会威胁英语的地位"；俄勒冈州（1989）、华盛顿州（1989）和罗德岛（1992）也通过了类似的措施。唯一的双官方语言的州是夏威夷，1978 年通过了一项宪法修正案，其中规定"英语和夏威夷语应该是夏威夷州的官方语言，但夏威夷语只能按法律规定用于公共行为和商贸活动"。这里没有提到的其他 18 个州都没有官方语言。

5. 然而，帕顿（Patten 2003）认为，金里卡直接站到了罗尔斯基本原则的对立面。按照罗尔斯的原则，政府在处理多样性问题时，应该保持"自由中立"，帕顿称自己的"语言政策混合规范理论"可以拯救这一原则。

第 4 章　语言中嵌入的政治

4.1 符号中的争斗

索绪尔的《普通语言学教程》（参见上文第 2 章 2.6）通常被看作现代语言学的开端。他在书中提出了一个经典的论点："'语言'是一种社会现象；社会力量牢牢地掌控着语言系统，任何个人都无法单独改变它。"言语在不断变化，而当这种变化为相应的社团最终接受，整个系统就会逐渐走向一种新的语言。但是，在索绪尔看来，语言所占据的社会空间并不带有政治色彩：言语社团的每一个成员都以相同的形式拥有着这一语言。"语言"不存在个人维度，因而也就不存在一个说话者向另一个说话者彰显权力的问题。个人的一切所作所为完全是"言语"方面的问题。

尽管索绪尔的分析并不具有政治性，但后世对语言政治性的研究大多带有他的影子。这些研究不外乎几种情况：有的跟索绪尔的理想化同质言语社群唱反调；有的以索绪尔创立的结构主义作为方法根源；而又有的则是直接反对结构主义。

索绪尔《普通语言学教程》一书出版后的十年中影响最为深刻的地方莫过于俄国。俄国人最初接受这部书，是因为觉得其与当时流行的"形式主义"的奥义存在共通之处。但到了 20 世纪 20 年代，人们对形式主义与马克思主义基本观点的通约性提出了质疑，因为后者认为人类生活的起源和运作都具有"社会性"。以巴赫金（Bakhtin）（参见上文第 3 章 3.2）为代表的研究者们展开了对结构主义语言研究方法的广泛批判。瓦伦丁·N. 沃洛希诺夫（Valentin N. Voloshinov，1895—1936）的著作《马克思主义和语言哲学》（1973 版，最初出版于 1929 年）对索绪尔的挑战最为直接。[1]

在沃洛希诺夫看来，索绪尔《普通语言学教程》是他最不屑的"抽象客观主义"之最显著也是最彻底的表现形式（Voloshinov 1973：58）。抽象客观主义把语言局限于"既非符号与其所反映的现实的对应关系，亦非符号与其创始者之间的关系，而是在一个封闭的、已经广为接受的权威系统内，符号与符号之间的关系"（同上）。它所研究的只是从具体话语当中抽象出的语言系统，而不是现实中的话语。[2]沃洛希诺夫承认，与"语言是个人意识的产物"的浪漫主义观点相比，索绪尔的理解至少往前走了一步。但他不关注马克思主义意义上的"历史"，即"现实中人们的所作所为"概念（亦即与"上层建筑"相对的"基础"），这就使得他的研究方法完全脱离了真正的、马克思主义意义上的社会存在。在沃洛希诺夫看来，

> 每一个符号都是处于社会组织中的人类在相互交往过程中的思维产物。因此，符号的形式首先由人类所在的社会组织决定，其次则受到他们相互交流的即时条件制约。（同上：21）

符号本质上是一种意识形态，所以符号不只是反映而且还"折射"社会存在。因为符号不是一面光滑的镜子，它是一面带有裂痕且不规则的镜子，其成因是"使用同一符号的群体，他们之间存在各不相同的社会利益，亦即阶级斗争"（同上：23）。沃洛希诺夫认为"符号成为阶级斗争的舞台"（同上：23），他视语言为"基础"的核心，是一种"语言和政治不可分割甚至难以辨别"的马克思主义观点。"语言创造力……不能脱离其内在的意识形态意义和价值观而被理解"（同上：98）。

没有哪种言语行为是个人的；即便言语的对象只存在于说话者的想象中，他们的言语行为也是社会的。事实上，我们的每一个字词都要先跟自己想象中的对象互动才能产生，然后再到听众或者读者那里。因此，根据沃洛希诺夫和巴赫金的说法，语言天生具有"对话性"，而"资产阶级"语言学家所谓的语言是一种独白、语言仅仅是由演讲者个人心理产生的观点是完全错误的。那些通常被语言学作为研究对象的一个个离散系统，以及那些通常混在一起的诸多言说方式，他们都是同时存在的，这就是巴赫金（Bakhtin 1981）所提出的"杂语"这一概念（参见第3章3.2）。这种对峙为阶级斗争提供了舞台，声音和符号成为重要争夺对象。

在20世纪60年代之前，沃洛希诺夫和巴赫金的著作一直未获得重视。到了60年代，他们的许多原创性观点被后来的马克思主义者、后马克思主义者甚至非马克思主义者继承和发展。当他们的著作被翻译成法语和英语之后，他们的观点读起来非常新鲜，完全看不出已经存在了40年。因此，尽管沃洛希诺夫的著作现在仍然是语言与政治相关研究方面最重要的文献，但我们不应该理所当然地推想这本书在历史上一直是本领域的权威作品。（关于马克思主义语言理论的详述，请参见Minnini 1994。）

　　索绪尔和沃洛希诺夫提供了两种完全不同的方法来研究语言社会性和语言政治性。索绪尔的观点的基础是，社会性将人们联系到一起；而在沃洛希诺夫那里，社会性的作用是把人和人分隔开来。后者理解的"社会"更符合现今社会语言学和社会科学一般意义上的"社会"。索绪尔的问题在于，他的理论所要求某种在使用之前就已存在的结构体系，而他没有深入研究人类如何获得这种结构体系，或者人类如何通过语言联系到一起。《普通语言学教程》一书中甚至也存在自相矛盾的地方：它一方面提出语言社群中的每一位成员都以相同的形式拥有着这一语言；另一方面又提出每个成员的知识都是有差异的，而所有差异的总和只有语言能代表，而非任何个人所能拥有。沃洛希诺夫的问题则在于，他的理论虽然注意到了实际使用，但是只是单一地关注"阶级斗争"（考虑到其所处的时代和地点，可以理解），忽视了其他一切社会和个人身份的语言方面，也忽视了语言的政治功能在于以多种方式把人与人划分开来归入不同阶级，再将他们联系到一起。

　　近几十年来语言与政治研究方面最有趣的观点既不是语言学（即狭义理解的结构主义语言学），也不是正统的马克思主义思想，[3] 而是两者中具有启发性部分的结合。来自索绪尔的是承认，谈论"一门语言"本身就蕴含着一种强大的社会凝聚力；来自沃洛希诺夫的则是：先有话语，作为抽象系统的各种语言不过是政治语境化的话语经分析得出的人工产物。从沃洛希诺夫那里可以得出，敏锐地意识到语言是政治斗争的一个领域；从索绪尔那里可以得出，能指和所指的关系是任意的，所指（概念）与世界事物间存在的不对应关系本质上说明，这些政治斗争并不具有直接历史必然性，无论我们是站在马克思主义立场上，还是站在其他理论立场上，一概如此。

4.2 交流中的争斗

　　马克思主义一脉最重要的转折点发生在后马克思主义的代表尤尔根·哈贝马斯（Jürgen Habermas）那里（参见 Habermas 1999）。哈贝马斯深受法兰克福学派的熏陶。法兰克福学派将格奥尔格·卢卡奇（Georg Lukács, 1885—1971）的马克思主义理论作为其理论基础之一。在反思理论与实践的关系之后，卢卡奇对马克思提出的那种相对比较专断和机械化的形式，做出了一定程度的柔化处理。理论联系实践一直是哈贝马斯的核心思想。

这一点尤其体现在他的"主导思想"上，即"整体而言，人类语言和人类交流已经包含了各种隐性主体间性规范"（Jarvis 1999：435）。哈贝马斯认为，这些日常用语规范是普遍价值和原则——也即真理——的基础。哈贝马斯虽然分析了语言的政治性，但他的贡献更多地在于提出了语言政治性为什么应该成为哲学关注的核心议题。自中世纪晚期开始，哲学家们醉心于从基于逻辑的命题理论和语法结构理论中寻求普遍真理，至于"人类对语言的使用"则完全不入他们的法眼。在主张实践至上方面，哈贝马斯一直坚持着马克思主义，认为语言使用的政治性切实存在着，但只有将它置入现实社会进行分析才有意义。

哈贝马斯第一个承认他的理论方法主要基于对语言进行语用法研究的那些前辈，如20世纪20年代的人类学家布罗尼斯拉夫·马林诺夫斯基（Bronoslaw Malinowski，1884—1942）、20世纪50至60年代的哲学家J. L. 奥斯汀（J. L. Austin，1911—1960）和约翰·塞尔（John Searle）等。相比于语言学家，人类学家和社会学家对语言的贡献不那么明显，原因在于，他们并非研究如何重建"真理"的本质，而是研究如何解释文化和人际行为。在研究语言政治性方面贡献最大的莫过于社会学家戈夫曼（前文第1章1.3中曾提及）。20世纪40年代后期，他在博士研究期间前往设得兰群岛进行了实地调查。当时这个群岛上封闭的环境阻断了来自现代城市社会的所有"噪音"，因而这个群岛成为研究人际行为的天然实验室。戈夫曼从研究中得出这样的结论：

> 人类偏好使用符号和标识，这意味着社会价值和人与人之间的相互评价需要通过非常微小的事物体现，而这些微小的事物将会被他人看到，事实也正如此。不经意的一瞥、语调的瞬间变化、是否采用某种"生态位置"等，都会对判断整场谈话是否成功具有重要意义。因此，正像所有谈话场合中都会有意或无意地出现一些不合时宜的情况，所有的谈话场合不会微不足道到无须每个参与者都认真注意到自己和他人的言谈方式。（Goffman 1955：225 [1972：33]）

戈夫曼这里所说的"生态位置"（ecological position）指的是，相对于其对谈者说话人身体所站的位置。虽然上述结论基于他在设得兰群岛这个小岛社会的观察，但戈夫曼认为这一结论具有广泛适用性，差别只在于这一特征在设得兰群岛比外界城市环境体现得更为突出。同样，我们的"自我"结构直接影响着我们组织对话的方式：

> 在任何社会中，每当出现口语互动的可能性时，似乎都会有一系列惯例、习俗及交往规则伴随而来，充当着引导和组织信息流的手段。[……]
>
> 关于谈话场合的结构的那一系列惯例，它们的作用是有效解决口语信息的组织问题。人们在研究这些惯例为何能够一直引导人类行为的过程中发现，自我结构与口语互动结构间存在功能关系。
>
> (Goffman 1955：225—227 [1972：33—36])

为了描述这个"自我的结构"，戈夫曼将其与东亚文化中的"面子"概念联系到一起。他把"面子"定义为"个人在特定社会交往中成功获得的、在他人眼中的正面社会价值"。后来，布朗和莱文森（Brown & Levinson 1978）对"面子"进行了区分：不被他人干涉阻碍的愿望称为"消极面子"，得到他人认可或者赞许的愿望称为"积极面子"。这两种"面子"在戈夫曼的理论中均有描述，并与"正面社会价值"联系到一起。任何社会群体中的成员都具有这两种"面子"，且戈夫曼认为任何言语行为都存在"消极面子"的风险：

> [当]有人主动说出什么，不论其多么微不足道、多么司空见惯，这实际上使在场每一个人都卷入其中，在某种意义上，把每个人都推到了一个危险的境地。因为他一开口就可能会遭遇听话人的各种反应：用不理不睬来羞辱他，或者认为他的话冒失、可笑、无礼，等等。一旦说话人遭遇了上述反应，他会发现他不得不采取一些措施来挽回面子。
>
> [……]
>
> 因此，主动说出什么很容易威胁到"礼貌平衡"。在场的其他人就不得不表现出他们已经听到了他的话并认为其对各方来说都是可接受的。(Goffman 1955：227—228 [1972：37—38])

20 世纪 60 年代之前，大部分语言学家都忽略了对于"语篇"——句子或段落之外的长篇文字——的研究。语言研究者真正打开戈夫曼的研究及解读之大门，其实是 20 世纪 60 年代之后的事情。但 1958 年的几场重要语言学研究会议上，有两篇论文数次出现，标志着结构主义语言学已经无法继续制止人们质疑结构主义的语言观：语言是个不带有政治性的系统，语言具有交际和再现功能，这些功能对效率的要求促使语言发展进化。这两篇论文，一篇是第 3 章 3.2 讨论过的弗格森《双语体》，另一篇是心理学专家罗杰·布朗（Roger Brown，1925—1997）和莎士比亚研究专家阿伯特·吉尔曼（Albert Gilman，1923—1989）合作的《表示权力与亲疏关系的代词》。

4.3 礼貌称呼语

布朗和吉尔曼（Brown & Gilman 1960）提出：熟悉体称呼语代词与礼貌体称呼语代词（如西班牙语中的 tu/Usted，法语中的 tu/vous，德语中的 du/Sie 等）的区别在于，是否直接通过嵌入语法来建立和维系人际关系。布朗和吉尔曼隐性地批判了结构主义语言学所持的那种独立世俗政治之外的语言系统观，他们的批评让人联想到当时被人遗忘的沃洛希诺夫"语言是阶级斗争的舞台"的观点。然而布朗和吉尔曼分析的仅仅是人际关系，没有触及更广泛的国际秩序。他们讨论了 tu 这类形式的话语如何既体现社会阶层地位，又展示对爱人或孩子的温柔与亲密，或展示与同辈人的政治团结，或个人与上帝的联系等。换言之，他们既能打破又能维系人与人之间的社会界限，因为每一个话语的意思都取决于它所处的政治语境。布朗和吉尔曼的观点引发了人们研究各种语言中的同类现象，为后来布朗和莱文森（Brown & Levinson 1978，1987；这里的布朗是另一位研究者 Penelope Brown）提出"礼貌原则"（politeness theory）奠定了基础。

各语种在礼貌代词的设置上表现出丰富多彩的策略，而且不要忘了——各类语言中的人称代词数量本来就很少。英语人称代词大约有 6 个(I，you，he，she，we，they，或许可以加上使用较少的 one 和 thou)，总体数量算比较少的。阿拉伯语有 12 个。英语和阿拉伯语在现代语言中相对特殊：它们都没有第二人称的礼貌代词——或者说，从历史角度来看，标准英语中只有一个礼貌代词，因为原先的非礼貌代词 thou（与 tu 和 du 同源）只在英格兰西部和北部的某些方言中使用，这些地方只有在比如向耶和华祷告时才会用 thou。You（你）和法语中的 vous 一样，最开始是第二人称代词的复数形式，用第二人称的复数形式来指代一个人是迄今发现最早的也是最为广泛的礼貌代词称呼方法。海德（Head 1978：191，第 6 条）在查看了跨语言语料库（大部分为印欧语系）后提出：复数化是表达礼貌的基本方法，复数化是语言发展为更多礼貌形式的必经阶段。[4]

从布朗和莱文森基于面子理论的礼貌原则来看，复数形式既能展现积极面子也能展现消极面子。称呼某人为"you and yours（你和你的家属）"实际上消除了个人的言语行为力量，听起来没那么直接，也没那么让听话者感到威胁。同时，这种称呼事实上也"放大了"听话人，暗示着听话人太重要了，单数形式无法表达出其重要性。至少，将这种表达看作礼貌形式的"起源"还算说得通。当这种表达延续了一代又一代，甚至完全形成固定语法形式和表达时，它仍然发挥着作用，尽管看起来没那么显著。同样，即使是在法语这样的语言中——人人都知道 vous 既是复数又是具有礼貌性质的单数——但某些说话人至少仍然可以感受到复数形式的礼貌力量。英语则完全不同。即使是知晓 you 乃是最早的礼貌语的学者，也无法感受到它复数形式的"礼貌力量"——除非他们的母语仍然还在使用 thou，但这类方言太少见了。

因此，与其他拥有礼貌表达形式的欧洲语言相比，英语表达人际关系的方式颇有不同。与其他人用法语交流时，我会通过 tu 和 vous 来表现我们之间关系的亲疏。而用英语时，我可以通过叫他们的名字或头衔和姓氏来表现关系亲疏，但一般情况下，我也可以避免进行这种选择。雅各布森（Jakobson 1959：236）曾这样论述："语言之间的差异在于他们'必须'表达什么而不是他们'能够'表达什么。"因而这里我们发现，英语和其他现代印欧系语言的基本差异在于语言符号如何体现人际关系政治。[5]

虽然印欧系语言都是以第二人称复数形式作为其礼貌代词，但历史上均存在过礼貌形式的"通货膨胀"（Burke 1993：19—20）。一旦人们都开始使用复数形式来称呼某一阶层的所有人，这种形式就会演变为某一地位的象征和代称，反而失去了对于个人真正的尊重与礼貌。于是很多语言中出现了用如"your grace（大人／夫人）""your excellence（阁下）"等名词短语表达对于真正显贵之人的礼貌；然而，这种"grace（美仪美德）"或"excellence（美德美行）"指的是个人性质而非其本身，因此是一种第三人称代词。

因此意大利人、西班牙人、葡萄牙人和波兰人开始用第三人称单数形式表达 you[6]这种复数形式的礼貌。例如西班牙语"Como está Usted？"①，

---

① 意为：你好吗？

这句话相当于英语中的"How are you"[①]，其中动词 está 用的是第三人称（对比常用的 Como estás?），代词 Usted 则是从 vuestra merced（your mercy）[②]衍生而来。意大利语中对应的是"Come sta Lei?"（字面意思相当于英语中的 How is it?[③]）。这里的 Lei 最开始是阴性代词的第三人称形式，通常用来表达听话人的 grace、mercy 或 majesty（所有这些抽象代词在意大利语中都是阴性）。德语、丹麦语和挪威语的礼貌表达"通货膨胀"得更厉害。这些语种使用第三人称的复数形式来表达对于个人或群体的尊重和礼貌。例如德语中用"Was haben Sie?"（字面意思相当于 What have they?）来礼貌询问某人有什么，与之相对的常用形式则是"Was hast du?"。这种膨胀最多也只能发展到第三人称复数，因为再也没有其他形式的礼貌代词可用了。

然而礼貌代词"形式"仅仅是开始。交际语言的政治性在于选择用还是不用这些礼貌形式，而每种语言的具体做法既复杂又多样。以我对我爱人家庭的观察为例，在法语中：

- 成人对其父母称呼 vous，父母对其回应 tu
- 成人对其父亲称呼 vous，对其母称呼 tu，其父及其母均回应 tu
- 成人间及其父母间相互称呼 tu
- 孩子称呼其父母 tu、其祖父母 vous，其父母、祖父母回应 tu
- 孩子称呼其父母及其祖父母 tu
- 夫妻间相互称呼 tu
- 夫妻间极少相互称呼 vous
- 基本上不会出现妻子称呼丈夫 vous，丈夫回应 tu（仅在辈分最老的一代）

作为观察者，我发现如果我不去观察代词的使用差异，就会很难分辨人与人间关系的差异。当然，通过这种方式观察到的人际关系差异可能并不准确。例如，某人用 tu 称呼她的父亲，而她哥哥用了 vous，但这不一定意味着这人与她父亲的关系比她哥哥跟他父亲更亲近，也不一定意味着

---

① 意为：你好吗？
② 意为：您的仁慈。
③ 意为：它好吗？

家里的儿子都比女儿更尊敬父亲。但一次平常的观察就能够比较丰富地说明这些代词在使用上的亲疏差异，还能看到这些代词近几十年来的使用变化，这表明人们普遍认识到了这些代词的具体使用，也认识到了这些代词具有不同的意义。

对于经常使用 tu/vous 这类表达方式的说话人来说，当称呼词从 tu 转变成 vous 或者从 vous 转变为 tu 时，他们能够敏锐地察觉到这个转变背后的含义。刚认识的两人一般互称对方 vous，但随着友谊慢慢加深，他们发现相互间用礼貌代词称呼好像不太合适了，那么他们中必须有一人主动将称呼转变为更为亲密的 tu。这种称呼转变"邀请"当然也可以直接表达出来（如：我们俩都这么熟了，那我们就都用 tu 吧），但大部分情况下会通过其中一人首先开始称呼另一人 tu 的方式间接表达出来。相反，相互间的称呼从非正式到正式的转变通常会间接表达。经常有人语气很沮丧地跟我说，他们儿时的玩伴开始称呼他们 vous，但从来没听到有人说他们儿时的玩伴要求他们称呼其 vous。

如果说从 tu 到 vous 的转变简直是一记响亮的耳光，那么即使是从 vous 到 tu 这种向好的转变也可能会因为威胁到对方的消极面子而遭到拒绝。vous 这类称呼提供了一种情感缓冲区，在这个缓冲区里双方是安全的，且有时在邀请使用 tu 的一方看来，他 / 她对这个词所表达的双方之间的亲密度，感受要比另一方深。拒绝从 vous 转变为 tu 的方式同样可以有直接有间接——被邀请方继续用 vous 称呼邀请方，或通过姿势或音调变化表达出困扰，邀请方通常能够领会到其背后的信息。[7]

我们可以采用适当的方法减轻因 vous 到 tu 的转变带来的面子威胁。如果两人最开始用 vous 称呼对方，打招呼的时候一个人叫另一个人的姓氏及头衔，那么可以先慢慢称呼对方名字，然后过渡到 tu。而如果是类似英语的语言——称呼对方头衔、姓氏或名字是一方向另一方表达双方个人之间政治关系的唯一方式 [①]——而且基本没什么过渡方法可用。

印欧语系往往只能通过代词和称呼形式的变化来表达人际关系政治，而其他语言表达人际关系政治的方式要丰富得多。对比最明显的就是爪哇语。爪哇岛拥有印度尼西亚 60% 的人口（2 亿），人口总数接近日本，相

---

① 试举一例。现有某男性医生 Edward Smith。按照英语的习惯以及作者的观点，则我们称呼这个人不外两种可能：一是称"Dr. Smith"（史密斯医生＝职业头衔＋姓氏）——这是敬称，表示两个人的关系并不亲密；二是称"Edward"（爱德华，只取他的"名"），这一般说明两人关系较亲近。强调一下，示例取的是作者的观点。

当于英国和法国人口的总和。爪哇人有两种母语，一种是幼儿时期学习的Ngoko（低爪哇语），一种是无论何种社会阶层均在童年时期开始学习的、用于社会交往的 Kromo（高爪哇语）。低爪哇语和高爪哇语几乎没有共通之处，甚至被一些语言学家和人类学家（如 Siegel 1986：309）称作两种完全不同的语言（尽管我们在第 2 章 2.2 中讨论过这种观点的局限性）。我们以英语"Did you take that much rice？（你吃了那么多米饭吗？）"这一问句来举例说明。低爪哇语这样表达（第一个单词 apa 表示该句为疑问句）：[8]

Apa kowé njupuk sega semono?
？YOU TAKE　　RICE THAT-MUCH
？ 你 吃米饭 那么多

而正统的高爪哇语这样表达（Kromo Inggil，menapa 为疑问句的标志）：

Menapa nandalem mundhut sekul semanten?
？YOU TAKE　　RICE THAT-MUCH
？ 你 吃　　米饭 那么多

　　从上述例子中我们可以发现两种语言对应词间存在一些共通之处，然而我们也发现第二人称代词 kowé 和 nandalem 这两个词间没有任何联系。这一点很有意思。

　　西格尔（Siegel）曾前往梭罗（Solo 又称 Surakarta 苏拉加达 / 索拉卡尔塔）实地调查，他这样描述高爪哇语：

　　　　它似乎……发展成为一种法庭语言。在其发展过程中最令人惊奇的是，尽管高爪哇语最初产生于封建社会时期并作为地位的象征，但到了民族主义和独立时期，仍然继续发展着。而它之所以能够继续发展，是因为它不断扩大使用群体，所有新出现的阶层，不仅仅是法庭官员，所有地位得到认可的阶层都可以说高爪哇语。政府官员、军官士兵、学校教师等所有我们认为"值得尊敬的"的人基本都可以得到这种形式的尊重(说高爪哇语)。此外，年长者也会受到敬重。事实上，每个成人通常都会得到一定程度语言表达上的尊重。(Siegel 1986：20)

"语言表达的礼貌程度"分类非常精细，同样，这些差异在第二人称代词上表现得最为明显。低爪哇语里的 kowé 和正统高爪哇语里的 nandalem 间还存在以下形式（按礼貌程度从低到高排列）：sliramu，sampéyan, panjenengan（Holmes 2001：244）。索耶泊摩·泊矣耶索达尔摩（Soepomo Poedjosoedarmo 1968）列出了至少九种语言表达上礼貌程度的差异（尽管西格尔 [Siegel 1986：311] 认为不应将其分为九类）。在爪哇国，只存在两种区分，一种是 Ngoko（低爪哇语），另外的其他所有语言是一种。后者皆被认为是礼貌的，仅在礼貌程度上存在差异。

除词汇之外，我们还须考虑其他因素。语调的变化也可以体现礼貌（以 alus 为例）。Alus 通常译为"精制的"，但西格尔（Siegel 1986：17）认为其更为准确的含义应该是"诱人的、赏心悦目的，没有锋利边缘的"。言语内容同样可以体现礼貌——理想状况下，高低爪哇语交流不可以存在"大概"怎样或尽可能少得怎么样，它绝对不能包含任何有争议性的内容。

> 爪哇人表达愤怒时只能使用低爪哇语。如果两个熟人用高爪哇语说着说着开始出现争吵了，他们会换成低爪哇语交流。若族中年轻一辈平常与年长一辈（例如叔伯）用高爪哇语相互交流，当他们发生争论时，年轻一辈会换成低爪哇语。如果用高爪哇语表达愤怒，爪哇人会觉得非常怪异，只有民间戏剧（如 ketopraq、dagelan 等）可能会用这种方式逗笑观众。（Soepomo Poedjosoedarmo 1968：77）

印尼的国语印度尼西亚语也是爪哇人（居住在岛上最荒芜偏僻的人除外）的语言之一。尽管印度尼西亚语通常用于非个人的"官方"语境中，但它中立于恰当行为与不恰当行为之间，因而也可以体现人际语言政治。

> 一位爪哇人曾与我讲述过他的故事：小时候，他经常跟哥哥吵架。他妈妈就不准他们俩相互说低爪哇语（因此吵不成了）。
>
> 最后他们想到可以说印度尼西亚语，于是他们又开始吵架了。
>
> （Siegel 1986：16）

根据西格尔的研究，爪哇语中关于社会政治的表达要比人际关系多。

> 只要某个爪哇人说的不是低爪哇语（Ngoko）——不必是正统高

爪哇语（Kromo Inggil），那么哪怕非常接近于 Ngoko，也是对听众的社会身份的一种尊重。这是一种对社会秩序本身的尊重。(Siegel 1986：21)

也就是说，语言最重要的并不是表现个人对另一人的礼貌，而是一种近乎宗教信仰的、对社会秩序的自然性与持久性的尊重。

那么这是否说明爪哇语和印欧语系在礼貌称呼上不同呢？诚然，爪哇语的丰富程度和复杂程度确实容易让人产生这种想法。但我们需要注意到，当年法国大革命的领导人（包括之后效仿的俄国十月革命）禁止使用礼貌代词与头衔，因为革命者认为，正是这些礼貌代词与头衔在维系着他们致力摧毁的社会秩序。他们并不认为这种社会秩序是自然的或不可避免的，但确实认为语言的政治性在维系这种社会秩序上起着重要作用。在法国大革命中，旧的代词重新回归，新的秩序也很快夭折。

4.4 性别化的语言

罗宾·莱考夫（Robin Lakoff）在《语言与女性的地位》(Lakoff 1973，1975，2004) 一书中首次提出"语言在其结构及使用上将女性定位并束缚在低下的社会角色上"，开启了现代语言学对于语言与性别研究的篇章。她认为女性语言具有以下特征（参见 O'Barr 1982：64）：

1. 不确定：这里有点热，我有点想去，我猜测……；看起来……，等等。
2. （极其）礼貌的用语：如……我将不胜感激；如果您不介意的话，可以开下门吗？等等。
3. 反义疑问句：用"约翰不在这儿，是吗？"而不是用"约翰在这儿吗？"，等等。
4. 语调强调：语调强调相当于书面语中画线的词语；强调词如"所以"(so)、非常 (very)，等等。
5. 空洞的形容词："神圣的，迷人的，可爱的，甜美的，值得崇拜的，令人愉快的"等类似的词汇。
6. 矫枉过正的语法和发音：陈腐的语法和过于正式的发音。
7. 缺乏幽默：女性说起笑话很蹩脚，且常常无法领会到男性所讲笑话的笑点。

8. 直接引语：直接引用原文而不释义。

9. 特殊词汇：例如形容颜色时，只有女性才会说出"洋红色""黄绿色"这种词汇，等等。

10. 陈述句中使用疑问语调：例如，用"大概六点？"回答"晚饭什么时候做好？"，好像在征求同意并询问六点可不可以。

我们将在第 4 章 4.6 中详细谈论其中几项特征。性别政治同礼貌称呼及人际关系一样，直接通过英语及许多其他语言中的代词体系来表现。如使用阳性词表达"无性别标记"（如"Everyone takes his seat 每个人都在自己座位上坐好"[①]）；同样也会存在很多名词，尽管拥有阳性和阴性两种形式，如"actor（男演员）"和"actress（女演员）"，但当我们想表述所有表演人员的时候通常都会只用"actors"。这些形式的重要性在于，它们在某些语境下是不可避免的（尤其是代词），因此我们必须在如"he vs. he/she vs. they"中间做出选择——这些都隐含着特定的性别意识形态，不管说话人是否真的是这样想的。

尽管我们都知道语言中的男性偏向太过明显，不需要单列出来展现，但保韦尔斯（Pauwels 1998：16—80）调查的多种非亲属语言中的男性偏向结果依然让人叹为观止。她将男性和女性的语言表达特点和问题总结为以下四点：

1. 男性被描述为所有人类的标准；男性"他"被视为规范或指称对象。而另一方面女性则被归入一切指称男性的指称词当中。指代人类的名词（包括代词）的通用功能主要通过名词、代词及其他与男性相关的语言习惯来表达。

2. 由于上述原因，在大部分情况下，女性在语言中是隐性的。而即使显现了，也基本是不对称的。女性的显现是为指出她"偏离"了或者"异于"男性规范。

3. 对女性的语言描写也存在依存性：语言的语法及其他特征常常体现出，语言中的女性元素依存于或衍生自男性语言（如阴性词从阳性词衍生而来）。

4. 对两种性别的语言描述经常带有严重成见。女性主要被描写为性欲

---

① 注意这句话中通常只用于男性的"his"。

生物（如"圣母玛利亚—妓女"两极对立），而男性则更多地被描写为"理性"生物。(Pauwels 1998：34—35)

第一点我们在本节的第一段中举过例子；第三点中的单词"actress"（女演员）就是典例：actress 是通过在"无性别标记"的 actor（演员）后面加上后缀 -ess 衍生出来的。类似 actor 的无性别标记和有性别标记的词汇还有很多。最突出的就是 prince/princess（王子 / 公主或王妃），他们经常在儿童故事书中成对出现。尽管 prince/princess 这一对没有表现出任何对女性地位弱化的特征，但 actor/actress 却有弱化——现在很多报纸上都只用 actor，回归到 18 世纪前的用法——其他如"author/authoress（男作家 / 女作家）"仍在继续努力获得提倡。

"master/mistress（男主人 / 女主人）"同样如此，尽管这一对词很明显体现了第四点特征。mistress 的引申含义为婚外情，而 master 完全没有；且大多数英语说话者都没意识到 mistress 的这一引申义，因为 Mr（mister，先生）、Mrs（missus，女士）和 Miss（小姐）这一组词中的 Miss 在 17 世纪最初都是作为 mistress 的简写出现的。Mrs 与 Miss 的区别同样印证了第四点特征，因为人们不得不指明女性的婚姻状况，而 Mr 就不会出现这种情况。[9]Mrs/Miss 的替代词 Ms——对婚姻状况不明的女性的称呼——在过去 35 年中得到广泛使用，但实际上 Ms 出现的时间要比大多数人想象得早：1949 年，语言学家马利奥·贝（Mario Pei）曾在其著作中提到："女权主义……常常提出将现代人们对女性的两种称呼合并成……Miss（小姐，写作 Ms），复数形式为 Misses（写作 Mss）"（Pei 1949：78）。但直到 1971 年，美国出版《Ms》（读作 miz）杂志，Ms 一词才逐步为人们所用。

保韦尔斯总结的第二点特征与第三点实际上很难区分，因为大多数情况下，女性显性表现其"偏离"或者"异于"男性规范正是通过将阳性词衍生为阴性词。这样说并非否认这两点的重要性，而是提醒大家可以把它们看作是相互联系的，不至于产生困惑。Actress 一词最早出现于 18 世纪早期，当时女性开始频繁出现在舞台上，因此异于之前舞台之上全男性的惯例——也就是通常由男性扮演女性角色，然后人们迅速就遗忘女戏男扮这个历史了。当然到了 20 世纪末英语国家的女演员已经超过了男演员数量，但 actress 一词依然被用来专指女演员。

鉴于女性市长一直以来都被看作例外情况，那么如何区分 actress 和 mayoress（女市长）呢?[10]更甚者，在 1989 年之前，《牛津英语词典》中

mayoress 仅仅指 mayor's wife（市长夫人），对二者的区分就更难了。到了 19 世纪中期，美国一些城市开始选举女性市长并用 mayoress 称呼她们，这就使得 mayoress 产生了歧义：一种是男性惯例的例外情况（即女市长），另一种则是不属于例外情况，但意义上仍依存于男性的意义（即男市长的夫人）。

保韦尔斯总结的第四点还体现在，人们普遍对男性和女性在词汇和隐喻上采用"双重标准"，主要是性和理性——身体和思想。保韦尔斯列举了许多例子论证上述观点，本书在此引用以下两种。第一种，某些单词的背后暗藏着"语义不对称"：例如母语为英语的说话者，虽然有时使用同一个词形容男性和女性，但表达的很可能是两种不同含义：

> He is a professional 他是专业人士，亦即：he is a member of a respected profession 他从事受人尊敬的职业。
>
> She is a professional 她是专业人士，亦即：she is a member of the "oldest" profession (prostitute) 她从事"最古老"的职业——妓女。
>
> He is a secretary 他是位秘书，亦即：he works for an organisation 他为某一组织工作。
>
> She is a secretary 她是名秘书，亦即：she does typing and general office work for a person 她的工作是为某人处理打字录入及日常办公事务。
>
> He is a tramp 他是个流浪汉，亦即：he is a homeless person, drifter 他无家可归，居无定所。
>
> She is a tramp 她是个荡妇，亦即：she is a prostitute 她是个妓女。
> (Pauwels 1998：51)

保韦尔斯（同上）也列举了日语中的例子，平贺（Hiraga 1991：52）也注意到了这些：

> Yogoreta otoko：a dirty man 肮脏的男人，亦即：a man who is physically unclean 身体肮脏的男人。
>
> Yogoreta onna：a dirty woman 肮脏的女人，亦即：a promiscuous woman 淫乱的女人。
>
> Kegare-nak-i seinen：a pure young man 纯洁的年轻男人，亦即：

pure of mind 思想纯洁。

Kegare-nak-i otome：a pure young maiden 纯洁的年轻女人，亦即：pure of body 身体纯洁（处女）。

第二种是保韦尔斯（Pauwels 1998：66）对汉语书写体系的性别歧视的研究。恩济和布里奇（Ng & Burridge 1993）及其他语言学家在保韦尔斯之前也做过类似研究。部首"女"（nǚ）指"女人、女性"；汉语中很多暗含负面引申意义或品质的字都是以"女"为部首：

- 姘 pīn 指"非夫妻而发生性行为的不正当男女关系"
- 妒 dù 指"嫉妒的"
- 嬻 dú 指"亵渎，不尊敬"
- 嫌 xián 指"抱怨，怀疑"
- 媟 xiè 指"猥亵"
- 妄 wàng 指"荒谬的；无耻的；无知的；愚蠢的"
- 婪 lán 指"贪婪的、贪心的"

一些学者认为，这些汉字的偏旁含义仅仅是历史残留，并不表达现在使用这些汉字的人的观念。同样关于欧洲语言普遍使用阳性词的争论持续了许多年，最终形成了一种共识：这种残留无法抹掉，继续沿用这种形式只会阻碍两性平等——如果这种残留真的有影响。

然后，我们依然不太清楚上文所举的汉语例子是否与 authoress 一样，是从阳性词衍生而来且很容易让人判断出实际的发明者应该是男性；或如"history（历史）"一词：一些女性主义者认为，该词在学术领域含有男性主导的引申义，但没有任何证据表明 history 与 his 存在历史联系。关于是否使用 author 替代 authoress，有两种不同的争论：一种是基于历史的观点，另一种前瞻性的观点认为把两种性别的作家统称为"author"，这样可以引导该行业向无性别区分概念的方向发展。关于是否用 herstory 或 theirstory 代替 history 上，目前人们只采用上述第二种观点。

保韦尔斯的预估是，广义上来说，她所总结的四点特征在所有语言和文化中都发生了变化，但变化的速度不尽一致。就汉字来说，上述变化在可预见的将来恐怕难以想象；也很难想象意大利语或西班牙语中词汇的屈折变化做出改变，因为这种变化不仅标记了不同名词和代词的性别，而且标记了伴随着名词和代词的形容词及冠词的性别。如在意大利语 i piatti e le tazze si sono rotti（the dishes and cups were broken 碟子和杯子碎了）中包含了 5 个性别标记：其中冠词 i 以及 piatti 的最后一个字母 i，表示 piatti（dishes）是阳性词；冠词 le 及 tazze 的最后一个字母 e，表示 tazze（cups）是阴性词；最后 rotti（broken）的最后一个字母 i，表示它是一个阴阳性混合名词——即便是 99% 的阴性，一旦加上哪怕 1% 的阳性，也需要使用阳性标记词。这种阴阳性规则如果发生改变，结果会怎么样大家可以想象——举个例子，混合词组中的多数名词将完全决定其修饰分词或形容词的阴阳性。[11] 这将意味着意大利语的内部政治文化发生了巨大变化。但阴阳性体系的丧失也将意味着我们所熟知的意大利语的消失，取而代之的是一种新语言的诞生。

索恩和亨利（Thorne & Henley 1975）、斯彭德（Spender 1980）及越来越多的学者继承了莱考夫的开创性理论，这些研究逐渐改变了传统的语言形式。结果是，我们现在越来越常使用"his or her"这种表达法，以及把"their"视作单数代词使用——这种用法在以前看来是唯我的，现在则慢慢广为接受。莱考夫认为女性英语比男性英语带有更多的性别特点，这一观点也得到了话语分析数据的支持（Sacks 1992；Sacks, Schegloff & Jefferson 1974；Tannen [ed.] 1993）。数据研究表明，在同时包含男性和女性的对话中，男女双方并不平等，女性往往不会打断男性的对话，而男性则常常打断女性的对话。

这些启发了坦嫩（Tannen 1994）对女性语言的话语分析研究以及卡梅伦（Cameron 1992，1995）更注重政治因素的研究。坦嫩（Tannen 1990）带动了个人和婚姻治疗行业的兴起与发展。她的著作畅销国内外。她认为，男性和女性不同的交谈方式将他们各自圈进了两种对立的文化当中，人们只有打破这两种文化的壁垒才能展开真正的沟通，才能保证婚姻政治的平和以及质量。这与马克思主义的观点相冲突：马克思主义认为性别差异是微不足道的，阶级差异才是唯一值得关注的（参见 Holborow 1999：97—148）。但许多非马克思主义学派的学者也在质疑：对男女两性的文化差异采取坚持的态度而非努力弥合，这到底是否有利于女性或其他"无权力"群体（见下节）的利益？

4.5 "无权力"语言

奥巴尔（O'Barr 1982）认为，事实上莱考夫总结的女性语言特征并非全因性别属性，还跟社会政治学，也即"无权力"（powerless）概念相关。女性社会力量一般少于男性，这个观点奥巴尔并不反对，但奥巴尔指出上述语言特征更多出现在社会职位较低、受教育程度较低的女性或男性语言中，而在受教育程度较高、社会职位较高的同性别交流中相对较少。奥巴尔尤其关注"无权力"和"有权力"两种语言形式中，哪一种在法庭环境下产生的影响更大。他的研究数据表明，法官通常更相信没有莱考夫上述语言特征群体的证词——尽管法官们某种程度上也会从社会语言学的角度预想证人的作证语言特点。

奥巴尔分析了 150 个小时的北卡罗来纳州法庭的磁带录音，重点关注六位证人：三位女性（分别为下表中的 A、B 和 C），三位男性（分别为下表中的 D、E 和 F）。他计算了每个人出现"女性语言特征"的次数，并整理成表 4.1。对女性语言特征的说明和示例在第 4 章 4.4 中基本都能找到，除了表示加强语气的词汇（"增加或强调观点的词汇，如 very[非常]，definitely[肯定地]，very definitely[非常肯定地]，surely[确信地]，such a [如此之] 等"，O'Barr 1982：67）和表达犹豫的词汇（"停顿时常用的 uh，um, ah 以及无意义词如 oh[哦]，well[那么]，let's see[你看]，now[现在]，so[所以]，you see[你知道] 等"，同上）。

表 4.1 六位证人出现"女性语言特征"的频率分布（改编自 O'Barr 1982：67）

	女性			男性		
	A	B	C	D	E	F
加强语气	16	0	0	21	2	1
不确定	19	2	3	2	5	0
表现出犹豫	52	20	13	26	27	11
礼貌语	9	0	2	2	0	1
使用"阁下 / 大人"	2	0	6	32	13	11
直接引语	1	5	0	0	0	0
其他[12]	4	0	0	0	0	0
合计（所有无权力表达形式）	103	27	24	83	47	24
庭审中回答提问的次数	90	32	136	61	73	52
比例（每次回答中的无权力形式）	1.14	0.84	0.18	1.36	0.64	0.46

在语言表现上，男性 D "最具女性语言特征"，女性 C "最具男性语言特征"。事实上，女性 C 是一位病医学博士，也是六位证人中唯一拥有专业知识背景的。这些实例，包括他自己研究分析出来的女性和男性语言差异都表明，这些其实更应该被称为无权力语言的特征，而不是女性语言特征。有人认为奥巴尔的结论表明，陪审团审判的公平性受到语言固有的政治因素的影响——尽管目前人们还完全不清楚，即便改变了这其中的语言政治因素，审判结果是不是一定能实现公平——更何况能不能改得了也无从得知。

当然，奥巴尔的结论也存在问题。从上表中我们能够看到，他将证人回答律师提问时"使用阁下 / 大人"也作为一项特征——该特征并不在莱考夫总结的"女性语言特征"中，最多也只能勉强归到"（极其）礼貌用语"——故而很大程度上降低了结论的准确性。如果把"使用阁下 / 大人"这项数据从表格中删除，三名男性证人的比例将会分别下降为：男性 D 从 1.39 降为 0.87，男性 E 从 0.64 降为 0.47，男性 F 从 0.46 降为 0.25。那么男性 D 将不再是"最具女性语言特征"的证人，取而代之的则是女性 A。如此一来，也可以说明莱考夫的总结相对来说是准确的。但是最为"异常"的女性 C 仍是"最具男性语言特征"的证人，而最有力的解释也仍要归于她的专业知识背景。如何解释性别因素影响的权重仍然需要综合莱考夫和奥巴尔的理论。我们将在下一节末尾再次讨论上述问题。

4.6 语言变化的政治

如第 2 章 2.5 中所述，所有语言都在不断变化，大多数文化均会投入大量资源进行干预，以确保该文化内部不同群体间保持不同的变化速率。有些语言变化相比其他来说较为保守，而这正是社会权力和资源分配的基础方式。社会的运作，存在着非常真实的以语言变化为基础的经济原则。

这是对沃洛希诺夫"语言符号体现阶级斗争"观点的一种理解（参见第 4 章 4.1）。任何人都不能否认，一切语言社区的语言都存在"变体"。有些人可能认为这些只是"好的"或"坏的"用法，而不是变体——但怎么称呼并不重要。[13] 我使用的每一个语言符号，都是其能指的一种变体。这是我的一种解释，我的对话者理解的不仅仅是这个能指的所指，而且还包含我所用的"符号变体"处于变体的哪一层级——传统还是创新、强大——这些因素都体现着"阶级"。思考下列对话：

A：So what does Milligan think of your report?

米丽根怎么看你的报告？

B：He says the thing is the boss doesn't like it.

他说问题是老板不喜欢。

B'：He's like the thing is is the boss is just so not liking it?

他就像……问题是……是老板真的不喜欢？

抽象来看，B 和 B' 表达的是同一意义。但我们很难，至少一开始很难判断 B 和 B' 是同一个人——更多情况下会像是长辈和晚辈的关系。从听者设计（参见第 3 章 3.1）的角度分析，B' 可能是位长辈且特别擅长用语言安抚晚辈 A 遇到的问题；反之亦然。但我个人无法做到 B' 那种程度，也无法想象我自己使用 B' 那样的语言，除非我特意去模仿另一个人的言语。B' 的语言包含的六种特征我应该从未使用过，但我在英语世界国家中产阶级的言语中经常听到这六种特征——也有别人跟我反映过同样的情况。而且这些特征的发生频率跟年龄直接相关：从 50 多岁以下到 25 岁或更小，年龄越小这些特征的出现频率越高。

- 所谓的"表达引用的新方式"——使用"be like（像……）"（通常接着会出现喉塞音或停顿）来插入主句或独立分句作为间接引语（或伪转述引语，表达的是说话者总体上的态度而非单词实际所含意义，如"she's like, yeah right [她就像……对，对的]"）。
- 在类似"The thing is（事情是）/The trouble is（麻烦在于）/The problem is（问题是）"的短语中重复使用 is，如 The thing is is, The trouble is is, The problem is is。1991 年前后，语言学家注意到了这一点并把它放到了 LINGUIST 列表（网络论坛）中，现在这一点得到了充分的印证。
- 在无标记陈述句中使用"just（正是）/so（太）/just so（真是）"表达一种价值判断。"无标记"指的是除了 just so 这两个词本身，没有任何表达这些句子强调某一方面的独立成分，特别指那些基本每次都用 just so 来表达价值判断（不管多么温和）的人来说：如 It's just so nice that you could come（你能来真是太好了）；I'm just so happy to see you（看到你我真是太高兴了）；We just had so much fun（我们一起多开心啊）；It's just so cold out today（今天外面真是冷啊）。

- 现在分词前使用 so，如 "I am so enjoying this（我太喜欢这个了）" 或 "Indeed I am so not enjoying this（确实，我真的不喜欢这个）"。这与上面的特征紧密相连，实际上相当于 (just) so 的延伸。
- 使用一些习惯上不用进行时态的动词进行时，如 "like（喜欢）" 这个词：例如我通常会说 I'm enjoying this（我喜欢这个）；但 "I'm liking this（我正在喜欢这个）" 这样的句子，我只会在模仿另一个英语习惯跟我完全不同的人说话的时候才会使用。台普斯-罗麦克斯（Trappes-Lomax 2005）把麦当劳的广告语 "I'm lovin' it"[14] 归入这一类特征。
- 陈述句末尾使用升调，使其听起来像标准英语中的疑问句。My computer crashed（我电脑坏了）？I don't know what to do（我不知道要干什么）？I'm just like, so frustrated（我看起来这么沮丧）？

　　细心的读者会发现，我们本节讨论的英语变化与之前提到的女性语言特征或无权力语言有重合之处。上述第 4 章 4.4 中的第 10 条特征正是在陈述句中使用升调。使用 so 进行强调也包含在 "语调强调" 里。而 "the thing is is" 可能属于 "矫枉过正的语法"。

　　我将进一步解释最后这一条。不过首先，我想使用一种不同的解释策略——就是说，我们既不考虑句子结构，也不考虑句子的组合方式，也不考虑意义上的内容——总之与我们通常最能想到的解释策略不同。我的解读是："The thing is is" 的作用在于，将该说话者标记成在使用英语语言社区中使用 "The thing is is" 的子社区的成员。其他特征亦如此。只要不是大社区的所有人都使用 "The thing is is"，那么成为这一子社区的成员就意味着有了一份潜在的身份价值。

　　语言学家通常认为，语言变化经历两个过程：一是创新，二是传播。语言社区只在第二个阶段即传播阶段才起作用。创新始于个人，而上述所有解读模式针对的正是这个传播阶段。按照这一观点，如果语言本身的结构中存在足够的变化动机，则传播将会不可避免地出现。范围和速度自然是由社会语言学家进行测算。这里，语言学家一方面认可子社区是传播语言变化的重要因素，但通常却不会将其作为发生语言变化的主要原因。

　　但是我们有很多理由可以主张，子社区才是发生语言变化的原因，因为语言变化的传播条件是：当且仅当某个语言变化体现的这一语言子社区身份认同特征，与能够体现该社区身份认同的其他特征（语言以及非语言的）充分符合，语言变化才能得到传播。也就是说，如果我们想了解发生语言变化的原因，那么我们应该研究的不是语言，而是说话的人——即生产语言的全人类——而不是那些抽象出来的、脱离了人的语言生成模式。语言中任何创新特征的"意义"，其最主要的作用在于区分哪些人使用这一新特征而哪些人不使用——即他们各自对自己的认知，以及别人对他们的认知。"He says the thing is the boss doesn't like it"和"He's like the thing is is the boss is just so not liking it?"这两句话最主要的区别在于说话者，而不在文本本身。这并不是说这两个句子"意思完全一样"（当然，某些研究方法不考虑说话者，那么抽象出来的意义肯定一样），即便我们可以准确地预测谁和谁会在某一特殊情况下出现 X 和 Y 这样的对话。一些额外因素的语用作用也可能很关键。但无论我们如何强调要区分上述两个句子在语义上的不同，更能说明问题的是，通过 X 和 Y 两位说话人对这些特殊语用因素的使用情况，即用或不用，我们才能解读这两个人。

当然，说话者大多数情况下不会有意选择使用类似"The thing is is"的语言。但语用学家早已向我们充分强调了"间接言语行为"的普遍性。我们通常不会用"I've talked to you long enough, goodbye（我们已经聊了很久，再见了）"来结束对话，而是通过就这次对话本身进行评论或缩短话语等方式结束对话。在第 4 章 4.3 中，我们讨论了在拥有 tu/vous 类型的语言中，如何"邀请"对方从正式形式转换为非正式形式：要么直接邀请，要么从一个说话者开始对另一个说话者使用 tu 开始。我想在这里提出的是，如果有人和我谈话时说"The thing is is"，这对我来说也是一种间接邀请，就像对我称呼 tu 一样。

诚然，代名词是特别的，因为代名词是完全制度化、仪式化的，它标记了两人之间关系的确切性质。随着不断创新，代名词已经开始标记说话者的群体或子社区归属问题，而这个问题也继续影响着说话者与对话者的关系。在这两种情况下，间接邀请的发出可能是或可能不是发出者能够意识到的东西——我们可能在没有准备甚至没有意识到的情况下使用 tu——虽然说，较之那些创新的方式，使用 tu 这类仪式性的传统方式更有可能被我们意识到。无论如何，最终都没什么关系：因为如果用"The thing is is"时候是"无意识的"，那么即便我们接受和反应也都是无意识的，我们也没有理由认为所有这些无意识的过程相互之间没有关联。我们面对的仍然是直接反应。

　　如果我接受"间接邀请"，也使用"The thing is is"，即我给自己贴上了与对话者相同的社区归属标签。如果我不接受，则我把自己标示为不同的社区，对话者可能会把我的行为解读为故意拒绝或没有觉察到，当然对话者也可能不做任何解读。但是，我在对话中所有的接受或拒绝，以及我有意或无意发出的所有其他信号，对话者不可能一概不去解读。事实上，正是在这些接受、拒绝和信号的基础上，我的对话者开始构建我在她心中的形象；相比于依据我在谈话中的"理性"语言而构建的形象，这种心理构建方式层次更深也更强大。

　　在结束对 tu 和 vous 的探讨之前，还有一点值得注意的是，当某个语言变化传播的范围足够广泛时，拒绝这一语言变化的个体可能会形成一个独特的小众社区。这一点英语历史上体现非常明显：非正式的 thou 和正式的 you 的区别逐渐淡化。you 被用来称呼上帝之外的所有人，这一创新所有人都接受了。但教友会教徒拒绝这一创新邀请，他们成为英语方言区里保留 thou 和 you 区别的独立子社区。

　　那么逻辑难题就出现了。我们之前讨论到，那么多人使用"The thing is is"主要原因在于他们想融入，或是有意向融入使用"The thing is is"的一类人。这不是一个逻辑循环吗？如果我们根据人们说话的方式定义其语言认同，那么我们怎么能转而使用相同的身份认同来解释他们为什么这么说话呢？在某种程度上，答案是"说 The thing is is 的人"，他们之间的共同点，远不止是这么一个句法。语言创新本身就像普遍意义上的语言认同一样，人们用它来解读他们是否有同样的喜好、是否可以相互理解和信任，或者说得更通俗一点，他们可以从另一方获得多少。

　　我们曾在第 2 章讨论过我的（Joseph 2004a）一个观点：人类同其他动物种类一样，已经进化成本能的不确定数据过度解读者。这意味着我们在接触之少尚不足以支撑理性分析的情况下做出了许多解读；诚然，以这种方式确定的很多事情都是错误的，但是对于我们这里的研究目的而言，我认为现象的数量已经满足了得出准确结论的需要。如果我听到有人在连续两到三个句子中使用"just so"，我会本能地得出这个人方方面面的很多结论。根据说话者的外观、穿着、说话方式及其他行为，我会将这些与我所总结的"just-so"使用群体的特征相结合，得出不同的结论。而他们对我说的话，我会很大程度上通过他们的语言来判断其真实性。这也是为什么语言认同如此重要。在语言作为表现和沟通的工具"之前"，语言认同就已经事实上执行着并"决定"着这些功能，而不是什么等而次之的东西。

正如我所说，这在一定程度上解释了为什么语言认同在语言活动中不是循环论证。语言认同的数据受到大量的过度诠释，不少人把这些数据与思想和行为的其他方面联系起来。然而我们只要拿经验来验证一下就知道，这些所谓的联系实际上只是人们把本不关乎语言的问题套到了某些语言特征上。上面说的是一部分原因。还有一部分原因在于，这些过度解读的确有相当一大部分是实实在在的循环论证。例如，假设我把在陈述句中使用升调这一特征与"无权力"说话者相联系——因为从我的经验来看，无专业知识背景的人更容易在陈述句中使用升调，然后我在一次庭审中听到一位医学专家作证时表现出了这种特征，我的反应是这名证人并不确定他所坚定陈述的事实：无论我的反应是对是错，但至少是基于一个逻辑闭环：

> 非专业人士的人说 x
> Dr A 说了 x
> 那么 Dr A 的专业水平不够

这里的逻辑漏洞实际上包含在第一个命题中：我在只听过非专业人士说 x 的时候，我的经验已经确定 x 这句话是非专业身份的标志。事实上，我把升调与疑惑联系起来，把疑惑与缺乏信息联系起来，从而加强了升调与专业身份的联系。但是，这仍然是一种闭环。就像我们认为某人正在谈论的内容一定具有权威性仅仅因为他的头衔是"Doctor（医生/博士）"。如果我们用逻辑三段式来解释，应该是这样的：

> 只有非专业人士才会说 x
> Dr A 说了 x
> Dr A 是非专业人士（尽管有 Dr 头衔）

但我们想象不出在专业词汇范围之外的、"只有非专业人士说"的东西。

我这里并不是说，根据语调模式得出的关于 Dr A 的结论必然是错误的。我们应该这样来看语言身份认同：从语言身份得来的结论尽管可能经不住"谓词逻辑"的推敲，但具有相当的机巧性和解释力，因而有助于防止误判。此类结论也可能是愚见，容易被误导，从而为虎作伥、有碍正义——这正是语言在政治层面复杂、强大的一面。

另一方面，我们从今天往回看，如果像 1973 年莱考夫（Lakoff）提出的"女性语言"特征以及 1982 奥巴尔（O'Barr）提出的"无权力语言"特征成为现在英语国家 25 岁以下年轻人的普遍特征时，我们可以得出什么样的结论？英语世界的住民已经变得如此女性化或全无权力了？或者说，对于这些正在发生着的语言变化，女性已经替代男性成了领跑者，专业人士和其他"强大"职位人员在语言使用上已经保守到拒绝隐性邀请、不接受这些创新的语言？这个解释看起来似乎完全不具有说服力。这也有助于我们警醒，不要只从字面上理解沃洛希诺夫的观点。接收语言符号的解读者具有重塑符号的力量。因此，如果我们认为，阶级斗争或其他一切政治斗争只是被"固定"在语言符号上，那我们就太低估了接收者所具有的重塑力量，同时也忽视了解读者的解读往往不止于言语本身的实际情况。莱考夫所总结的"女性语言"是一个固定的符号系统，而如今现实证明"女性语言"已经变成一个流动的符号系统，可以通过包括政治在内的多种方式进行解释，而这其中，性别政治发挥的作用比莱考夫的初衷更为明显。

建议补充阅读资料

关于礼貌语言的意识形态：Bargiela-Chiappini (2003)，Beeching (2002)，Christie (ed.) (2004)，Eelen (2001)，Hickey and Stewart (eds.) (2005)，Kienpointner (ed.) (1999)，Locher (2004)。

关于语言与性别：Cameron and Kulick (2003)，Holmes and Meyerhoff (eds.) (2003)。

关于有权力 / 无权力语言：Grob，Meyers and Schuh (1997)，Harris (1997，2001)，Lakoff (1990，2000)，O'Barr (2001)，O'Barr and O'Barr (eds.) (1976)，Shapiro (ed.) (1984)，Thornborrow (2002)。

关于语言形式及个人和社会认同：Mühlhäusler et al. (1990)，Suleiman (2004)。

关于语言变迁的政治方面：Joseph (2000d)，Thomason (1999)。

关于巴赫金和语言：Crowley (2001)。

本章内容涉及多种期刊领域，其中《话语与社会》（*Discourse and Society*）及《语用学》（the *Journal of Pragmatics*）定期出版与本章内容相关的文章。

尾注

1. 这里，正如一些和巴赫金关系很近的作者所言，巴赫金的观点与他们的观点密切交织在一起，所以巴赫金应该在多大程度上被视作共同作者或独立作者，这一点仍未有明确界定（参见 Todorov 1984）。

2. 对于索绪尔来说，他坚持认为，语言系统不是抽象的，而是具体的，因为它对于说话者来说是"心理上真实的"（参见 Joseph 2004b：64—65）。

3. 在欧洲大陆，对马克思主义语言观做出重大贡献的莫过于费鲁齐奥·罗西－兰迪（Ferrucio Rossi-Landi，1921—1985）和米歇尔·佩舒（Michel Pêcheux，1938—1984）(Rossi-Landi 1975, 1983；Pêcheux 1982）。

4. 更多参见（Joseph 1987b：261—263），其中提供了四种语言的深度实践分析（葡萄牙语、格鲁吉亚语、挪威语和阿拉伯语）；另可参阅（Braun 1988）。在印欧语系中，在第一人称以及第二人称中（the "royal we"——英国国王指称自己时专用）用复数代替单数表达敬称，这种用法发端于罗曼语系，最早的证据来自早期基督教时代的拉丁语文献（参见 Maley 1974）。长久以来，罗曼语历史语言学家一直将这种用法归因于联合君主统治——这种关联方式难得一见，因为语言学家很少用政治因素解释语法变化。然而，这种"难得一见的特殊解释"因难得一见而引起质疑（参见 Joseph 1987b：261）。

5. 如我（Joseph 1987b：262）之前所说，某些现代意大利语和达西亚罗马（Daco-Romance）方言从未出现过敬称，而在布列塔尼语的各类方言里，原是复数形式的 c'hwi 最终成为唯一的第二人称代词，这跟英语的 you 一样。

6. 我在这里参考的是标准语言，不同方言间的敬称形式存在相当大的差异。更多可参阅（Joseph 1987b：262—263，Table One）。

7. 1992 年我在魁北克时，和一位魁北克法语的母语人士交谈。她在说话的时候用了一次非人称代词的 tu（相当于英语"You never know"中的 You），我当时把这个词误解为一种邀请。当我用 tu 回称她时，从她震惊的表情上我读出了她将我的邀请看作完全不恰当的行为。之后她一直都是用 vous 称呼我。最后她找了个机会溜开了。

8. 该例摘自（Holmes 2001：244）。

9. 另一方面，在英式英语中，使用 ladies 并不是在确定一名女性的社会地位，就像用 lords 和 gentlemen 来指称一般男性一样。

10. 2001 年 1 月的数据显示，美国 100 个最大城市中有 12 个城市的市长或城市管理人员为女性，978 个人口超过 30,000 的城市中有 203 个城市的市长为女性（信息来自 http://www.gendergap.com/governme.htm，摘自美国人口普查局数据。第一个数据来源于美国商务部；第二个数据来源于和美国妇女与政治中心及 2001 年 1 月举行的美国市长会议）。

11. 索绪尔故居所在地日内瓦大学最近开始宣传"Postes de professeur-e ordinaire ou adjoint-e（教授及助理教授职位）"。据我所知，说法语的人并不反对使用 adjoint-e，但却强烈反对在名词 professeur 后面加上表示阴性的 -e，因为该词历史上一直是一个阳性词，即便用于指称女性的时候也是阳性词。

12. 这里我把奥巴尔所分的"证人提问律师问题"及"身体语言"两类合并到一起了。女性证人 A 在这两类中分别出现了两次。

13. 有些人（像我一样）可能会避开"变化"，因为这暗示着在更深层次上存在着某种不变的东西。然后这种东西以某种可变的方式被"使用"，而实际上，不同的言说方式才是这里面最关键的道理。但这仅仅让这一要点更有力。

14. 在台普斯－罗麦克斯看来，口号起作用的条件是现实中的变革已经呼之欲出，甚至在最"超前"的用法中已经出现过了。这一点也得到了莎拉·M. 霍尔（Sarah M. Hall）的确定。霍尔写道："我最近在电视上看到《老友记》在重播（该剧拍摄时间早于麦当劳广告），剧中主角们偶尔会使用 'I'm loving this' 这种结构类型"（霍尔写给本书作者的邮件，2005 年 11 月 30 日）。

第 5 章　禁忌语及其限制

5.1 起誓 / 咒骂 [①]

"taboo（禁忌）"一词源自汤加语。詹姆斯·库克（James Cook，1728—1779）船长在《远航太平洋》（1785 年第二版；更多内容参见 Gray 1983）第二卷中首次将之引入英语。不仅"taboo"是一个现代词汇（在波利尼西亚除外），而且其他表达渎神、淫秽或政治忌讳范畴的词汇在概念上同样具有现代性；它们最突出的特点是，无论说话人使用与否，它们在说话人心目中都是"禁忌的"。这一概念的现代性在于 taboo 这个单词的异域性，即与"原始人"相遇所产生的想法能加深我们对自己文明的理解，这是现代主义思想的标志。具有讽刺意味的是，在波利尼西亚诸语言中，除少数例外，并不包含咒骂语，美洲印第安诸语言中同样也没有。[1]

有观点认为，人们之所以使用禁忌语正是因为他们知道这些词汇是禁忌的，这也是一种现代主义思维。这一观点肇始于 19 世纪并迅速蔓延开来，到了 20 世纪则成为语言研究的通行思路。[2] 事实上，这个看法已然成为一种常识，因此我们很难运用超然的视角将之视为历史的产物。对我们来说，一涉及咒骂，禁忌必然会被打破。禁忌词汇的语义意义似乎成了次要的考虑因素。主要的判断因素则是禁忌语意味着禁戒，即限制个人自由的社会力量以及不当行为，即判定何种社会行为对于渴望获得社会接纳的个体来说是不可取的。打破禁忌具有多重含义，取决于语境以及打破禁忌的人。打破禁忌通常意味着对社会力量的反抗，在这种情况下它相当于口头版的随意破坏公物，如同青少年在夜间推倒公墓里的墓碑，或针对家庭或工作场所中存在的某一特定社会力量所进行的抗争。当针对个人时，咒骂与其说是故意破坏行为还不如说是定向攻击。

然而，大多数我所听到的咒骂似乎并不具备上述任一职能。相反，它们发挥着更为积极的作用：共同打破禁忌会增强人与人之间的联系。一群刚结束考试、意气风发的学生在对话中使用禁忌语的频率并不比愤愤不平

---

① "swearing"一词同时具有"以神的名义起誓"和"用脏话咒骂"两种意思。原作者在本节追溯了该词词义的演变，两种意思都有所涉及。根据上下文语境，译文有时译作"起誓"，有时译作"咒骂"。

的煤矿工人低。不加入咒骂的人将难以融入群体之中，就如同本书第4章4.6所讨论的拒绝使用创新表达形式的人那样。詈语一般比较古老（"盎格鲁-撒克逊"），并非是最新创造的。对一种新形式的感知需要首先认识其背离的旧规范。同样，对一种禁忌形式的感知要求首先认识它所违背的社会规范。随着时间的推移，人们对这种社会规范力量的察知会越来越迟钝。禁忌语逐渐常规化，成为亚群体的一种规范，发挥着认同符号的作用。最终，人们甚至会淡忘某些词语的禁忌属性。例如，法语词"con"最初表示"阴道"，但现在却表示"笨"，五十岁以下的使用者很少知道该词曾经具有的强烈禁忌色彩。

现代语言学家将禁忌语进行笼统的分类，因为对说话人来说，禁忌语是一个极为活跃的概念，涵盖了各式各样的惯用语。然而，如果我们将时间倒退至比19世纪更为久远的时候，那么当下的禁忌语分类就会变得不合时宜起来。传统上，言谈中起誓、诅咒和下流话（或"流氓话"）之间的区分是极为明显的。事实上，我们甚至不能区分出下流话——有时人们通过说荤段子来下断言或问问题，当然涉及的话题只有在有限的语境中才是恰当的。约翰·迪斯尼（John Disney，1677—1730）做出如下区分：

- **下流话**："下流言辞和淫秽诗歌、书籍与图片；侵犯纯洁的心灵，以非常危险的方式激起想象。"（Disney 1729：2）
- **诅咒**："诅咒是一种对他人的恶毒祝愿。"（同上：196）
- **起誓**："起誓，亦可称之为轻慢神灵或渎神（两者差不多，无论犹太教教士如何区分……）"（同上：194）

迪斯尼（Disney）对下流话的分类非常与众不同，但引文显示他又立即将禁忌语放入"诗歌、书籍和图片"的语境中。他用了一个篇幅更长的单独章节探讨"装腔作势者"（play-actors），在此阶段下流行为是一件触犯众怒的事情。从页码顺序上看，迪斯尼对下流话的论述已经远离其对起誓和诅咒的论述——他根据罪恶程度由弱到强的原则安排论述顺序，其中起誓、诅咒和装腔作势的罪恶程度最强。

从17世纪一直到19世纪，"起誓"一词表示针对某事/物的真假或遵守某一承诺进行郑重发誓。起誓具备重要且严肃的话语功能。但是随着人们越来越频繁地在琐碎至极的事情上起誓，此种行为引起巨大的不安。关于这一问题，伦敦主教埃德蒙·吉布森（Edmund Gibson，1669—1748）在其 18 世纪广为流传的一部作品中谈到：

> ［圣经］应该教会所有的基督徒谨慎且虔诚地使用它［上帝之名］；不应将其随便地带入到有关世俗事务的言谈中，更不能（像惯常起誓者那样）时时刻刻地将其混入到游乐戏耍、激情、恣情欢闹和肆意妄为中去。
>
> 2. 耶稣基督的名字也应同样如此对待……许多粗心的世俗基督徒早已将之丢诸脑后，他们养成了在最无关紧要的事务上使用**耶稣**和**基督**的神圣之名来表达惊讶、确认承诺或意图的坏习惯。(Gibson 1760: 6—7)

不管出于什么原因，通过发誓的方式来加强语气的做法变得寻常起来，通常所发誓言的表面意思与实质意思不一致。我们当前讨论的"发誓"与第 4 章 4.6 讨论的"just so（真是）"具有相同的加强语气功能。"上帝在上，今天很热，对吧？"此句中的"上帝在上 (By God)"作何解？这句话与"今天很热，对吧"有何不同？听到前一句话，我们可以将之理解为说话人感受到的不适感更强烈一些。说话人也可能会说"今天非常/极其/特别/太热"，或"今天真是热啊"。现在很少有人会将"上帝在上"理解为神圣的誓言。誓言属于另一个语言学类别——说话者庄严地宣誓证实"今天天气热"。

然而，如果我们回到过去，做后种理解的人会更多。在过去，也有人认为在正式情景（如法庭）之外的场合上起的誓已不具备其字面上的誓言功能。但是，似乎还没有人明白起誓的功能已发生我所描述的转变，丹·米歇尔（Dan Michel）也不例外。他在《良心的悔恨》(*Ayenbite of Inwyt*, 1340) 一书中表示：

> 有些人习惯性地恨不得字字发誓，还有些人的教养糟糕之极，以至于离开发誓他们就不知道怎么说话了。他们对上帝极不虔诚［甚至蔑视］，整天无故召唤上帝见证他们的一切言辞，因为起誓就是召唤上帝、圣母或圣徒［圣人］来做见证。(转引自 Montagu 1967: 123)

虽然习惯如此，但是说话人在起誓时，他的意图含有起誓的全部意义，包括字面意义。誓言词汇体现的是它们的本来意义。一旦本来意义在语义上脱离了语境，起誓人就因违背了《第一戒律》而有了罪过，即轻慢上帝之名，因为无人能想象出什么样的语境需要调用圣名来证实一件真实性显而易见的琐事，比如"今天很热"。

16世纪的文献记录了大量的誓词。下面精选了一部分含有"上帝"这个词的誓词。当然，含有耶稣基督、圣徒之名、异教神祇、身体部位名称等的誓言也不在少数；另外，诸如 cock 或 giz 等发音接近 God（上帝）或 Jesus（耶稣）的词在誓言中也很常见：[3]

> 上帝祝福的天使、上帝的胳膊、上帝的四肢、上帝的身体、上帝的血亲、上帝（珍贵的）之骨、上帝的面包、上帝亲爱的哥哥、上帝的躯体、上帝的十字架、上帝的珍贵之鹿、上帝的尊严/牙/膳食、上帝的头颅、上帝的斋戒/伟大/命运、上帝之鱼、上帝的脚、上帝的愤怒、上帝之心、上帝的恩典、上帝的胆量、上帝的心脏/帽子、上帝（珍爱的）夫人、上帝的信女、上帝的眼皮、上帝的生命、上帝之光、上帝之主、上帝之爱、上帝的麦芽、上帝的指甲、上帝的仁慈、上帝之名、上帝的鳝鱼、上帝的激情、上帝的怜悯、上帝的松树、上帝的珍宝、上帝的圣礼、上帝的缘故、神圣的上帝、上帝的侧面、上帝的灵魂、上帝的意志、上帝的圣言、上帝（光荣的）伤口、上帝为他的热情。(Swaen 1898：30—34)

到了17世纪后期，纨绔子弟或花花公子作为一个社会阶层开始兴起，在下面的例子中丹尼尔·笛福（Daniel Defoe，1660或1661—1731）展示了他们的谈话方式。请注意，"起誓"的含义已有所扩大，纳入了自我诅咒，如"God damn me（上帝让我下地狱）"或"let me die（让我去死吧）"。

> 我必须略微讲述一下细节，并希望读者稍稍忍受一些野蛮、污秽、愚蠢的污眼表述。有些绅士先生却说这些是英语的礼貌用语，并优雅地使用它们。
> ……
> 汤姆："杰克，<u>上帝让我下地狱</u>，杰克，<u>你这婊子养的</u>，你好啊？<u>上帝在上</u>，这么长时间过去了，你过得怎么样？"——接着他们相互亲吻对方；杰克也用下流话回应；
> 杰克："亲爱的汤姆，<u>遇见你我真心高兴，让我去死吧</u>。走，我们去喝一杯，谁也不许走，<u>上帝在上，不醉不休</u>。"——

> 我们的华丽新语言就是这个样子的：雅致、精妙。若转换成拉丁文，我倒很希望知道主动词是哪个。(Defoe 1697：241—242)

令人惊讶的是，笛福认为杰克的客套话与汤姆的言辞"一样下流"，尽管在现代人眼中，杰克完全没有"起誓"。但事实上，他们每个人都明白无误地发了两次誓。汤姆说了"上帝让我下地狱"和"上帝在上"；杰克则说了"让我去死吧"和"上帝在上"，再加上一个类似誓言的"真心(with all my heart)"。汤姆说的"婊子养的"和杰克的醉酒邀请都是程度不相上下的下流话，虽然按照笛福的措辞，两者都不是"起誓"。牢记笛福的结论：引文中的语言"不合文法"，在后文中我会再探讨这一论断。

在这一时期，人们对起誓的印象有多糟糕？爱德华·斯蒂芬斯(Edward Stephens，逝于1706年)将起誓与巫术和妖术相提并论：

> 渎神的**起誓**，是……大胆言辞的做作装饰品，……是一种极变态、恶魔般的犯罪，非常不自然，只会给人留下邪魔作祟的印象。惯常起誓的人可被理所当然地看成是亵渎神灵的巫婆和魔鬼的同伙，该受到诅咒。所有清醒的人都应憎恶他们，让他们接受比被诅咒的同伙更严厉的惩罚。(Stephens 1695：14)

斯蒂芬斯关于起誓的措辞远比笛福严厉，笛福只不过抱怨了语法不规范。而斯蒂芬斯说起誓"不自然"，显然是指起誓不具备"功能性用途"。斯蒂芬斯认为起誓是一种"做作的装饰品"、附属品、矫揉造作的产物。斯蒂芬斯显然认为惯常起誓者是有意识地在选择措辞，因而就有意识地选择了亵渎圣名。迪斯尼基本上持有相同的观点，只不过他还暗示起誓具有某种功能性用途。

> 在日常交谈中，借由上帝/基督之名起誓非常令人憎恶和讨厌：因为那些庄严的名字(它们一映现在脑海中，我们就应致以最高的崇敬)被不加辨别地亵渎和滥用。人们经常用之庇护轻率的(或虚假或邪恶的)决议，或无聊、不确实的叙述乃至谎言。它们被当作言辞的真诚装饰；或作为咒骂语或口头禅，填补理智的缺位……(Disney 1729：194)

引文结尾处提到"口头禅"暗合现代概念上的"停顿填充词",用以填补说话人话语中的意义停顿("填补理智的缺位")。在迪斯尼看来,这并不能减弱起誓令人憎恶和讨厌的程度。不过,它却揭示了一种可能性——起誓并不总是故意渎神的。该可能性的意义在于:斯蒂芬斯认为发誓是"言辞的'做作的'装饰品",而迪斯尼则刚好相反,认为起誓是"言辞的'真诚'装饰"——非刻意的。

斯蒂芬斯和迪斯尼一致同意起誓具有意义,这就意味着起誓语仍然保有其表面上的意思;否则,用迪斯尼的话来说,它就不能"填补理智的缺位"了。在 18 世纪,随着时间的推移,出现了一种观点,认为起誓也许没有任何意义。首先是承认亵渎神灵可能不是有意为之的;接着是联想《良心的悔恨》一书的暗示:亵渎可能是个习惯问题。1752 年,一篇署名"一名战士"的匿名论文提出"习惯性起誓"的概念,不过此文丝毫未指出习惯性起誓可减轻起誓的罪过。

> 排在第三位的是对那个伟大、令人畏惧的名字的更恶劣的滥用,这样做的人完全不配被看作理性的人。我说的是习惯性地以渎神的方式起誓的人,他们的舌头肯定沾染上了来自地狱的致命毒药,以至于每说三个单词或一句话必会蹂躏和亵渎那个神圣的名字,仿佛他们除了传播亵渎上帝的言辞和在世人中间推广深渊地狱的语言,就没别的用处了……(Anon. 1752:9)

吉布森主教也将惯常发誓归咎于习惯:

> 考虑一下人们是如何养成起誓的习惯的;起誓(正如所有明智的构思一样)从不是经过深思熟虑或出于预期的利益而做出的,而是通常起因于周围的人都亵渎神灵,慢慢地自己也随遇而安地养成了这种漫不经心的脾性……(Gibson 1760:16)

可以说,如果"一名战士"是正确的,那么我们从惯常起誓者口中所听到的就是真正的地狱语言,因为比起偶尔或蓄意为之,养成习惯更糟糕。习惯意味着缺乏理性,因此,习惯性起誓在本质上就更野蛮、更缺乏人性。这似乎就是吉布森主教所持的看法。不过,他还提出一个语境因素,这使他的论断更接近现代观点:

加重惯常起誓罪过的另一个原因是使用频率；一旦养成了习惯，人们就会时时刻刻、日复一日地进行起誓。这样的人不假思索地张口就发誓，誓言经常甚至必定成为他们自身享乐、激情和言谈的一部分。(Gibson 1760：15)

主教认为起誓是享乐的一部分。在前面的引文中，他将之与起誓人的"游乐戏耍、激情、恣情欢闹和肆意妄为"联系在一起。他无法理解为什么有人享受发誓，但值得赞扬的是，他注意到并接受了现状。他的观察具有一目了然的正确性，这就解释了为什么他的小书，意在"私下放入那些沉迷于发誓之人的手中"，截至1760年已进行了二十次印刷，并且后续印刷一直持续到19世纪初。

5.2 语言卫道士情形

在实际层面上，吉布森指出了起誓成习的一个世俗问题——影响那些已经对传道免疫的人：

一旦起誓成为习惯，它就会随时发作，什么事情都要赌咒发誓一番。结果是恶性循环：他们因此无法取信于人，又因为平时对誓言毫无<u>敬畏</u>之心，也没有人会把他们的起誓当回事。(Gibson 1760：19)

相比于今天，在18世纪，世俗性的宣誓仍然是一件非常严肃的事情。而在当下，通常只有在法院上我们才会被要求就证言的真实性发誓，并甘受伪证罪之罚。（我们在申请报销费用、保险理赔之类的申报单上签字的行为其实也与之类似，尽管不那么明显。）人们无法信任惯常起誓者会认真对待他们的誓言，因而在事务往来中，他们被当作风险人群。事实上，确切地说，他们就是罪犯。

在英语世界，苏格兰率先立法禁止渎神的起誓和诅咒。关于苏格兰人，迪斯尼（Disney 1729：201）记载道：

苏格兰国王唐纳德六世（大约于公元900年）制定了一项法律，规定 [以上帝之名] 轻率或惯常宣誓的人，以及用<u>魔鬼</u>的名字进行诅咒的人有罪，<u>应用炽热的烙铁烧灼他们的嘴唇</u>。

在更早些时候，此类惩罚由教会当局执行。在现代反起誓立法方面，苏格兰也走在前头，它于 1551 年就制定了相关法律，比英格兰大约早五十年。当时的法律就规定诅咒是死罪，但前提是诅咒是针对上帝或自己的父母的，并且诅咒人"神志清醒"，即精神无错乱（Grant 1700：46，48）。亵渎式的起誓以及非针对上帝或父母的诅咒，虽然也是犯罪行为，但处罚仅限于罚款，附加监禁缓刑及枷刑。

> 发出令人憎恶的<u>誓词</u>和<u>咒语</u>，特别是以上帝的血液、身体、十字架之苦和伤口名义进行的轻慢性誓词；言辞中包含恶魔之杖、血块、烤肉或裂罅，以及<u>其他诸如此类的咒语</u>，都要承受法案规定的惩罚：[玛丽一世女王，第五届国会，第 16 条法案]……所有房主都应"告发"其屋内的违法者，违者处以与"违法者"相同的刑罚。（同上：46—47）

最后一条判决尤其值得注意。那些经营酒馆的店主——酒馆是"游乐戏耍、激情、恣情欢闹和肆意妄为"导致惯常起誓大量发生的地方——必须逮捕所有起誓人，否则自己将面临惩处。罚款金额高昂，若再次违反则罚金加倍；告密者可分享罚金的一部分（同上：47—48）。蒙塔古（Montagu 1967：131）提到："从格拉斯哥一直到阿伯丁的地方政府记录表明反起誓的运动始终被坚定有力地推行着，并一直持续到（16）世纪后半叶"。

最早的语言卫道士情形如上所示。无论是惯常起誓者或潜在的告密者，还是无辜的受害者，所有人都有利益牵扯其中。告密者或是听错了，或是为了赏金，或是出于报复，造成许多人被处罚。如果没有目击证人，当你被控告进行了渎神的发誓时，你如何证明自己的清白？你唯一能做的就是再次以上帝的名义宣誓你未曾发誓。但是，正如吉布森所指出的那样，对于一个被控告惯常起誓的人发出的誓言，人们不太可能会相信其诚意。目前不清楚的是控告人是否有义务复述他声称听到的誓词——从技术上讲，他如果这么做了，自己也将面临被起诉，因为法律并未规定引述渎神的誓言无罪。

在英国，类似法律的执行似乎没这么成功。除了发生在英格兰联邦—护国公期间（1649—1660），当时清教徒占据国家的支配地位。在此之后，人们常常抱怨法律执行不力，并企图修订法律。到 17 世纪末，斯蒂芬斯仍然在抱怨人们不愿成为"告密者"（Stephens 1695：10）。总体来说，这一时期的作家一方面为君主制的恢复和英格兰联邦——护国公时期的结束感到高兴，但在另一方面他们又反复说："至少在护国公时期，发誓被压制在一个低水平上。"加之，王政复辟之后不久，伦敦先后遭遇了灾难性的瘟疫（1664 年—1665 年）和大火灾（1666 年），致使国民在很长的一段时期里认为这个国家被下了诅咒，正因其国民的罪恶而受到惩罚。这一点也反映在斯蒂芬斯的著作中，他将起誓描述为"在我国流行的罪恶"，并说道：

> 这一行为给这个国家带来了沉重的负疚感……尽管我国是一个<u>基督教国家</u>，然而举国上下都充斥着<u>罪恶</u>，我们有充分的理由担心上帝会降下非常严厉的<u>审判</u>来惩罚并纠正我们的罪恶。（Stephens 1695：10—11）

与此类似的是，爱德华·福勒（Edward Fowler，1632—1714）认为每个公民都有义不容辞的责任去斥责惯常起誓者犯下的罪孽，从而拯救整个国家（Fowler 1692：16）。斯蒂芬斯同样提出，不仅仅是惯常起誓者，其他人同样要承担这个"全国性罪行"的责任（Stephens 1695：9）。

英格兰的语言卫道士情形在 17 世纪似乎正常运转了一二十年，然后就崩溃了，同样的情形很快也会在苏格兰发生。然而，除了普遍为国家的遭遇担心，民众还有一个更实际的担忧——惯常起誓对法律构成的威胁。当时现代证据规则尚未发展起来；正如前文所述，誓言依然是保障真实性的主要手段。然而，惯常起誓却削弱了誓言的神圣魔法力，从语言上去除了对上帝的敬畏。

> "治安法官"高度关注压制惯常起誓的<u>政治原因</u>是，惯常起誓很容易产生<u>伪证</u>，而伪证则损害了所有人的利益和安全，……惯常起誓者无疑（习惯使然）会经常宣誓证实他明知是"假的"东西；更多时候会宣誓证实他"无把握或不确定真实性的"东西……（Disney 1729：196）

此外，越来越多的人将惯常起誓视为理性的威胁。此处引述的一批 17世纪作家都将起誓与激情关联起来，而激情在传统上恰恰是理性的对立面。不过，他们中的大多数人仍然想当然地认为起誓是出于慎重的选择。苏格兰法律豁免了"精神错乱的"诅咒者的死刑，清楚地将理性存在与否和使用亵渎语言完全视为两回事。最激烈的将起誓与非理性关联起来的作家是笛福。在上一节中我们看到他对花花公子的起誓评论道："若转换成拉丁文，我倒很希望知道主动词是哪个。"不合语法的语言是没有理性的语言。关于惯常起誓，笛福进一步说道：

> 这是一种毫无意义并且愚蠢可笑的做法；它是一种毫无用处的手段；它的言辞空洞无物；它是一种出于愚蠢的目的而进行的愚蠢行为……；淫乱、强奸、通奸和鸡奸能满足邪恶的欲望，也总有诱人的目标；……但，它却似乎是所有邪恶行径中最荒谬可笑的，既得不到快乐，也得不到利益；既没有追逐的目标，也没有满足任何欲望；它只不过是口舌的癫狂产物，也是大脑运转反常而产生的呕吐物。
>
> (Defoe 1697：247—248)

吉布森主教和其他具有神圣意识的作家几乎不可能持有这样的论点：既然嫖娼、强奸、通奸和鸡奸有最起码的意义，那么没有意义的起誓比它们更罪孽深重。很明显，笛福认为，相较于惯常起誓是一种违反本性、令人发指的罪行，下流话（"流氓话"）根本就不是犯罪，而仅仅是一种无礼的举动、一种违反礼仪的行为。他在确立起誓罪行的那一部分论述中清楚地说明了这一观点。他还进一步指出起誓也是一种违反礼仪的鲁莽行为。在这一方面，他将起誓与其他两个不属于犯罪的无礼行为进行了比较：

> 即使是那些将这一肮脏的习惯付诸实施的人也承认它是一种罪行，也并不为之找借口；关于此种习惯，我听到人们说得最多的一句话是"我没忍住"。
>
> 此外，作为一种不可原谅的无礼行为，起誓者强迫与之交谈的同伴见证誓言的做法破坏了良好风度和谈吐；即使同伴中有人不认同他的做法，起誓也会赋予他不讲文明的自由，比如在法官面前<u>放屁</u>或在女王面前<u>说流氓话</u>。（同上：248—249）

令人惊讶的是，在这一时期"在女王面前说流氓话"仅被认为是一种无礼的举动，只相当于在法院上放屁。无可否认，这样的观点出自笛福。然而，他同时又认为，口吐"该死"比强奸还要恶劣。当时的法律印证了他的观点，对亵渎神灵与说下流话进行了区别处理。

笛福提议成立一座语言学院解决惯常起誓对理性带来的威胁。学院将担当"摒弃该罪行"的表率（同上：249）。笛福的建议与乔纳森·斯威夫特（Jonathan Swift, 1667—1745）出于讽刺意图设计的"起誓者银行"一样，从未被付诸实施。在斯威夫特的设想中，"起誓者银行"可以通过向起誓人强力征收罚款来为爱尔兰政府募集资金。在整个 18 世纪的英国法律文本中，起誓始终被认定为一种犯罪行为。

总之，（严格意义上的）起誓和抑制起誓的努力在英语政治史中占据了中心地位。人们之所以没完没了地进行立法对起誓定罪，是因为人们认为起誓极大地危害了灵魂、公共道德、法律、国家、理性思维和语言。在过去的某些时期，下流话的严重程度不比起誓，可是当我们描述这些时期时，"禁忌语"的现代分类法却使我们将发誓与下流话混为一谈，这就犯了时代错误。在维护语言的各种努力中，第一个被有组织地实施并长期坚持的是消灭起誓。消灭起誓的努力在语言标准化历史中占据重要地位，值得进一步关注。同时，"起誓"被逐渐纳入禁忌语范畴的演变过程也值得进一步研究，因为这一过程可能会大体揭示语言概念的变化轨迹。

"语言卫道士情形"并不会随着制裁惯常起誓的法律的废止而结束。其现代变体将在本章后面部分讨论。而且，人们对"swearing（起誓/咒骂）"的关注也尚未终止。① 美国伊利诺伊州的吉姆·奥康纳(Jim O'Connor)著述的《咒骂控制》(O'Connor 2000) 取得了非凡的成功，出版后两个月内加印了两次。他创立的"咒骂控制学院"也很受欢迎。奥康纳通过该学院向个人和用人单位提供讲座和研讨会，旨在减少（在广泛的现代意义上的）咒骂语的使用。[4]学院在"咒骂有何不对？"的标题下引用的许多观点，即使是积习难改的咒骂语使用者也不会不同意：

> **咒骂是一种施加于自身的刑罚**：给人留下坏印象；让人觉得与你相处不愉快；危及你的人际关系；说明你爱发牢骚和抱怨；降低了人们对你的尊重，表明你没有自制力；标示你恶劣的态度；揭示你品性不良；表明你不成熟；是无知的表现；是反面典型。
>
> **咒骂行为对社会有害**：导致礼仪的衰落，美国日渐低能；冒犯的人比你想象的还多；使他人不舒服；是对别人的不敬；将讨论转变成争吵；表明你有敌意；引起暴力行为。

---

① "swearing" 的含义自此以后发生转变，除个别例外，作者在下文中一般取其"咒骂、詈骂"之义。

咒骂败坏英语语言：咒骂语生硬粗暴、不动脑子；无交际意义；忽略了更有意义的词汇；缺乏想象力；咒骂已失去效用。

奥康纳承认诅咒是我们自我表达和与人沟通的方式之一，因而具有一定的价值。但他同时辩称，由于无法控制的过度使用，它已经丧失了相当多的表达功能和交际价值，这是毋庸置疑的。然而，如果奥康纳引用的有关诅咒的所有负面属性都是正确的，并且咒骂的表达和沟通功能不再具有效力，那么就产生了两个难解的问题：为什么有人会咒骂？人们为什么会在意别人的咒骂？在大多数情况下，人都是理性生物。尽管通常我们会做一些在别人看来或事后看来不理性的事情，但是，这些不理性的事情在当时却似乎很正常。虽然咒骂会让某些人觉得"与你相处不愉快"，可是，很明显，现在的大多数人其实觉得咒骂很有趣。否则，他们就不会花钱去观看顶级喜剧演员满嘴禁忌词汇的表演，去看电影时也不会期待演员口吐禁忌词；英国观众也不会在夜间收看21点以后的电视节目；他们不会交满嘴禁忌语的朋友，也不会在朋友们说黄色笑话时大笑予以鼓励。共同打破语言禁忌反而会增进朋友间的亲密度。咒骂语每危及一对人际关系，就会增进另外二十对的关系。

咒骂是如何促进亲密关系的？我们可以参照我们所熟悉的礼貌类人称代词做个类比。在古代社会，地位低的人用"vous"称呼地位高的人，而后者用"tu"称呼前者。在现代社会，用"tu"来称呼另一个成年人表示两人关系亲密；如对方是一个孩子，则显示家长式的关怀，这也是一种情感投入。在20世纪以前，非直系亲属的一男一女如果用"tu"相互称呼，那表明两人间存在性关系；若两人不是夫妻，那么这一称呼就打破了禁忌。一旦我们与另一个人一起打破某种禁忌，那么我们与他/她的关系就会密切起来。这种密切关系源于共同的不检点言行、共同的秘密以及共同的安全需求。如果我在与同事谈话时使用了某个禁忌词，该词的功能就像首先使用"tu"一样，都是在向对方发出邀请；如果同事用专属于他或她自己的禁忌词做了回应，那么我们彼此之间的关系就会变得更加亲密；如果邀请被拒绝，那么我们之间的关系可能会变得疏远起来。

我们的精神和肉体是二元一体的，脏话属于身体那一元。肉体的激情激发脏话，脏话又暗示肉体机能。心灵是，或者应该是，纯粹知识和纯粹语言的集中地，尽管所谓"纯粹语言"究竟是指文雅语言还是良好（即正确）语言还无定论。语言错误相当于肉体入侵头脑的结果，比如"说漏嘴了"的说法就反映了这一点。在语言政治中，头脑支配肉体。数量有限的温和诅咒是可被接受的，因为它表明说话人仍然是人。而过量的诅咒则将说话人降格为动物。

咒骂语是英语词汇中突出的无创意的一部分。从维多利亚时代一直到20世纪60年代，脏话词汇的常见委婉说法都来源于"盎格鲁－撒克逊"词汇，事实上大部分脏话都是如此。普通人都将脏话当作"俚语"，因而将之和最新热词放入同一类别之中，认为它们的存续时间很短。[5] 在本书第3章3.3中，我引用了霍布斯鲍姆对维多利亚时期中产阶级下层的描述（Hobsbawm 1990），他们渴望成为最"合乎体统的"帝国公民。霍布斯鲍姆认为，这种心态解释了"正确英语"和国家认同感被捆绑在一起的原因。如果我们能容忍一点点用语时的错误，再回忆一下第2章2.5的论点——现代民族语言有必要通过成为知识的载体来证明自身的价值，依照传统的基督教观点我们可以将"干净"英语放入"正确英语"和国家认同感的组合之中。在人体内蠕动的脏话，散发着腐烂物的恶臭，"玷污"了语言，也因此给国家带来危害。

5.3（自我）审查的政治

除了亵渎神灵的字词和下流话，还存在其他冒犯性的言辞。在第1章1.6有关《洁净版拼字游戏玩家词典》的论述中，我们看到该词典将指称特定群体的贬义词与粗俗、淫秽和亵渎的词汇归于一类。本书第1章1.6中列出了众多此类贬义词，如"拉丁佬（DAGO）、外邦人（GOY）、美国佬（GRINGO）、爱尔兰佬（MICK）、伪娘（NANCY）、黑鬼（NIGGER）、教皇党人（PAPIST）、英国佬（POMMIE）、基佬（POOFS）、红番鬼[1]（REDSKIN）、西班牙佬（SPIC）、番女[2]（SQUAW）、湿背人[3]（WETBACK）、外国佬（WOG）[4]、南蛮子[5]（WOP）、犹太佬（YID）"等。一个普遍的共识是这些词语令人反感，除了（像在这里）谈论这些词本身，否则不能在公共话语中用以指称它们的指代对象。有些词的贬义

---

① 对美国印第安人的蔑称。

② 对印第安女性的蔑称。

③ 蔑指美国的墨西哥移民，尤指非法入境者。

④ 对有色人种的蔑称。

⑤ 对南欧人或其后裔的蔑称。

色彩不那么明显：我已比较过"JESUIT（阴险的人）"和"JEW（犹太人）"。我们也可以将贬义色彩不是很明显的"SHKOTZIM（非犹太裔男子）"和"SHIKSA（非犹太裔姑娘）"与"JEW"归于一类。"红脖乡巴佬（REDNECK）"的贬损程度同样比不上同属于一类别的"黑鬼"，因为种族主义者从未用过该词来压制一整个阶层。不过，应用这样的标准也许并不正确，因为从表面上看，不被一个群体使用或认可的所有词汇都应被视为冒犯性的词汇。

另一方面，在自己群体的称呼问题上，成员间极少能达成一致。即使他们今天已形成广泛的共识，不出几年，公认的称呼也可能会发生改变。如果这样的称呼在实际使用中同时存在若干个，那么无论哪个称呼都会给更倾向另一个称呼的人造成冒犯。在 20 世纪 60 年代早期的美国北方，由于"黑人（black）"一词具有冒犯性，于是老年人和非白人的工人群体使用"有色人种（colored people）"一词，而年轻人和中产阶层则使用"黑种人（Negro）"（很多人对此词感到不舒服，因为它与"黑鬼（Nigger）"是"同一个词"）。到了 20 世纪 60 年代后期，人们仍然接受"黑种人（Negro）"，并新接纳了"黑人（black）"一词——"大声说出来：我是黑人并为之而自豪！"——可是，"有色人种（colored）"一词不再被人接受。几年之后，"有色人种"已成为种族主义称呼。到了 20 世纪 70 年代早期，使用历史可以追溯到 19 世纪后期的"非裔美国人（Afro-American）"一词与"黑人"一道成为"可接受"词，而"黑种人（Negro）"与"有色人种"一道被边缘化为种族主义称谓。截至 20 世纪 80 年代，"非裔美国人"已经停止使用，"黑人（black）"成为唯一可接受的称呼；但到了 20 世纪 80 年代后期，"非洲裔美国人（African American）"又开始流行起来，而"黑人"开始靠边站。在 20 世纪 90 年代，"有色人（person of color）"成为时髦词——"有色人种（colored people）"至此彻底被废弃，而"黑人（black）"则受到质疑。在今天，将"黑人（black）"用作形容词被普遍接受，但不可用作名词。因为"黑人"这一称呼暗示黑人群体的决定性特征是他们的种族而不是人的属性，因而具有冒犯性。与此同时，在法语中，"黑鬼（les nègres）"和"黑种人（les noirs）"都是政治上有问题的词语。具有讽刺意味的是，可被接受的替代词却是"les blacks"①。

通过比较美国媒体在 1994—1995 年间使用"黑鬼（nigger）"和"操

---

① "les blacks"直译成汉语是"黑色的家伙"。

(fuck)"这两个"终极禁忌词"的频率，莱斯特发现，前者出现的频率远高于后者，前者出现 1389 次，后者仅出现 9 次（Lester 1996）。O. J. 辛普森（O. J. Simpson）案件 ① 的审判就发生在这一时段。一名身为关键控方证人的警员在审判中使用了"黑鬼"一词，掀起轩然大波。莱斯特同时计算了这两个词在辛普森案审判之外的语境中的使用频率，结果发现两者之间仍然存在巨大差异："操"出现了三次，而"黑鬼"却出现了 742 次。更令人吃惊的是，他发现在含有"操"一词的少数报道中，72.7% 来自广播媒体，只有 27.3% 来自印刷媒体。然而，在含有"黑鬼"一词的多数报道中，比例正好相反，只有 31.5% 来自广播媒体，而 68.5% 来自印刷媒体。[6] 尽管基于这两个词如此少的出现频次无法得出可靠的重要结论，不过，"黑鬼"在印刷媒体上的接受程度显然高于口语，这一事实的确令人瞩目。同样的推理过程若用在"操"上是站不住脚的，因为总体而言，"操"的禁忌程度要高得多（至少十年前是这样的）。

冒犯性的语言不仅限于亵渎神灵、淫秽和种族歧视用语。对在历史上曾受到歧视的群体的称谓——如残疾人——很容易成为禁忌词，并被其他词替换。由于指称对象的敏感性，替代词的存续时间同样也很短。我们中的大多数人总是尽可能地避免得罪他人。令人沮丧的是，有时我们所认为的可接受词在使用时却发现它不再具有"政治正确性"。[7] 对学校教科书和标准化测试题的出版商而言，不即时掌握可接受的语言意味着财务灾难。

拉维奇（Ravitch 2003）调查了出版商和考试机构自 20 世纪 70 年代起制定的限制教科书和试题作者用语的规范。[8] 结果她发现限制范围大得惊人。许多话题范围被整个设为禁忌，因为审查文本和测试题的"偏见与敏感性评审小组"认为它们可能会刺激到某些学生。事实上，1970 年以前的文本几乎都含有禁忌因素——敏感题材与语言、过时的成见，它们要么会得罪政治左翼人士，要么会得罪右翼人士，所以在实践中这些素材要么被略过，要么被删改。因此，出版商一方面向得克萨斯州教育委员会咨询右翼能接受的范围，另一方面向加利福尼亚州教育委员会咨询左翼能接受的范围。[9]

最初的情况是，愤怒的家长和学校董事会夺走测试题与图书销售所依

---

① 指的是 1994 年美国橄榄球运动员辛普森杀妻一案。下文的"关键证人警员"指的是案件的现场警官马克·福尔曼（Mark Fuhrman），是一位"资深"的种族言论探员。正是他一贯的种族仇恨言论，使他竟然取代了辛普森成为这个"疑罪从无"的世纪大案的焦点。

赖的公共采购权，自行审查教材内容。如今情况有所改变，现在的出版商主动进行自我审查。在图书作者看来，自我审查仍然是审查制度的体现。作者被告知什么样的内容不能谈论（比如，恐龙不能谈论，因为承认恐龙的存在会暗中引起有关进化论和《圣经》年表的问题）以及什么样的词语不能使用。作者必须接受，否则作品不予出版。

拉维奇编订的"禁用词汇表"（Ravitch 2003：171—183）囊括了 404 个词条，每个禁用词都锁定了来源出版物。该表未纳入任何明显属于淫秽、亵渎神灵和种族主义范畴的称谓——它们显然属于不可接受类别，甚至不值得禁止。对表中部分词条的避讳行为完全合理，如"小女人（the little woman）"之于妻子。但更多的词条似乎具备非同寻常的敏感性，在某些情况下，敏感得近乎荒唐，以至于很难看出"可接受的"替代词好在哪里。我从拉维奇的禁用词汇表中挑选了 40 个词条列在下面：[10]

> **体格健全的人**（由于具有冒犯性而被禁用，用"非残疾人士"替换）[SF-AW]
>
> **美国／洲、美国／洲人**（除非指称居住在北美、南美和中美洲的所有人，否则谨慎使用，因为它隐含"地理沙文主义"；用"美利坚合众国人"替换）[SF-AW，HM，HAR₂，NES]
>
> **关节炎病人**（由于具有冒犯性而被禁用，用"患关节炎的人"替换）[SF-AW]——另如**截瘫病人**（"截瘫患者"）
>
> **瞎子**（由于具有冒犯性而被禁用，用"失明的人"替换）[SF-AW，HM，HAR₁，NES，ETS₁，ETS₂，RIV]——另参见**聋子**（用"失聪者"或"丧失听力的人"替换）[SF-AW，HM，NES，ETS₂]；**聋哑人**（用"失去听觉和语言能力的人"替换）[SF-AW，HM，HAR₁，NES]
>
> **喷水式饮水口（Bubbler）**（由于具有地域偏见而被禁用，用"饮水机"替换）[AIR]——另参见**Pop（汽水）、Snow Cone（刨冰）、Soda（苏打）**
>
> **卡珊德拉**①（由于具有性别歧视而被禁用，用"悲观主义者"替换）[AIR]——另参见**妇女参政论者**（用"妇女参政主义者"替换）

---

① 卡珊德拉为希腊、罗马神话中特洛伊的公主，阿波罗的祭司。因神蛇以舌为她洗耳或阿波罗的赐予而有预言能力，又因抗拒阿波罗，预言不被人相信。后来，她的名字被用来指称"灾祸预言家"。

[MMH，SF-AW，HAR$_1$，HAR$_2$，NES，ETS$_2$]；**假小子**（无备选替换词）[SF-AW，NES，AIR]

勇敢无畏的（当用于描述残障人士时，由于显出优越感而被禁用）[ETS$_2$]——另参见**特制品** [SF-AW，AIR，ETS$_2$]

魔鬼（禁用）[AEP]——另参见**上帝、地狱**

方言（由于具有民族优越感倾向而被禁用、慎用，用"语言"替换）[SF-AW]

信条（由于具有民族优越感倾向而被禁用，用"教义或信仰"替换）[SF-AW]——另参见**极端分子**和**狂热分子**（用"信徒""追随者""拥护者"替换）；**异见分子**和**异端** [ETS$_2$]，**教派**（除非该教派已从一既有宗教中脱离出来）[SF-AW，ETS$_2$]

唐氏的综合征（Down's syndrome）（由于具有冒犯性而被禁用，用"唐氏综合征（Down syndrome）"替换）[ETS$_2$]

肥胖的（禁用；用"结实的""患肥胖症的"替换）[AEP]

精神失常的（由于具有冒犯性而被禁用，用"有情绪障碍或精神疾病的人"替换）[SF-AW，HM，NES]

垃圾债券（由于具有精英主义倾向而被禁用）[ETS$_1$，ETS$_2$]——另参见**赛舟会** [ETS$_1$]，**游艇** [ETS$_2$]

强势社群（由于指向文化差异而被禁用）[ACT]——另参见**弱势群体、子群体**

中东地区（因为反映了一种以欧洲为中心的世界观而被禁用；用"亚洲西南部"替换；若用于历史引证，或可被接受）[HAR$_2$]——另参见**西方、西方人**（用指代特定大陆或区域的专门词汇替换）

正常人（由于具有冒犯性而被禁用，用"无残障人士"替换）[SF-AW，ETS$_2$]——另参见**残疾人**（用"残障人士"替换）[SF-AW，HAR$_1$]

老迈（由于有损人格而被禁用，用"失智"替换）[APA]

请美国心理学协会见谅，在我所询问的心理学外行人中，没有哪个表现出，相比于"老迈"，更倾向于用"失智"来描述罹患此种境况的亲人。哎呀——"罹患"一词在本语境中具有冒犯性呀；我应该改成"有"才好。至于说"pop（汽水）"和"soda（苏打水）"这两个特定区域专有词，虽然两者给生活在相应地区的学生的使用提供了方便，但与此同时，这两个词都被列入了加利福尼亚州营养小组汇编的"避免在教科书中出现的食物"的名单上（1981版），并且该名单又被霍尔特（Holt）、莱因哈特（Rinehart）和温斯顿（Winston）编著的《图书采选指南（1984版）》一书所引用，可见这两个词是被双重禁止的（Ravitch 2003：196）。其他营养成分不足的食品有黄油、咖啡、蜂蜜、盐和糖，至于它们的名称，则必须向孩子保密。不过，奇怪的是，同一份文件却宣称汉堡包、热狗、比萨饼和炸玉米卷是可接受食品。

　　本节追踪了禁忌语范畴的出现与发展历程，所涉及的限制用语囊括了亵渎神灵的用语、下流话、种族主义称谓、显示生理或心理差异的词语、点明一切差异的词语，以及群体间接受程度不同的用语。下一节将讨论语言在"仇恨言论"中的作用。近几年来仇恨言论被许多国家立法禁止，因为此类言论给言论自由这一普遍性民主原则制造了政治难题。

5.4 仇恨言论

　　第5章5.3讨论的语言避讳事实上是由各州的学校董事会强行实施的。他们的行为算得上是官方审查，即使从技术上讲，审查是由出版商"自愿"或"自我"实施的，目的在于赢得利润丰厚的合同。这些禁忌语没有"法理"地位——没有人会因使用它们而被起诉。除非，它们成为"仇恨言论"的一部分。《牛津英语大词典》将"仇恨言论"一词的起源追溯至20世纪80年代后期的美国（"仇恨犯罪"一词的出现要早几年，可能还是前者的模本），并将其定义为"针对其他社会群体，特别是基于种族或性取向，表露仇视和排斥的言辞"。几乎所有国家都已签署了为数众多的有关公民权利和种族主义的国际条约和公约，并且其中的绝大多数国家也已批准实施。据此，对153个国家的政府而言，控制"仇恨言论"的行动似乎是义不容辞的。《公民权利和政治权利国际公约》（ICCPR）第20条第二款是核心条款之一：

　　第20条

　　1. 任何鼓吹战争的宣传，应以法律加以禁止。

　　2. 任何提倡民族、种族或宗教仇恨的主张，构成煽动歧视、敌视或暴力者，应以法律加以禁止。

该条款看似很直白，但在法律上却造成了无穷的难题。如何确定某一主张是否构成煽动？必须要证实歧视、敌视或暴力行为已实际发生吗？有煽动这些行为的倾向足够了吗？如果足够了，煽动对象又如何确定？换句话说，何谓"煽动"？"仇恨"与批评之间的分界线在哪里？究竟如何认定"歧视"？最后，如何定义"主张"——说话人或写作者的言辞或文字是不是一定要含有鼓吹仇恨的意图？是不是只要达到鼓吹效果就足够了？

这些问题极度重要，因为同一公约还保护了其他公民权利和政治权利，尤其是第 19 条第二款的规定：

第 19 条

1. 人人有权持有主张，不受干涉。

2. 人人有自由发表意见的权利；此项权利包括寻求、接受和传递各种消息和思想的自由，而不论国界，也不论口头的、书写的、印刷的、采取艺术形式的或通过他所选择的任何其他媒介。

3. 本条第二款所规定的权利的行使带有特殊的义务和责任，因此得受某些限制，但这些限制只应由法律规定并为下列条件所必需：

(a) 尊重他人的权利或名誉；

(b) 保障国家安全或公共秩序，或公共卫生或道德。

第一款和第二款共同明确了：本公约承认思想而不是言论的绝对自由。第三款则明确规定了言论的限制条件。第 20 条另增加了两条限制条件，这两条显然未脱离第 19 条第三款的约束范畴——如果脱离了，第 20 条就没有存在的必要了。正如盖尔伯所指出的那样（Gelber 2002），众多自由民主的签约国，包括英国、澳大利亚和美国在内，在第 20 条上的保留只是明确提出该条款不得剥夺他们传统上的言论自由权利。

每个签约国必须制定合乎本国国情的法律，以贯彻条约宣扬的原则。盖尔伯（Gelber 2002）重点研究了澳大利亚新南威尔士州的法律。该州实行的法律与澳大利亚其他地方、英国和美国的法律相似。只不过，澳大利亚法律额外规定了民事和刑事救济措施。[11] 新南威尔士州第一例涉及"仇恨言论"的案件肇始于 1989 年。盖尔伯在调查了 1989—1998 年间发生在该州的类似案例后，明确指出禁止"仇视言论"离达成目标相去甚远。她一共调查了 16 个案例，没有任何一个在最后对"仇恨言论发布者"进行制裁。在大多数情况下，诉状都被原告撤回，要么因为不想花太多时间追究此事；要么认为仇恨言论发布者是一个彻底的种族主义分子，起诉无法取得实际进展；要么因为受到威胁；要么因为搬离了原住所，不再与反歧视委员会联系。在其他案例中，该委员会认为所涉言论要么"不大可能越过仇恨的门槛"；要么不适用于新南威尔士州法律，因为原告本人不属于被仇恨言论诋毁的特定少数群体。

盖尔伯运用强有力的论据证明：问题不是肤浅地出自于新南威尔士州法律的细节或适用范围。相反，问题的关键在于国际法判定仇恨言论的依据，包括仇恨言论的危害及其预防和救济措施。她提出的替代方案，在我看来，方向走对了，尽管在下文我会对支撑该方案的分析和推理逻辑提出若干质疑。盖尔伯的观点是，有关仇恨言论的法律存在导向错误，要么试图压制言论，要么试图惩罚言论，致使这些法律与自我表达的基本人权发生冲突；要不然，只能裁量纯粹由言论以外的行为造成的伤害（例如，ICCPR 第 20 条第二款规定的"歧视、敌视或暴力"行为）。她借鉴了奥斯汀（Austin 1960）、塞尔（Searle 1968）、哈贝马斯（Habermas 1984）和巴特勒（Butler 1997）等人的观点，提出仇恨言论本身就构成了歧视和暴力，直接造成心理伤害，传播和延续歧视性操控。

由于歧视性操控的后果包括受害者"被迫沉默"（Langton 1993），盖尔伯主张的补救办法是政府"在教育、物质和制度方面，以能力为导向，赋予仇恨言论的受害者进行言语回击的能力"（Gelber 2002：117）。为此，她设计了一套方案，向被辱骂群体的成员展示如何运用哈贝马斯的理论首先评估仇恨言论的"有效性要求"（validity claims），然后撰写反馈。反馈的有效性要求在重要性上高于前者（因为它们注定要反映到现实之中——所需的帮助在本质上主要是修辞性的）。盖尔伯自信地声称这一补救措施完全回避了与言论自由权利的冲突，而现行的反仇恨言论法律却做不到这一点。事实上，它还能促成更多的自由言论，在最理想的情况下，还能促成有关各方达成成果丰硕的对话。然而，即使仇恨言论发布者是一名坚定的种族主义者，只要赋予受害人回击的权力，就能消解其对弱势个人和弱势群体造成的主要伤害——被迫沉默。

我已在上文中说过，我并不全盘接受盖尔伯的分析。她用无可置疑的决断方式证明仇恨言论不必一定要造成事实上的伤害才能构成仇恨言论，因为在本质上仇恨言论本身就能造成伤害。她的论证过程经不起归谬法的考验：根据归谬法，我们可以辩称种族隔离和奴隶制度真的不比仇恨言论更糟糕。她一再取笑劳赫（Rauch）的提议——对受辱骂的受害者说："太糟糕了，不过你还得活下去"（Rauch 1993：27）。尽管我和她一样鄙弃这个看似轻率的建议，但如下说法却是千真万确的：种族主义称谓所造成的痛苦（我自己亲身经历过）固然真实，但程度却比不上被奴役或沦为种族灭绝受害者所造成的痛苦，也比不上先受到得体的口头应付结果仍被拒绝入学的痛苦。专注于语言和话语研究的我们倾向于认为，词语的真实内涵比一般人所能理解的更具体①。就盖尔伯而言，在其对真实仇恨言论案例的分析中，这一倾向表现为令人惊讶的自由主义。

　　　　案件 F 涉及一名 [澳大利亚原住民] 妇女……在加油站，一辆车上的乘客对她进行辱骂："你这个黑皮肤荡妇""你就是一个黑鬼""我射死过比你更差劲的黑鬼"……案件 F 提出了哪些事实性表达？在本案中，上述言辞力图传递出一种受话人低人一等的情境。说话人使用的"黑鬼（coon）"一词是一个在文化上具有种族主义意味的贬义词。无论对于说话人所属的群体，还是受话人所属的群体来说，"黑鬼"一词都是一个称呼有色人种的冒犯性俚语，这一点毋庸置疑。该词的使用也暗示着将受话人与"浣熊（racoon）"相提并论②。而浣熊则被认为是一种比人类低等的有害动物，会遭到猎杀和诱捕。"荡妇"一词的使用表明说话人断言受话人性滥交。这一人身攻击词的使用暗示受话人的性行为道德败坏。肇事者的这一说法再一次强化了受话人的弱势地位。（Gelber 2002：69—71）

　　首先，任何读到这段文字的人都会给予受害者全部的同情，并对施虐者感到愤怒和恶心。也有人会因为施虐者缺乏最起码的人性而怜悯他们，但怜悯并不能减轻他们的罪过。[12] 除此之外，盖尔伯受哈贝马斯启发的分析还能带给我们什么？我根本不相信澳大利亚乡巴佬会将种族主义称谓"黑鬼"与动物"浣熊"联系起来，尽管两者的拼写完全一致（都是 coon）。用"coon"称呼黑种人的历史并非直线发展的，虽然，第一个用"coon"称呼黑种人的是美国英语，不过该词也曾被英国人用于称呼辉格党成员，甚至在某些地方，泛指所有人（《牛津英语大词典》援引了弗雷德里克·马

---

① 作者这里批评的是，盖尔伯在分析仇恨言论的用词时，过分拘泥于所涉词汇的实际意义。说得直白一点就是，盖尔伯没有认识到，很多时候人们说话，特别是在表达仇恨言论时，只会去找最难听的词，但并不在意这些词的词汇意义。

② "coon"同时也是"racoon"的缩略形式。

里亚特（Frederick Marryat）的《美国日记》中的一段文字（1839 年版第一、二合辑第 232 页）："在一些西部州，浣熊（racoon）数量众多，所以他们就用其缩写'coon'来称呼人"）。可见，这个词的词源几乎与"黑鬼"全无关系。

同样，虽然女子被称作"你这个黑皮肤荡妇"，但是，"断定她性滥交"因而"道德败坏"的说法听起来不仅很傻，还很迂腐。说话人的心目中肯定不存在此种想法，他只是选择了他所能想到的最恶毒、最伤人的词汇。如果有人开车在我居住的街道上横冲直撞，差点把我撞倒，我冲他大喊："慢点，混蛋！"，那么我的话是不是一种事实性表达，认定司机是消化道的开口？[①] 虽然单词"asshole"的话语力量部分源于它的字面联想，但主要原因在于该词现已成为一个约定俗成的温和禁忌词，说话人用以指称他/她不喜欢的人，或行为恶劣之人。"黑鬼"和"娼妇"二词的情况也是如此。盖尔伯的上述分析不仅没有启发作用，还遗漏了仇恨言论的关键要点：表达仇恨。在大多数情况下，仇恨言论并非使用精心挑选的词汇来表述意图中的事实性表达（言论是否附有表达仇恨的意图必须得到证实），而是使用生硬直白的单词，越驽钝越好，就像钝武器一样，越钝就越好。

不过，盖尔伯遗漏了一个要点（探讨此论题的其他作者同样如此）：在辨认特定的言论是否为仇恨言论方面，民族主义、种族主义、宗教或广义上贬义的标签和修饰语起着关键性作用。在案件 F 中，修饰语显然是涉案言辞的核心。这些言辞的关键之处在于将修饰语大声说出来。凡是声称亚裔移民入境对社会凝聚力构成威胁的案件都未通过新南威尔士州反歧视委员会的"仇视门槛"审查。涉案言辞由于缺失修饰语，因此很难将之定性为仇恨言论。同时，由于攻击的对象是"移民入境"而不是"移民的人"，所以人们倾向于将之归入合情合理的政治主张的类别之中。有人（比如，Matsuda 1993）提出：第二类案件的处置方法是对种族主义言论的"消毒"，产生的结果是看似人道的"精英种族主义"，致使占据相当一部分人口的政治温和派认可种族主义政策（Twomey 1994；van Dijk 1995）。[13]

在我写作这一章的过程中发生的一件事让我深切地体会到了"广义上贬损的"粗鲁词汇所具有的威力。2005 年 7 月 7 日的早晨，四枚炸弹在伦敦被引爆，其中三枚在地铁上，最后一枚在一辆公共汽车上。《华盛顿邮报》电子版就此话题开通了一个讨论版。第一条留言来自一名瑞士读者，

---

① 这句话英语是"Slow down, asshole！"英语中"asshole（混蛋）"的字面意思为"肛门"。

痛斥了英国在 2001 年 9 月之前对伊斯兰激进分子过于宽容的政策，所以，对于爆炸事件的受害者，该读者说，他不会将同情心浪费在"败类"身上。请注意，此例中的事实性表达存在一个真正的问题：留言的作者之所以断言那些身亡者为"败类"、卑劣之徒、无用之辈，是因为他们是英国人，因而就要承担助长伊斯兰恐怖主义的责任。这个事实性表达的错误在于：伦敦公共交通工具上的乘客不全是英国人。有些是，但其他人则是游客、学生、商人，还有一些人只是碰巧来到伦敦的外国人罢了。即使有人接受英国人都是"败类"的说法，那么乘坐伦敦公共交通工具的简单事实并不能使人变成败类，否则不合理。因此，这不是合情合理的政治见解；"败类"一词的使用致使隐藏其后的政治见解变得不合逻辑、尖酸刻薄，我们也很难不用故意伤害来解释此见解。假如这位读者写道：他不会将同情心浪费在这些"人们"身上，那么，尽管逻辑未有改善，但是，我相信这个帖子在被《邮报》撤下之前就不会出现那么多表示怀疑和鄙视的跟帖了。

特定语言类型有助于识别仇恨言论、理解其作用和应对之法，它们仍有进一步研究的余地。然而，有人会怀疑，进一步研究将改变盖尔伯的基本结论——现存研究仇恨言论的方法根本不可行。跟 17、18 世纪的反起誓法律一样，反仇恨言论法律的制定同样存在一个执行难的基本问题。对大多数人而言，法律试图制止的言辞——当时的起誓，现在的仇恨言论——都是恶劣的。我们不想听到此类言辞，也不希望别人听到。然而，尽管它确实代表着一个人的所思所想，可是，我们却不能因他 / 她的所思、所感、所说而赋予国家起诉他 / 她的权利，国家也无权因他 / 她表达的真实思想、感觉、见解而起诉他们。盖尔伯认为国家有责任赋予仇恨言论的受害者以言语回击的权利。这一提议比较实际，最终可能成为一项有益、可行的反仇恨言论政策。另一方面，我们应该承认该提议与立法禁止仇恨言论在类型上完全不同。最后，该提议是为受害者开出的一剂良方，在理想的情况下能消解相当一部分仇恨言论造成的伤害——虽然在一般情形中当他们为迎合国家的期望而努力打破沉默，结果却发现自己疲于应付时，它可能会使受害者感觉自己受到双倍骚扰。

5.5 不听恶言恶语的权利？

当下对政治正确性和仇恨言论的研究都侧重于言辞的"承受方"。但是几个世纪以前人们对起誓的关注点则不在于此，而在于危如累卵的人类与上帝的关系上。尽管笛福关心起誓对受话人的影响，但他仅将起誓描绘为一种违反礼仪的行为，而不是对理性的"犯罪"——理性是世俗化的上帝化身。今天，即使是宗教信仰强烈的得克萨斯州教育委员会，也不会因为教科书中提到了进化论而恐惧上帝的愤怒降临美国。在得克萨斯州，这种恐惧并不是完全不存在，但仅限于小部分人。对于大多数人来说，他们只担心教科书会不会对孩子们的宗教信仰产生影响。至于仇恨言论，那些希望立法禁止仇恨言论的人尽管对其谬误毫无怀疑，但仍担心承受人——包括被辱骂的弱势群体成员——会相信它的真实性，至少会下意识地接受其中的信息。（这与下一章讨论的宣传焦虑有关。）

在中世纪，人们主要通过人与神的关系来理解语言。语言是神圣知识的传输介质。确切地说，人与人之间的沟通在本质上只是语言的次要的、附带的用途。（总之，用于人际沟通的只是方言而不是严格意义上的"语言"。）虽然在文艺复兴时期人神关系的重要性并未丧失，但是我们却发现，当前人们更关心语言与民族的关系。与此并行的是，由于语言的"民族化"改变了"语言"（在此以前是拉丁语，自此之后是为数众多的新兴方言）与知识、逻辑和思想之间的关系，我们发现彼时的人们已经开始关注这些关系，并在启蒙运动时期达到了顶峰。

关于语言在人际关系中的作用，最突出的并非有关语言的著作，而是语言本身，特别是，如第 4 章 4.3 所述，人称代词中的敬称和非敬称的重新配置。古代语言不存在这一语言现象；它始于中世纪，显然一开始它的使用受到非常严格的限制，然后才逐渐蔓延到整个封建社会体系中。在宗教改革运动中，人们首先在称呼上帝是用敬称还是非正式称呼的问题上发生了分歧。出于不同的原因，不同的基督教教派采取了不同的立场，时至今日许多分歧仍然存在。考虑到在这一时期人们对人神关系中语言作用的极度关注，该问题的出现并备受争议就并不令人奇怪了。

更令人吃惊的或许是，语言在人际关系中的作用进入知识或理论关注的缓慢进度。学者们还对一些附带问题进行了研究，比如诗歌语言的形式、官方语言的确定、规范用法的确立、是否制定通用书写字符，以及如何改进"理解"——约翰·洛克（John Locke，1632—1704）对最后一个问题有过关注（Locke 1690）。但以上情形都不涉及人际"沟通"这一主要问题；相反，它们关注的是语言与绝对事物之间的关系——美，尤其是真，无论将真理与上帝等同起来与否。在修辞上它们的关系也是内隐的。在 18 世纪晚期以前，关于人类之间通过语言发生联系的公开讨论很少见。苏格兰"常识"学派的杰出人物托马斯·里德（Thomas Reid，1710—1796）首先讨论了这一问题。到了 19 世纪，该问题成为新"普通语言学"的一个微不足道的部分，这在惠特尼（Whitney 1867）的著作中尤其明显。在阿尔特（Alter 2005）看来，惠特尼的观点主要受他的早期教育影响——苏格兰哲学的重要影响（参见 Joseph 2002：30—32）。直至 1890 年以后，语言的"社会"性质才成为研究的主题——几乎可以肯定，这与教育的普及有关。1880 年以后，教育的普及推动人们重新关注标准语言，以及与之相关的民族主义。

随着语言在人际交往、人际关系以及身份认同中扮演的中心作用愈来愈崭露头角，它在人神关系中所起的作用开始削弱，最终成为神学家的专业关注点。我想要告诫大家，不要对这里概述的历史变迁进行过于简单的理解。即便我所说的都是事实：人们对语言作用的关注点一开始在于语言如何将我们与上帝联系起来，接着变成语言如何将我们与思想、真理和民族联系起来，最终转到语言如何先后在社交以及个体方面将人与人联系起来——但是我们必须牢记，所有的关注点一直存在，只不过在程度上有所不同而已。如今，对不少人来说，人神关系始终是他们最重要的问题，对此，我并不是认为他们的思想仍然停留在中世纪；我只是想说，曾经压倒一切的关注点如今已经变得更冷僻而已。

在我的著作《语言与认同：国家、种族及宗教》（Joseph 2004a）的第 2 章至第 3 章中我概述了语言与身份认同研究在 20 世纪语言学和相邻学科中的发展历程，可以结合我的另一本关于社会语言学历史的专著《从惠特尼到乔姆斯基：美国语言学历史研究论文集》（Joseph 2002）的第 5 章一起阅读。后一本书介绍了学术界对语言在人际关系中发挥的作用的研究兴趣与成果，在这里我就不再赘述了。语言在人际关系中发挥作用的政治表现形式包括努力控制仇恨言论，清除学校课本中的不良语言。对此，本章已做了综述。这些事态进展表明，一种新的语言伦理正在不断形成，内容包括：每个人都有保护自己免受他人身体或口头伤害的隐性权利；国家有义务介入到语言发展的进程中，具体措施是防止儿童接触种族主义语言，或更广泛意义上的暗示人与人之间固有差异的语言，或社会政治共识认定的有害语言。

最近几年大多数国家奉为圭臬的数据保护法案正是这一形成中的"权利"的反映。促成这一现象的部分原因来自于这样的观点：对个人来说，公共机构保存并在机构官员之间传递对于他们可能潜在有害的信息是一种不公正的行为。然而，在现实中人们通常会通过诉诸口头而不是书面的沟通手段来回避这些法案，从而减少而不是增加了此过程中出现的责任问题。这是一个亟须解决的现实问题，但数据保护法案就像反仇恨言论法律无法阻止仇恨言论一样，无法解决上述问题。这两者与过去的反起誓立法存在相同的缺陷——它们高估了法律对语言的控制力。若一个国家希望促进思想和舆论的基本自由，且只想管控那些直接和明显伤害他人的行为，那么该国法律对语言的控制力就很有限。

在 17 世纪，几乎所有人都认为起誓直接并明显危害他人以及起誓人自己，因为起誓会引来上帝对本国的天谴。今天，大多数人都会同意，仇恨言论伤害了个人、弱势群体甚至整个国家；但在关于伤害的性质以及仇恨言论是否只在煽动"歧视、敌视或暴力"时才会产生真正的伤害等问题上，他们却会产生分歧。再过一百年，人们对仇恨言论的关注是否跟起誓一样也变得过时了呢？到时，关于"伤害"的理解，人们是否已普遍接受这样的观点：言辞本身不仅诱发还构成真正的伤害？以上两个问题都有可能发生。我的直觉告诉我，前者比后者的可能性更高一点，因为后者将意味着其与言论自由相关的基本权利之间的冲突会愈演愈烈，尽管我们有时对这些权利显得漠不关心。可当某一政府提案实际侵犯了它们并影响到了个人时，我们却突然间就做好了为之战斗到死的准备。真该死。

建议补充阅读资料

　　与前三章的主题不同，本章的主题已经不那么被应用语言学家广泛地研究了。本章的很多相关研究文献已在前文中被引述。值得注意的是，在禁忌语研究领域，蒙塔古（Montagu 1967）依然不可逾越，尽管他的著作时不时出现彼时很流行的粗暴心理主义的痕迹。盖尔伯的著作（Gelber 2002）全面涵盖了仇恨言论在语言学方面的种种问题，能为这一主题最新批评与哲学文献的写作提供充分的指导。

尾注

1. 参见格尔兹（Geertz 1968）和西格尔（Siegel 1986）对爪哇人"心理障碍"的研究，该疾病又被称为"拉塔病（latah）"，患者若受到惊吓或者心情不好时会不由自主地说出禁忌语。患者似乎只在社会地位比她高的人面前犯病。20 世纪 50 年代初，格尔兹开展了一项田野调查以研究这一现象，结果发现，只有中老年妇女，特别是那些曾在荷兰家庭担任过仆人的中老年妇女才会患此病。格尔兹和西格尔提供了各种心理政治学解释，可他们从未想过这可能是一种学来的习惯，因为欧洲人在受到惊吓或者心情不好时经常会咒骂。斯温（Swaen 1898）描述了荷兰语中起誓的早期历史。

2. 特别值得一提的例子包括叶斯柏森（Jespersen 1922：240）、乌尔曼（Ullmann 1957：43）、格雷夫斯（Graves 1927）、蒙塔古（Montagu 1967）、安德森（Andersson 1990）和休斯（Hughes 1991）。

3. 显然，这些起誓语中的许多——包括所有含有身体部位的起誓语——都隐晦地提到了圣子，因为圣父没有身体。此处列出的起誓语受到蒙塔古（Montagu 1967：116）所列清单的启发，肯定充斥着不准确之处。此列表中我个人最喜欢的那个是"上帝的麦芽"，它出现在《乡下老太婆葛尔佟的针》第一场第二幕中（第 254 行），场景设置在酒馆门口。除了我们现在所熟知的意义，《牛津英语大词典》没有收录"麦芽（malt）"的其他意思。

4. 罗斯（Ross 1960）对一群年轻的男性和女性动物学家在挪威北极地区探险过程中所说的咒骂语进行了一番研究。在评论罗斯的著作时，蒙塔古（Montagu 1967：87）写道："正如人们对中产阶级预料的那样，他们使用的词汇与其说是下流的还不如说是亵渎神明的。"这与我自己对 20 世纪 60 年代的童年记忆相符。当时，在我的家庭环境中，成年人亵渎神灵的话语极为常见并为人们所接受，但下流话不在此列。成年人中，我只听到过工人说"操"这个词。然而，在随后的几年里，阶级（和性别）的分布发生了大幅度的变化。

5. 在无数通过互联网途径传播的伪历史碎片中，其中一个碎片目前被很多网站当作事实引用——据其所言，禁忌语历史中的一个里程碑事件发生在 1900 年 4 月 4 日，当时的威尔士王子（即将成为爱德华七世）当天被一名无政府主义者枪击，据说王子当时说了一句："我操！我中枪了。"除了没有任何档案记录了这句话以外，这个故事不可信的主要原因在于事实上子弹打偏了，王子也没有受伤。但是，出于某种原因，人们显然愿意相信这个故事，或许是因为这个故事赋予了"操"这个词以皇室血统吧。

6. 为了进行历时比较，莱斯特才把自 1985 年起出现的次数计算进了最后一组数字。他的写法让我没办法将之因式分解出来。然而，1985 年的总体趋势与 1994—1995 年间的趋势并无差别。莱斯特也给出了剔除辛普森案审判因素后的数字比值：含有"操"的报道 66.7% 来自广播媒体、33.3% 来自印刷媒体；至于含有"黑鬼"的报道，广播媒体占 18.5%，印刷媒体占 81.6%（由于四舍五入，这两个数值加起来超过 100%）。

7. 《牛津英语大词典》将"政治正确"定义为"顺应一个自由派或激进派见解体系，尤其是在社会问题上的见解，表现为支持已获批准的事业或观点，并经常表现出排斥被认为具有歧视性或攻击性的语言、行为等"。这个词起源于 20 世纪 70 年代初的美国，不可用于形容一个人自己的观点（除非是反话），一般用于形容他人的见解看法符合一个"公认的"观点。很明显，它本身就是一个富有政治意味的术语。

8. 我们可以从法国语言学家、历史学家库尔蒂纳的著作（Courtine 2004）中了解到一些有关拉维奇的有趣见解。库尔蒂纳和孩子们一起在加利福尼亚生活了 12 年，他的思想现在还未从这段经历中恢复过来。

9. 至于这种自我审查制度在英国和其他英语国家的具体运作模式虽然目前仍不明朗，但它肯定一直在运转——美国在这方面绝不例外。

10. 资料来源：ACT=《美国大学入学考试中评估性测试的公平性报告，1999—2000 》（ACT，2000）；AIR= 美国研究院（American Institutes for Research），《美国研究院关于偏见、敏感度、语言简化的原则》，2000 年秋季；APA= 美国心理学会（American Psychological Association），《出版指南》，第四版（APA，1994），pp. 46—60；ETS1= 教育考试服务中心（Educational Testing Service），《ETS 公平性审查综述》（ETS，1998）；ETS2= 教育考试服务中心，《敏感内容审查程序：准则与流程》（ETS，1992）；HAR1= 哈考特出版公司（Harcourt），《力求公平》（未出版，仅供出版公司内部使用，2001）；HAR2= 哈考特出版公司《地平线》季刊，《编辑准则》（未出版，仅供出版公司和教材审查员内部使用，2001）；HM= 霍顿米夫林出版公司（Houghton Mifflin），《清除成规旧习》（Houghton Mifflin，2001）；MMH= 麦克米伦－麦格劳希尔出版公司（Macmillan McGraw Hill），《反映多样性》（1991）；NES= 全国评价体系公司（National Evaluation Systems），《测试开发中的偏见问题》，1991；RIV=《测试中的偏见与敏感内容问题》（里弗塞德出版公司，1998）；SF-AW= 斯科特福斯曼－艾迪森维斯理出版公司（Scott Foresman-Addison Wesley），《多元文化准则》，1996。

11. 这个很关键，因为举证的标准不及民事诉讼那样高。美国与其他两国稍有不同，因为《宪法第一修正案》给予了言论自由特别强有力的保障。

12. 本案的结果是，申诉人搬离了住所，无法再与之联系，就这么结案了（Gelber 2002：168）。

13. 再次提醒，这些建议需要小心谨慎地对待。如果模糊了明显的种族主义话语与温和排外主义之间的界线，我们解决种族主义的努力就被消解，这是我们不希望看到的结果。尽管对于大多数人来说，排外主义令人厌恶，可是，只要尚未越过合法政治观点的界限，它的表达权就必须要受到保护。请参考利茨、贾尔斯和诺埃尔等人的著作（Leets, Giles & Noels 1999），书中用证据说明了如果"你这个（your sort）"这样的表述出自少数族裔之口，人们往往更容易视之为种族主义言辞。

第6章 修辞、宣传和阐释

6.1 修辞学与真理对立？

作为一种以语言为工具进行说服的正式手段，修辞学的兴起与公元前五世纪民主在雅典的发端紧密相连。修辞学不是凭空出现的——在君主制时期，明智的统治者身边都环绕着一群代表不同利益、志不同道不合的大臣，他们的工作就是说服统治者相信只有他们主张的那条路线才是最好的。臣民们也需要说服统治者或统治者授权的官员们对他们各自诉求所具有的正当性予以认可，或说服官员相信自己遭遇的指控是不正当的。

尽管如此，民主还是带来了翻天覆地的变化。说服的权力成了终极权力。不久，有人开始售卖传授劝说技巧的课程。第一批传授此道者被他们的对头称为"诡辩者"（Sophists，大概意思是聪明的家伙），因为他们认为，说服的力量应该纯粹来自于说明真相，而不是来自于任何"技巧"，使用技巧的目的只可能是说服他人相信并非事实的内容。在他们的对头当中，苏格拉底最为出名，尽管他本人实际传授的却是辩证法。辩证法的目标在于探究真理，而不是说服他人。用现代的话来说，苏格拉底的方法适合培训哲学家和神学家，而诡辩者们的方法适合培养律师、广告与公关从业人员、媒体公关顾问和政治家。

柏拉图在他的著作中用大量篇幅记述了他的老师苏格拉底驳斥诡辩者的言论，因而柏拉图终生未创作任何修辞学著作就不足为奇了。但他的学生亚里士多德却写了一本。亚里士多德在《修辞学》一书的开篇就该书的创作进行了隐晦的致歉。他指出，修辞借助语言进行劝说，在证明我们希望别人接受的内容的正义性和真理性的过程中，通常我们每个人都会用到修辞。亚里士多德坚称，不管在什么语境中，这种说服行为，以及这种能够带来说服力的修辞都没什么错。可是，一旦我们试图通过诉诸情感而非理智来达成说服的目的，特别是在法律诉讼中，那么问题就出现了。

> 不应当干扰陪审员，致使他们产生愤怒、嫉妒或怜悯的情感——这类情感可能会改变陪审员准备采用的尺度，从而就形成了干扰。与

此同时，公民大会和陪审员需要对提交上来的一个个具体讼案进行裁决。这个过程中他们时常带着个人的友谊、仇恨以及利益，以致他们不再能够充分考虑事实真相，个人的快乐和痛苦给他们的判断蒙上了一层阴影。（《修辞学》第一卷第 1 页，罗伯茨英译。[1924]）

然而，亚里士多德坚称，虽然通过诉诸情感来达到劝说目的是一种不道德的行为，但是一切反对这种做法的人却仍需要研究此种不道德的劝说方法所使用的修辞手段。这有助于他们察觉别人是否以及如何使用了诉诸情感的劝说修辞，然后予以反击。

> 修辞术是有用的——因为真实和正义的事物在本性上胜过与它们对立的事物，假如被法庭判败诉，原因必然在于败诉者不善言辞，他们必须受到相应的责备……此外，正如在缜密推理中所做的那样，我们应该能够从正反两个方面进行说服。这并不是说我们要同时做到两方面（因为我们不能劝人相信坏的事物）。但是，为了帮助我们清晰地洞察事实，以及遇到不讲规矩的辩论对手时我们能够辩倒他们，我们必须能够从一个问题的反面进行劝说。（同上）

这是一段带有修辞色彩的自我辩护，其机巧程度已接近诡辩学派。亚里士多德主张一个诚实的人必须掌握修辞术以保护自己免受雄辩家侵害，这一论证让人联想到，我们也一样把军事单位称为"维和武装"。可是，怎样才能保证一个带着如此明确道德动机研究修辞术的人，到时候不会因受到诱惑而变节，从而出于不道德的目的使用修辞术呢？亚里士多德在这个问题上保持了缄默。

下面的引文是亚里士多德为研究修辞术给出的另一个理由，其中的道德底线相当模糊。

> 此外，面对有些听众，即使我们拥有最精确的知识，也难以将其说服。因为依据知识的论证需要接受者受过一定的教导，然而有些人却是无法教导的。所以，我们必须使用通俗易懂的说服方式进行论证，就像《论题篇》中提到的：与当我们面对大众时应当采取的讲话方式一样。

"通俗易懂的概念"包括痛苦与快乐，尤其是幸福感——所有人类行为的主要目的。亚里士多德支持广泛使用这种手段，因为他认为这是说服普通市井小民的唯一可行手段，因为普通市井小民是无法教导的。因此，他肯定不赞成我们现在那些从头到尾都在营造氛围的电视广告，比如，那种不等到产品名称在广告结尾处出现你都不知道宣传的产品是什么的广告；再比如，那种为附庸风雅的精英所推崇而被中产阶级所嘲笑的广告，中产阶级将之视为社会弱智化的证据，而其他社会大众可能会带着隐约的恼怒予以忍受。可以相当肯定地说，它们取得了预期的效果——销售额的增长——否则这类广告早就销声匿迹了。

某些语言可以产生特定的修辞效果。在第 4 章和第 5 章中提到过这样的例子。比如，种族主义称谓以及像"败类"（第 5 章 5.4）这样大家一般不赞成使用的词语。字词的选择不是营造修辞效果的唯一方法；词序和句子结构也是强有力的手段；重复、韵律和其他一切经典修辞格都能形成相当有效的风格。口语也有自己的手段，包括音色、音高、音量、语速、语调乃至颤音。颤音在今天已很少使用，但我们在 20 世纪前几十年的录音讲话中却经常可以听到。客观地说，这些语言手段再结合特色内容在听众中取得的效果远超论辩逻辑。

没有修辞的语言是不是更好，因为所说的纯粹真理更显而易见？当然蓄意的混淆——"导向性陈述"（spin）——的例子也有很多。所谓的"导向性陈述"指的是说话人，无论是政府官员还是行为不端的孩子，有意突出对他们有利的事实。在这种情况下，显然有必要重申"纯粹"的事实，并揭穿蒙在事实上面的既得利益的面具。较少或不带感情色彩的事实陈述或观点表达方式也存在——然而绝对不带感情色彩的方式即使有也极罕见。当写这些话时，我看了看窗外多云的天空；"今天是个阴天"看起来似乎是不带感情色彩的陈述。但是，"阴天"是具有负面含义的。事实上，相对于上一周的阳光灿烂，天气炎热，今天天阴也凉爽一些，让人松了一口气。虽然雨天并不总是受人欢迎，但偶尔下一点雨浇洒花园也不错。可见，对于以上情况不存在不带感情色彩的陈述。"今天是个阴天"其实是带有感情色彩的，因为这里表达的不是这句话的常规含义。

陈述事实通常也需要应用一些修辞术。然而，修辞术却可能会歪曲真相。正如亚里士多德所教导的那样，要想有效地使用修辞术——不，是察觉他人试图说服我们时所使用的修辞术——我们必须先了解修辞术。最后，无论是喜欢不掺杂修辞术且直言不讳的人，还是希望歪曲语言以对自身有利的人，都需要学习修辞术的运作原理。

6.2 语言、思想和现实

苏格拉底和柏拉图认为语言无法单独反映现实。对于语言与现实之间的关系，他们的观点构成了第2章2.5讨论的中世纪白话的基础。对于教授修辞术，他们最担心的是诡辩者们提出的一个假设：人（而不是神）是万物的尺度——因此现实是我们创造出来的，而利用语言去说服是我们构建现实的一种手段。

有人相信现实独立于人类的感知和认知，也有人认为现实是由人类感知与认知构建出来的。在中世纪，这两派的实质分歧会在关于"共相"的辩论中重新出现。这个问题可能会以下面的形式出现：比如，"猫"的范畴是否独立于猫的个体以及我们对猫的心理概念——柏拉图学派与基督教主流观点就是这么认为的；或真正存在的是否只是猫的个体，而"猫"的范畴是一种"内在的"存在；或"猫"的范畴是否是我们知觉——我们对动物个体的感知和认知——的产物。以上三种立场分别对应唯实论、唯名论和概念论。它们的开创者分别是柏拉图、亚里士多德和斯多葛学派。[1]

每一种立场代表着语言的不同作用。唯实论者认为，语言仅仅是一层覆盖在思想上的衣服，对思想的内容没有任何影响；语言只是现实的编码，两者独立存在。较之唯实论者，唯名论者则认为，语言非常重要，因为语言是一座桥梁，连接着每一个实体中的无所不在的共相，以及人类心智中涉及此类共相的知识。概念论者认为，语言发挥着根本性的作用——因为，即使共相根植于所有人共有的知觉，但正是命名造就了共相的真实存在，而且概念的成型和传播也要借助语言完成。

这些中世纪关于语言、思想和现实三者关系的观点现在依然存在，并以新的面貌出现在文艺复兴时期以及现代的思想中。唯实论基本上以上一段中提到的形式继续存在，不过，也出现了两个与之相反的观点，这两者共同认为语言对思想的形成施加了影响。其中一个观点认为这种影响有积极作用，并把语言看作一种理解个人思想或某一文化中共有思想的法宝。而另一个观点则认为，语言对思想起着负面作用，因为语言是形而上废话的源头，妨碍了清晰、富有逻辑性的思维（参见 Joseph 2002：75—80）。

19世纪和20世纪的语言学家主要沿着上述第一个观点（法宝）的思路进行研究，重点把语言看作更广泛的文化理解和知识理解的关键。传统上，分析哲学是第二个观点（形而上废话）的主要依据。但也有穿行于两者之间的语言学家，他们在选择"形而上废话"视角的同时，也不完全

放弃"法宝"的论调。20世纪语言人类学家们的老前辈爱德华·萨丕尔
(Edward Sapir，1884—1939) 的早期作品是"法宝论"的典型代表，包括
他1921年的著作《语言论》。他在书中写道："语言和我们的思维密不可
分，在某种意义上，两者是一体的"；"语言是我们所知道的体量最大、最
具包容性的艺术，是一代代人无意识中匿名创造出来的庞大作品"（同上：
220)。不过在读完 C. K. 奥格登 (C. K. Ogden，1889—1957) 和 I. A. 理查
兹 (I. A. Richards，1893—1979) 合著的《意义之意义》(*The Meaning of
Meaning*，1923) 后，他的论调突然发生了改变。《意义之意义》是一本内
容广泛的书，旨在论述"字词魔法"的力量。奥格登和理查兹认为言语能
产生"催眠作用"（第132页)，致使符号与指涉物被直接捆绑在一起。他
们认为这几乎是人类所有欺骗和误解的源头——其中特别危险的误解是语
言学家所宣称的随意性，索绪尔说过随意性"全是字词造成的"。奥格登
和理查兹把这个问题称为"语言虚无主义"和"怀疑主义"。他们宣称：

> 摆脱这种怀疑主义和催眠作用的最佳手段在于，明确符号行使魔
> 力的实现方式，以及那些据称其中载有"真谛"的各种含义的领会方
> 式。（同上）

《意义之意义》明显影响了萨丕尔在这些问题上的思考，这也反映在
他对该书的评论中：

> 哲学家远未意识到，他可能会被自己的言语形式所欺骗。也就是
> 说，他的思维模式，通常也是语言模式，很容易被投射到他的世界观
> 之中。因此，无辜的语言学范畴可能会以令人敬畏的宇宙绝对真理形
> 象显现出来。(Sapir 1924：154 [1949：157])

如我在《从惠特尼到乔姆斯基：美国语言学历史研究论文集》(Joseph
2002) 第4章所示，这种视角的转变对人们所熟知的"萨丕尔-沃尔夫假
说"至关重要。该假说是现代语言学最广为人知的原创思想之一。[2]没有人
可以确切定义该假说——它的命名以及人们对这一思想的绝大部分关注都
发生在作者逝世以后。人们对假说的解释分为"强假说"版本，即"母
语结构决定了人对世界的感知"（《新简版牛津英语词典》，1993，词条
"Whorfianism"），以及"弱假说"版本，即"语言结构部分决定了母语使

用者对经验的归类"（同上，词条"Sapir-Whorf Hypothesis"）。

本杰明·李·沃尔夫（Benjamin Lee Whorf，1897—1941）是萨丕尔的门生，他对霍皮语（一种美洲印第安人的语言）中时间表述的分析备受人们关注。他的结论是：霍皮人对时间的理解不仅与说"均质印欧语"（SAE）的人完全不同，而且，霍皮人的理解方式实际上更接近现代物理学家。[3] 沃尔夫的发现致使"形而上废话"的观点走上前台，正如他批评道，SAE 是语言结构强加给说话人的概念屏障的源头。

如果有现代语言学家认为语言与语言使用者的思想和文化有着深层联系，那么他就会把沃尔夫的著作（Whorf 1956）当作检验标准来使用。乔姆斯基和其他同样具有"普遍主义"倾向的语言学研究者对萨丕尔–沃尔夫假说不敢苟同。认知主义语言研究者试图验证这个假说，不过验证结果却存有多种不同的解释。主张保护和保存"濒危语言"的语言学家，以及宣扬语言对于身份认同之重要性的语言学家，通常多倾向于以沃尔夫的理论作为基础。沃尔夫认为：每一种语言划分世界的方式都各不相同；语言在文化的形成、凝聚和传递过程中发挥的作用不是随机性的，而是必不可少的。[4]

在很大程度上，奥格登和理查兹 1923 年的著作代表了英国传统的经验主义对欧洲大陆盛行的唯心主义的回应。经验主义认为感官（进而是身体）可以感知现实，而唯心主义不相信感官，认为感官是幻觉的源头，唯心主义最终依赖理性（进而是心智）来确定现实。我们回过头把这个情况和中世纪时期在共相方面的辩论联系起来，不难发觉其中的连续性。当然，因为意识形态上的进步，现代的话语在很多时候表现出了巧妙的遮蔽性（这在今天仍然如此）。在欧洲大陆方面，弗里德里希·尼采（Friedrich Nietzsche，1844—1900）的著作将新概念论推向一个新高度。尼采一开始接受的是哲学教育，他在研究时放弃了对经典文本进行文本细读的做法，转而思索更宏观的哲学命题——但他早年对语言的痴迷无疑影响了他的成熟思想：现实必须借助其在语言中的构造而存在。尼采的同胞，19 世纪新唯实论的泰斗卡尔·马克思（Karl Marx，1818—1883）显示了英国与欧洲大陆在思想上并无明确的分界线。马克思在英国居住了大半生，他的所有主要著作也都是在英国创作的。

19 世纪的辩论在当代应用语言学中有着非常直接的共鸣。马克思主义思想（至少在名义上）是当前众多研究方法的基础，包括 M. A. K. 韩礼德（参见下文）和大部分被冠以"批评"之名的研究方法。对于语言与社会、文化和思想之间的关系，正统的马克思主义严格遵循唯实论的观点。如第4章4.1所示，沃洛希诺夫坚持认为阶级斗争体现在语言符号上。他不相信通过更改语言就可以影响阶级斗争，因为影响的方向绝对是单向性的。尼采的思想启发了像福柯这样的"后结构主义"哲学家。福柯从 20 世纪60 年代起一再强调知识既是历史的产物，也是政治的产物。福柯与信奉马克思主义的同行之间的本质区别在于：福柯认为，知识对象——包括语言以及语言指涉的概念，不是主体间思考、表达和行动的结果。[5] 相反，福柯认为，知识的对象是被"权力"本身创造的，而且权力促成知识对象之间相互构建关系。

> 我们应该承认，权力制造知识……；权力和知识是直接相互连带的；不相应地建构一种知识领域就不可能有权力关系，不同时预设和建构权力关系就不会有任何知识……总之，不是知识主体的活动产生某种有助于权力或反抗权力的知识体系。相反，权力—知识这对关系，以及贯穿这对关系的过程和构成这对关系的斗争，决定了知识的形成及其可能的领域。(Foucault 1977 [1975]: 27—28)

福柯有时会被对手曲解——范围广阔，从马克思主义者一直到以玛格丽特·A. 阿切尔代表的反相对主义者（参见第 7 章 7.1）——他们认为福柯主张权力、知识和任何其他现实绝非仅仅是语言的建构。但实际上福柯对西方思想的批判比这种理解更精细，力度也更大。权力，通过语言，确定知识的模型（"知识型"），而知识的模型在不同的历史时期也有不同的变化。起初，很多人受福柯启发重点研究语言与权力。不过令他们不满的是：超过一定限度后，抽象地从"权力"角度进行思考会阻碍我们弄清楚究竟是谁对谁做了什么，又是如何做的。

这也导致了一个被人们普遍持有但却是错误的二分法。据此二分法，只有"权力在握"的人才拥有选择权，而绝大多数人想当然地认为自己有选择权，事实上他们只能接受权力结构的摆布。尽管这种二分法在本质上是马克思主义观点，可是，具有讽刺意味的是，近年来福柯已成为许多马克思主义者嘲讽的焦点。当代马克思主义语言学家霍尔博勒（Holborow 1999）等将"后结构主义者"和"后现代主义者"——而不是资本主义者，视为其主要的思想对手。

6.3 宣传焦虑

奥格登和理查兹创作《意义之意义》的动力源于他们在第一次世界大战中的经历。他们认为在很大程度上战争伴随着宣传，而宣传则是通过扭曲诸如"自由""民主"甚至"胜利"等抽象名词的含义实现的。这种观点在当时非常普遍。在《从惠特尼到乔姆斯基：美国语言学历史研究论文集》一书中，我提出（Joseph 2002，第9章），在这一时期，"形而上废话"的语言观开始以"语言思维控制文化话语框架"的形式流行，最初在英语世界盛行，后来逐渐扩散到其他地方。这一语言观一直延续到今天，每当发生激烈的国际冲突时，它就会成为人们热烈讨论的话题。其表现形式就是对宣传的焦虑，人们不仅对涉及商业利益的宣传感到忧虑，更对各国政府的宣传感到不安。

虽然宣传有着悠久的历史，不过人们对于宣传的态度于1914年发生了转变。当时，由于诺思克利夫子爵拥有的《泰晤士报》和《每日邮报》鼓吹英国参战，所以和平主义者指责这两家报纸与政府合谋。用安东尼·史密斯的话来说，

> 德国士兵的行为在诺思克利夫的报纸上被描绘得与恐怖故事中常见的情节一样：将婴儿挑在刺刀上，在桌子上强奸修女。公众情绪突然陷入疯狂的反德仇恨之中。（Smith 1973：30）

从政府角度来看，他们迫切需要劝说男人们自愿参军，说服公众支持强行征兵，并说服美国参战（美国一直到1917年才参战）。

在战争期间，"宣传焦虑"受到抑制，抵制政府政策会导致入狱（伯特兰·罗素因此而入狱）。停战协定签署以后，宣传焦虑在英国内外全面爆发。愤恨的美国人指责英国的宣传是他们参与杀戮的罪魁祸首。伍德罗·威尔逊总统的民主党在1920年的总统大选中输给了共和党。当时共和党人的竞选口号就是"这场战争是一场欺诈"。[6] 与此同时，德国人确信，打败他们的不是英国的军队而是英国的宣传。史密斯（Smith 1973：42）指出："在《我的奋斗》中，希特勒写道，他在战争期间运用的所有宣传技巧都是师法英国的"。

一战后的宣传焦虑，至少还有两个火上浇油的诱因。其中一个得到广泛认可的诱因是：无线电广播的启用。英国的首次商业广播于1920年

6 月开播，赞助者恰恰是诺思克利夫的《每日邮报》（Gorham 1952：23），该报由此成为英国无线电早期发展阶段中的主要参与者。在美国，第一批每日播送的广播节目始于 1920 年 8 月，大约又过了两年才收到商业赞助。在史密斯看来，

> 第一次世界大战中宣传人员的经验加上公众随后对他们完善的"巫术"的反应在 20 世纪 20 年代初深刻影响了广播的奠基人。
>
> (Smith 1973：31)

在英国，由此产生的结果则是：1923 年《意义之意义》发表的同年，"一种新形态的国家垄断"（同上：56）诞生——英国广播公司（BBC）。由于两者的目标都是防止言论无政府状态，因此在这一点上两者间接相关。美国的无线电广播一般被视为处于言论无政府状态，因为政府对节目制作和播放的干预仅限于无线电波频率的分配。后来，奥格登将无线电称为"这个世界上迄今为止最强大的规范力"（Ogden 1944 [1934]：8）。在一本比奥格登的著作早一年出版的论述广播的书中，作者也发表了非常类似的评论："必须承认广播是一个庞大的标准化机构，也是迄今为止世界上最强大的标准化机构"（Matheson 1933：17—18）。也许奥格登和希尔达·马西森（Hilda Matheson，1888—1940）都在广播中听到过这样的说法吧?[7]

来自中央广播事务管理局的飘忽不定的声音进入普通百姓的耳中，这一新现实恰好搭上了"无意识"这个概念在进入"中阶趣味"之后又弥散到大众文化的快车。两者都始于 20 世纪 20 年代早期，并在随后的几十年里加速发展，部分原因正是无线电广播本身。宣传的可怕之处并不在于个人对宣传的屈服，而在于大量不怎么聪明的人沦为语言心智控制的牺牲品。随着人们对弗洛伊德理论——行为受无意识操控——越来越了解，宣传的危险性愈发大了。

截至第二次世界大战，一直以乔治·奥威尔（George Orwell）的笔名进行创作的埃里克·阿瑟·布莱尔（Eric Arthur Blair，1903—1950）认为宣传的力量和语言结构之间存在联系（如 Orwell 1944）。两年后在一篇更著名的文章中，他写道：

> 现代英语，尤其是书面英语，充满了各种坏习惯。坏习惯又通过模仿得以扩散。不过，如果人们可以不嫌麻烦，则完全可以避免这些

坏毛病。

　　摆脱了这些习惯，就可以更清醒地进行思考，而思维清晰则是获得政治复兴的必要第一步……要想阻止现成习惯用语对思维的入侵……只能通过不间断的防范。因为每个现成短语都会让大脑的一部分麻木。(Orwell 1946：252—253，263)

　　语言学意义上的"坏习惯"指的是构成陈词滥调的一串单词，它们会胁迫使用者以特定的方式进行思考。"清晰的思维"要求：从心理意象出发，将事物形象化，然后找到词汇来形容它们。而从词语出发则更可能产生纯粹抽象的思维。将语言从明明可以通过观察看到的现实中抽离，这是政治政党在其追随者当中营造并维持正统的手段，在最极端的情况下，用以哄骗那些它希望奴役的对象。如果政党使用的语言无法唤起具体的心理图像，人们就不能够理解他们遭遇了什么，而人是无法反抗不能理解的东西的。只要抽象思维植根于可见现实，奥威尔就不会反对它。对抽象概念太过于不信任，本身便可导致灾难性的政治后果。毕竟，虽然暴政和自由是两个抽象的概念，然而无论反抗或捍卫都事关生死。

　　如第 6 章 6.2 所述，影响奥格登和理查兹（Ogden & Richards 1923）的一个观点是：第一次世界大战是复杂抽象词汇滥用的结果；未来世界和平的希望取决于有思想的人有无能力控制这类词的意义，不让它们被滥用。因此，这也是宣传焦虑的一大方面内容。"基本英语"（BASIC），这是奥格登与理查兹的另一项伟大合作工程，直接践行了《意义之意义》中"定义"一章内所概述的原则。"基本英语"最初含有 500 个英语单词，后来扩充到850 个。奥格登声称可以用这些词汇表达任何想法。"基本英语"有"两个主要目的"：一是"成为国际辅助语言"，二是"鼓励清晰的思维和表达"（Ogden 1944：4）。如今，后一个目的在很大程度上已被人们所忘记，但是与《意义之意义》最直接相关的也正是这个目的。理查兹在 1943 年写道：

　　非母语的英语学习者和教师一般都没感觉到他们正在经历一个屈服于智力征服的过程，他们甚至在助推这个过程。相反，他们更可能觉得，他们正在帮助自己或他人来抵制这种影响。(Richards 1943：13—14)

　　英语——这里指的是"基本英语"——是思想自由和宣传免疫的语言。[8]沃尔夫虽然注意到了"基本英语"，但他对其背后的语言学原理持怀疑态度。不过他仍然称赞它具有"改变未来思维的天然而巨大的力量"（Whorf 1956：82）。

1921 年，阿尔弗雷德·科日布斯基（Alfred Korzybski，1879—1950）在一战后的宣传焦虑大浪潮之中草拟了《普通语义学》，将世界上的许多问题追溯至埋藏在西方语言之中的"亚里士多德式"偏见——一种典型的形而上废话的观点（参见 Korzybski 1921，1933）。《普通语义学》有许多拥护者，斯图亚特·蔡斯（Stuart Chase，1888—1985）就是其中之一，他于 1938 年创作的《语言暴君》被广泛阅读。该书将科日布斯基、奥格登和理查兹看作"据我所知唯一持续观察、反思意义与交流性质的三个人"（Chase 1938：10）。蔡斯认为：现代世界的核心问题是"抽象词汇和短语缺乏可发现的指涉物"，如"雅利安祖国"。他说，这属于"语义空白，里面空无一物"（同上：14）。

在评论蔡斯的著作时，奥威尔（Orwell 1946）指出对抽象术语的极度不信任很危险，因为它会使人们无法辨别法西斯主义，进而无法打击法西斯主义。不过，《普通语义学》在当时还是受到了人们的热捧，到如今仍有市场，尽管它的辉煌岁月已一去不复返了——就像"基本英语"那样。《普通语义学》的辉煌岁月出现在热战和冷战时期。《普通语义学》的一个巅峰时刻出现在 1941 年。在这一年，S. I. 早川一会（S. I. Hayakawa，1906—1992）的著作《语言行动》入选每月读书会的"当月最好书籍"。这一决定无疑受到美国国内战前宣传焦虑的推动，因而造就了该书成千上万册的销量。[9] 该书的附录中包含了沃尔夫 1940 年的一篇论文，这是萨丕尔–沃尔夫假说在沃尔夫去世的那一年的首次大规模亮相。

6.4 新话

雅典的民主制催生了修辞术。在 20 世纪 30 年代，独裁者希特勒将人们对宣传焦虑的关注点从民主国家内的修辞术滥用转向对大规模精神控制的恐惧，而精神控制的危险之处在于将全部人口变成屈从于元首意志的奴隶，事实上也就是机器人。

古罗马人造出"独裁者"这个词来表示专制统治者的职位。独裁的预设文化前提是：法律的制定和执行通常以对话的方式进行，但对话只是和平时期的奢侈品，当面对共同敌人时对话必须暂停执行。对话毕竟意味着异议与分歧。因为军队需要上下一心，所以战争期间指挥体系只能发出一个声音。总司令必须是一个独裁者——他的话就是法律。但在和平时期，持不同政见者不会那么轻易地接受独裁，而且行使绝对权力的独裁者同样会发现容忍异议也很困难。

奥威尔在《一九八四》（Orwell 1949）中用文学的方式展现了不接受对话的独裁者的终极形象。大洋洲（实际上指的是英语世界）的统治政党党首"老大哥"并不是一个人，而是一种象征，是一种无法存在于对话之中的象征。在某种意义上，这位独裁者一直是一个像上帝一样的象征性人物。与之抗辩是非法行为。这个象征存在的唯一意义是被人感知和解读。由于它的意义太难以确定，对这个政党来说，解读本身就存在问题。由于使用传统语言（被称为"老话"）的大洋洲无产者可以辩争老大哥的命令并质疑"党"的宣传的正确性，所以"党"组织了一个大规模的语言行动，重新设计了一种语言，以使解读得以固定下来。

> 新话是大洋洲的官方语言，它的发明是为了满足英社（英国社会主义）的意识形态的需要……新话的目的，不仅是要为英社的支持者提供一种适合于他们的世界观和智力习惯的表达手段，而且要消除所有其他的思考模式。（Orwell 1989 [1949]：312）

当我们思考独裁政权使用的语言时，我们往往把重点放在他们的企图上——针对民众塑造对他们有利的"世界观和智力习惯"，以达到通过宣传和"导向性陈述"来操纵思想的目的。尽管这些企图都是独裁语言不可缺少的特征，但它们并不足以构成独裁语言的定义，因为每个政权，无论是独裁性质的还是非独裁性质的，每个组织，无论是政治性质的、商业性质的、宗教性质的、教育性质的还是其他性质的，都有这样的企图。这种语言方法被称为修辞术。我并不是说修辞术当中欺骗意图不存在程度差异——实际上有差异。虽然确定他人意图的艺术是一种乌托邦式的尝试，不过也是有必要的。我只是想说每天都有各种利益实体在尝试操纵我们的思维方式，而我们却不会都将之称为"独裁"实体。如果我们这样做了，结果只是淡化了"独裁"这个词的深刻内涵与独特意义。

但因为我们对主动操纵思想的重点关注却导致对奥威尔的话中最后一部分的忽略——"消除所有其他的思考模式"。对这一表述的解读需要进行限定——而且，我认为，这一表述恰是独裁的决定性特征。在表达时，你必须传达唯一的意义。当然，这只是一个空想，因为人类思维的本性是对任何话语做出各种可能的解读，并从中进行选择。所以，你唯一能做的就是通过威胁，威胁失败就采用谋杀的手段，阻止他人"说出"不同的解读。但真正的独裁者，就像一名技艺精湛的高手一样，不会被乌托邦性质的终极目标所吓倒。问题是，如何控制独裁对象的思想呢？在对帝国主义和法西斯政权长期密切观察的基础上，奥威尔认定做到这一点的方式是语言标准化，至少他在《一九八四》中是通过这一形式达到讽刺效果的。

> 之所以能够做到这一点，部分是由于发明了新词，但更主要的是，取消了那些让人讨厌的词汇，清除那些还带有非正统含义的词汇，可能的话，还要消除那些含义不统一的词汇。举个简单的例子，新话中也有"free（自由的 / 没有……的）"一词，但它只能用在"This dog is free from lice（这条狗身上没有虱子）""This field is free from weeds（这块地没有杂草）"一类的陈述中，从前"politically free（政治自由）""intellectually free（思想自由）"这种意义上的"自由"现在不能再用，因为政治自由和思想自由即使作为概念也已经不再存在，因此必定没有名称了。新话的发明不是要拓宽，而是要"缩小"思想所及的范围，而把词汇减少到最低程度，间接地促成了这个结果。(Orwell 1989 [1949]: 313)

新话的概念是奥威尔在1944—1949年间思考的巅峰成果（参见 Orwell 1944, 1946, 1947），是对"基本英语"的一个最直接的讽刺。最初，奥威尔对"基本英语"产生过兴趣，还与奥格登通信讨论过。但是后来他意识到，"基本英语"在实践中可能会产生与意图相反的效果。与宣传做斗争只能依靠理性的分析和论证。这就需要用另外一种形式来改写宣传语句。如果我们丢失了意义相同但语言形态不同的替代词，改写就不可能实现，进而，对任何陈述的真实性提出质疑的可能性也会不复存在。

奥威尔和《一九八四》的伟大之处在于：讽刺的对象不针对任何特定的政治立场，也不针对任何特定的政府。相反，它针对的是所有政府、社会、语言都倾向实现的普遍状态。事实上，这一状态最近曾被推到前所未有的极端，不仅引起人们关注这一问题的现状和深度，同时这也表明它对极左派的影响不亚于对极右派和中间派的影响——身为英帝国政权子民的奥威尔却猛烈抨击帝国政权。

6.5 语言创造力和制造共识

据巴尔斯基（Barsky 1998）所言，乔姆斯基少年时期的强烈求知欲源于奥威尔，尤其是他的作品《向加泰罗尼亚致敬》。乔姆斯基声称此书是：

> 他后来众多著作的基础。这些著作涉及宣传、媒体、一些诸如西班牙无政府主义组织团体在西方社会名誉扫地的原因……他后期的许多文章也借鉴了乔治·奥威尔的作品，"服务于宣传的语言"就是其中之一。（Barsky 1998：31）

《语言学知识：本质、起源与应用》（Chomsky 1986）是乔姆斯基最成功也是读者最多的著作之一。在这本书中，他试图将他的语言学理论合并成为一种容易理解的形式。该书最后一个章节篇幅较短，标题正是"奥威尔问题札记"（1986：276—287）。除了讨论新话，乔姆斯基在这里还引用了美国宣传研究领域的顶尖学者哈罗德·拉斯韦尔（Harold Lasswell，1902—1978）的一段话，其大意是"我们必须制止'民主教条主义'的信条，如人民是'自身利益的最佳裁决者'"（Chomsky 1986：286）。在乔姆斯基看来，"宣传之于民主犹如暴力之于极权主义"（同上）。作为政治评论家，乔姆斯基的一个中心观点是：各国政府与媒体相勾结以"制造共识"（赫尔曼和乔姆斯基 1988 年著作的标题）。1992 年，为了推销他的新书《异议年谱》，他使用了诸如"服务于宣传的语言""恐怖主义：语言的政治学"这样的标题。该书是乔姆斯基接受大卫·巴萨米安（David Barsamian）采访的辑录。书中，巴萨米安希望乔姆斯基认可语言和思想之间的联系，但乔姆斯基一再坚持他不愿太过重视两者之间的联系。乔姆斯基却愿意讨论政治与语言之间的关系，但有几个条件：

> 政治与语言之间有几种不同类型的脆弱关系。我自己思量，它们的重要性被过分夸大了。例如，起先有奥威尔以及许多其他学者曾讨论过的一个问题——为实现意识形态目标，语言是如何被虐待、被折磨、被扭曲的。一个典型的例子就是五角大楼的名字在 1947 年由战争部改为国防部。这件事一发生，所有有识人士都应明白，美国将不再专注国防了，它只会推动侵略战争。在本质上说事实就是那样，改名的部分原因就在于掩盖这一事实。"自由世界"和"国家利益"之

类的字眼纯粹是为宣传服务的。我们一点儿也不要较真。这些词语常常是被有意识地设计出来的，目的在于阻塞思想和理解。（Chomsky 1992：1—3）

即使乔姆斯基自己不清楚，但巴萨米安肯定明白这位 20 世纪下半叶最杰出的语言学理论家说出来的观点拥有多大的影响力。尽管他在一开始就发布了免责声明，但随之而来的反诘洪流却淹没了该声明——出现这一情况的主要原因在于，在那些尚未相信邪恶势力正在密谋控制人们心灵的群众中很少有人读过这些书。

这一切与乔姆斯基的语言学有何关系？ 1962 年他在国际语言学家大会上的致辞为他赢得了语言学界的国际声誉。他在致辞的开篇就谈到：

任何重大的语言学理论本身必须要解决的核心问题是：一个成熟的说话人在适当的场合可以用自己的话创造出一个全新的语句，而其他的说话人也能立即理解这句话，尽管这句话对双方而言都是新的。在大部分的语言交流过程中，无论是说话人还是听众都会接触到新语句；而一旦我们掌握了一门语言，那么我们能够流利、毫无困难、不假思索地使用的句子种类之多，以至于出于实用的目的，我们可以说是无限的。（Chomsky 1964c：7）

乔姆斯基的"语言的无限创造力"不仅精彩地投合了 1962 年的国际语言学家大会的心意，更迎合了 20 世纪 60 年代的整个"时代精神"。它使每一个人从童年开始就拥有了无限创意，而这种创意不只是"创造型人才"才有的。没有人喜欢创造型人才，但每个人都喜欢这样的论点：我们所有人，特别是儿童，都具有无限创意，因此大家都是平等的。

然而，在乔姆斯基的"无限创造力论"的表象之下潜藏着一个奇怪的不对称。上面的引文似乎将说话人的表述与听众的理解放在一个平等的基础上。两者都拥有无限创造力的前提是：其一，两者说同一门语言；其二，说话人可以产出无限数量的语句，而且，假设他们都说同一种语言，听众可以理解说话人所说的任何一句话。乔姆斯基使用的"创造力"一词内含一个微妙且有趣的圈套，即对于说话人和听众而言，"创造力"这个词的意义并不是一回事。说话人有随意"创造"新语句的自由，这里的"创造"取的是它的一般意义。但就听众而言，他们所能做的只是被动接受说话人的言辞。

这一区别会变得很明显，因为乔姆斯基指出（Chomsky 1964c：7），对一门语言的掌握还涉及"辨别异常语句的能力"，如"无色的绿色念头在狂怒地睡觉（Colorless green ideas sleep furiously）"；以及"必要时，若语境允许，对这样的语句展开强行解读的能力"。诗人约翰·霍兰德在其名作"盘绕的茜素红"一诗（选自《晚镜》，1971）中，（应该说是为诺姆·乔姆斯基的观点）创作了一个量身合体的语境：

> Curiously deep, the slumber of crimson thoughts:
> 深红色的思绪，陷入奇异的深度睡眠：
> While breathless, in stodgy viridian,
> 当它在滞涩的铬绿中气喘吁吁时，
> Colorless green ideas sleep furiously.
> 无色的绿色念头却在狂暴地大睡。

按照乔姆斯基的定义，这显然是一个"强行解读"的案例。不过，有些句子无须强行解读，比如，"革命性的新思想不经常出现（Revolutionary new ideas appear infrequently）"（Chomsky 1964c：7—8，n. 2）。说话人用"心理语法"对这句话进行了结构描述，表明它完全"符合语法规则"。接着，心理语法自动给出解读。

因此，我们有两种完全不同的阐释机制，一个服务于符合语法规则的语句，另一个服务于异常语句。第一种机制自动运行，直截了当。第二种机制要复杂得多：首先，"依据语法，对异常语句进行结构描述，指出其对完美语法规则的背离"；接着，"依据异常语句与结构描述所得的语句在形态上的联系，展开强行解读"（同上：9）。但"形态上的联系"无法直接或自动产生解读——如果产生了，那么"强行"一词就不再适用了。对于符合语法规则的语句，解读是由语法"生成"的；但对于异常语句，解读必须由"某个人"，比如约翰·霍兰德，强行做出。

现在，在这两个过程之中，哪一个富有普通意义上的"创造力"？很明显，对异常语句的强行解读富有创造力。恰因为强行解读所具有的创造力——语言学上的施动者即受话人所发挥的能动作用——使之被边缘化了，因为强行解读与所有重大的语言学理论共同着手解决的核心问题，亦即乔姆斯基所定义的"语言的创造力"问题背道而驰。依据乔姆斯基的定义，受话人的"创造性"作用就是宽心安坐，等待自己的心理语法给出解读。

在很长的一段时间内，我一直很困惑，奥威尔式的制造共识如何与乔姆斯基的"语言的无限创造力"相调和？依据本有原则运转的语言思想具有无限的灵活性，因此它不应该像"斯金纳箱"中的老鼠那样直接地听任言语的控制。我想，解决这一困惑的答案在于乔姆斯基理论发展历史中的另一个奇怪特征——他接连推翻自己的术语和词语搭配。在他早期的作品中，他实际上是借助词语搭配来构建理论——他并没有发明术语，只是将现有的词汇拼接起来，在特定的使用语境中赋予它们新的、专门的含义。几年后，他放弃了这些搭配，并解释说这些搭配引发了太多的误解——比如，"深层结构"意指在所有人类语言中普遍存在的通用句子结构，可是，乔姆斯基坚持说他的本意绝不是这样的。他不得不用"D–结构"来替换"深层结构"，后来又用了 DS，最后这些都彻底不谈了——以免他的理论被扭曲得面目全非。

同样是他信奉的"绝对言论自由"理论，程度之强以至于他竭尽全力地成为世界上纳粹大屠杀否认者们最负盛名的支持者——尽管他本人并不否认大屠杀（参见 Joseph 1999）。就他自己的词语搭配而言，那完全是另一码事——这些搭配的意思未预留解读的余地，就像有关奥斯维辛集中营的"假设"那样。但前后一致性的情况仍然存在：乔姆斯基已明确指出，对他而言，所有的解读都是"政治性的"，除非解读是由语法直接生成的。在有关"革命性的新思想不经常出现"与"无色的绿色念头在狂怒地睡觉"两者的区别上，他的立场亦是如此。对于后者，必须"强行"进行解读，而强行本身始终是一种具有潜在政治意味的举动。如果人们对那句话给出了不同的解读，那么谁对他或她的解读论证得最有力，谁的解读就会凌驾于他人之上。而"完全符合语法规则的"句子却无法进行政治解读，因为现实中这种解读是由说话人大脑中的语法物理地生成的。因此，乔姆斯基声称的"语言的无限创造力"只是适用于产出方。解读通常是有限制的，而异常情况的解读尽管具有他所称的创造性，但他反而会苛责它是"强行做出的"。

人们之所以被乔姆斯基的创造力论点所吸引，是因为他们误以为乔姆斯基的本意是指每个人的话语都具有普通意义上的"创造力"，而不是具有从乔姆斯基式搭配中产生的专门意义出发的"创造力"。可是，他们只要仔细研究一下乔姆斯基实际给出的例句，就可能恍然大悟，并纠正这一误解。如果你以为他的意思是每个人都有智力上的创造力，那么他会通过这样的例句告诉你——"革命性的新思想不经常出现"。如果你以为他的意思是每个人都富有诗意般的语言创造力，就如同卡特（Carter 1999：207）所声称的那样，"所有语言都是文学语言"，你应该注意到，"无色的绿色念头在狂暴地大睡"事实上没有"现实"的意义。

在受规则支配的创造力范畴内，乔姆斯基认为，按照他自己作为母语者的语言能力来看，这些规则的辨认具有绝对的权威性。观察力敏锐的阿奇博尔德·A. 希尔（Archibald A. Hill, 1902—1992）属于第一批察觉到这个问题的人。1958 年他主持了一场乔姆斯基与研究罗曼语的语言学家安娜·格兰维尔·哈彻（Anna Granville Hatcher, 1905—1978）之间的讨论会，在会上他提到了这一问题。同样在此次讨论会上，乔姆斯基认为出生于威斯康星州的索尔斯坦·凡勃伦（Thorstein Veblen, 1857—1929）在《有闲阶级论》（1899）中使用的某个搭配不是真正的英语。

> 哈彻：……我认为研究句子的唯一正确途径是研究那些未受有失偏颇的理论影响、日常语言中使用的正常语句。语法学家构造出来的句子存在大量的扭曲，我们在想一句话怎么说对怎么说不对的时候，我们很可能会自欺欺人。
>
> 乔姆斯基：使用语料库的问题在于有些作者写的并不能算英语[1]。举个例子，凡勃伦使用了"执行休闲（performing leisure）"这个搭配。可是，动词"perform（执行）"不能接这样的宾语。
>
> 哈彻：我承认这听起来很不正常。我敢打赌如果你研究过"perform"这个动词，你还能找到其他类似的表达方式，它们的搭配方式很接近。他也许在某一领域做出了了不起的成就，但我不认为他创造了新的东西。
>
> 乔姆斯基：是的，他违背了规则。动词"perform"不能接不可数名词性质的宾语：一个人可以执行一项"任务（task）"，但不能执行"劳动（labor）"。
>
> 哈彻：如果你不使用语料库也未曾研究过动词"perform"，你是怎么知道的？

---

[1] 这句话的英语原文是 The trouble with using a corpus is that some authors do not write the English language。注意：这里的"language"按照英语的一般书写习惯小写。

乔姆斯基：我是怎么知道的？因为我的母语是英语①。

希尔：在这一点上我只能说我拥护 [你的言论] 自由……[Hill
(ed.) 1962：28—29]

希尔紧跟着又指出语言学家有使用语料库的自由，无论是观测数据还是直观数据，只要他们认为合适就可以采用。不过，我认为希尔的评论可以被解释为部分针对乔姆斯基明目张胆的激进规定主义——我的依据是，希尔利用他的编辑身份将乔姆斯基的最后一条发言中的"Language（语言）"一词首字母大写了。这不是希尔的正常用法（例如，比较上文中乔姆斯基的第一条发言），与德语一样，现代英语也有一个由来已久的传统，亦即将普通名词的首字母大写。作为一种惯例，这样做的目的是为了减少过度理解。

在同一场专题讨论会的更早些时候，希尔和乔姆斯基也进行了一番有趣的交流，在交谈中，希尔提到了萨丕尔的观点：

希尔：在单词序列不合语法的这个问题上，我的观点更接近于萨丕尔，而不是您的观点。萨丕尔在很多年以前说过，如果你向一名母语使用者出示一段书面的单词序列，那么他肯定会试着从中挖掘出某种意思……

乔姆斯基：……你说的很对，人们一定会从一连串无意义的音节中读出某种意思来。但问题的关键在于，对于不同的单词序列，人们解读它们的费力程度有着非常显著的差异。我认为语言学家应该研究的正是这种差异。[Hill (ed.) 1962：19]

乔姆斯基在 1958 年所说的"费力解读"与其在 1962 年提出的"强行解读"两相呼应。他呼吁语言学家对上述差异进行研究的主张很有道理；可是截至 1962 年他在国际语言学家大会上的发言，人们没有再研究这一差异。反之，强行性质的解读也被彻底排除在考虑之外。只要思考一下乔姆斯基与哈彻就凡勃伦所用的"执行休闲"进行的那一段对话，人们就可以明白这一状况为什么必定会发生。对于"执行休闲"这个短语，无论乔

---

① 这句话的英语原文是 Because I am a native speaker of the English Language。注意：这里的"Language"首字母被大写了。

姆斯基还是其他说英语的人解读起来都毫不"费力"。即使乔姆斯基的心理语法将它标识为异常短语，甚至认为它不是英语，但是这个短语仍然可以进行"自我解释"。

当代社会对语言精神控制的忧虑（乔姆斯基是它的守护神）是若干趋势的极点。"制造共识"的观念是人们对自身意志丧失信心的结果。人们因而倾向于认为，一小群寡头正在将自己的意志凌驾于普罗大众的意志之上，在寡头统治集团的控制下，这些大众就像自动人偶一样。自19世纪末以来，这种观念一直在发展。美国语言学家威廉·德怀特·惠特尼（William Dwight Whitney，1827—1894）认为，语言本身就是一种民主制度，说话人——所有说话人——在使用语言时，贯彻的都是自己的个人意志（参见 Whitney 1867：38）。到了20世纪20年代，这种观点似乎已经过时了，到了50年代，则似乎变得陈旧不堪了。作为现代乔姆斯基式焦虑的基础，主张寡头政治的立场引发了巨大的问题。在某种程度上，它是中产阶层厌恶下层民众的一种形式。中产阶级从未担忧过，自己的精神正受外界的控制。他们对"制造共识"的认知显然会让他们免受其影响。他们确信，绝大多数人没这么有见识，因而沦为寡头政治的走卒。

乔姆斯基主张，语言学家必须重视每个说话人都具备的无限语言创造力，并将之作为研究的出发点。这一主张获得了广泛的关注，因为它传达的政治信息似乎揭示了人类自由的可能性及其必要性。但这始终是一种假象，因为乔姆斯基宣告的"创造力"只局限于语言的产出。一个更重要的问题是，产出的内涵是什么，而且这个问题根本不涉及"创造力"的考量，因为对乔姆斯基来说，语义学与解读无关。这正是宣传焦虑所依赖的模式：无论别人说什么，普通人都会机械地加以处理，不做批判性的解读，这就是新话的设计原理。因为奥威尔意识到"老话"的运作原理并非如此。"生成语义学家们"，乔姆斯基的第一代也是最聪明的一代学生，会尝试纠正这一错误——换来的仅是，让乔姆斯基以近乎独裁的方式，对自己的理论强行给出一个唯一正确的解读。更多的则是遗憾，因为乔姆斯基所持有的理论并不能解释这一实际情况：普通人并不是简单地接受当权者告诉他们的内容，而是会质疑它、怀疑它、抗拒它、剽窃它和微调它，从而满足自身企望的需要。这才是真正意义上的无限语言创造力。

6.6　批评性话语分析

　　20世纪70年代涌现出一批以罗杰·福勒（Roger Fowler，1938—1999）为首的"批评语言学家"（参见Fowler 1987；Fowler et al. 1979），他们都深受韩礼德（Halliday）系统功能语法的影响，从社会和符号学层面理解文本（参见Halliday 1978）。这方面的研究进一步促成诺曼·费尔克拉夫（Norman Fairclough 1989，1992）的"批评性话语分析"（CDA）的诞生，该领域其他的重要文本分析学者还有登·A. 范戴克（Teun A. van Dijk）、露丝·沃达克（Ruth Wodak）和保罗·奇尔顿（Paul Chilton）等，仅列举三人。批评性话语分析将批评语言学与福柯（Foucault）和布迪厄（Bourdieu）的观点嫁接起来，认为CDA能通过揭露文本内的霸权结构来捕获权力关系和文本生成的"动态"本质。不过，早期的相关研究，包括批评语言学范畴的研究，他们关注的是静态关系和编码方式，这与批评性话语研究形成对比。

　　尽管费尔克拉夫和其他批评性话语分析学者分析的语篇不受体裁限制，不过他们已然对源于政客和政府机构的文本产生了浓烈的兴趣。例如，仅仅在布莱尔政府上台的三年后，费尔克拉夫就创作了一部专门论述新工党所用语言的专著（Fairclough 2000）。范戴克有几本著作重点研究了官方和非官方话语中的种族主义及其表现形式（本书第5章5.4提及他对"精英种族主义"的见解）——此处我将重点探讨他对20世纪90年代初欧美政客话语中种族主义的分析。这么做的原因有二：首先，他的分析展示了批评性话语分析的方法，凸显了这一方法的优点和缺点；其次，可以将他的分析与本书前面几个涉及种族问题的章节关联起来，以便进行更深入的讨论。

　　范戴克的研究（van Dijk 1993）着眼于1990—1991年间六个不同国家涉及种族问题的官方话语。其中，最突出的两个国家分别是法国和美国。在法国，国民阵线党正在让-玛丽·勒庞的领导下步入聚光灯下。在美国，国会提出的《1990年民权法案》先是经辩论后通过，接着又被总统乔治·H. W. 布什否决，最终另一个折中法案于1991年表决通过。范戴克的方法是，揭示不同国家和不同语言中，相同的修辞策略和手段是如何被极右翼政党（如国民阵线）和保守派政党（如共和党）拿来为种族主义政策的延续做辩护，而与此同时又拒绝承认这些政策是种族主义的。事实上，上述政党居然坚持认为他们的自由派对手主张的所谓反种族主义政策只会延续种族主义和种族对立。在范戴克揭露的七种修辞策略中，我将结合他引用的立法记录中的案例，先对其中三个进行充分的梳理，然后再简要描述其余的修辞策略。[10]

积极的自我呈现：民族主义论调

　　长期以来，我国一直对外国人敞开国门，这一好客的传统可以追溯到［法国］大革命以前的"旧政体"时期。（法国，马佐先生，1990 年 7 月 9 日，第 3049 页）

　　我们都知道，我国的价值观和传统现在仍然让世界为之激动。我们所有人都深深引以为豪的美国观念、美国理想、美国政府、美国原则在全世界激励了数以亿计的人为自由而奋斗。（美国，弗利先生，1990 年 8 月 2 日，H6768）

　　无论是"外国人"的概念还是超越国界的"世界"的概念都导致了"我们—他人"的对立。这正是种族主义思维的根本。将这一对立"偷偷摸摸地"放入宣称对异国世界开放的言辞之中的做法，对此种修辞策略的运作至关重要——因为这个做法会误导听众的注意力，结果听众甚至没注意到这个对立溜了进来。范戴克（van Dijk 1993：74）指出法国众议员提及"旧政体"的做法具有讽刺意味，因为"旧政体"的政治对手不得不逃离了这个国家；范戴克还指出了该时期共和党修辞中"价值"和"理想"等词的特殊重要性，以及"自由"一词在笼统意义上的美式修辞中的中心地位（同上：75—76）。

公开否认和拒绝种族主义

　　法国人不是种族主义者。但是，随着外国人口在法国不断增加，一些城市和街区逐渐出现了类似排外主义的情绪。（法国，帕斯夸先生，1986 年 7 月 9 日，第 3053 页）

　　好吧，今天下午我们可以达成如下共识：关于如何通过法律实现公民权利和人人机会均等，只要不反对公民权利，或发表种族主义之类的言论，我们都可以持有不同的看法。（美国，冈德森先生，1990 年 8 月 2 日，H6781）

　　正如乔特鲁德对哈姆雷特说的那样，"我觉得那女人在表白心迹的时候，说话过火了一些"。否认种族主义的言辞几乎总是与那些偏袒某一种

族或族裔的政治言论相契合。有趣的是，如范戴克在其他引文中同样所展示的那样，法国政治话语可以接受"仇外"言辞，却不能接受种族主义言辞——政客们习惯性地将自己置身于可接受的界限内，即使这件事的事实是，排外主义针对的"外国人"碰巧都是有色人种。此外，将"法国人"归为一个品格一致的整体的提法本身就是彻头彻尾的种族主义思想。在美国方面，"如何实现机会均等"变成一种遁词，以避免提及说话人所反对的东西，即"平权措施"——在招聘、招生等场合给予少数种族群体优待的政策。范戴克对此评论道："虽然[冈德森先生]明确表示支持公民权利，但是他想要用不同的方式来实现它们。这是一个强大的论辩战术，因为它的预设前提是，终极目标一致，只是手段不同而已"（van Dijk 1993：84）。

负面的他人表述

　　法国人……担心移民失去控制，还担心纯粹而冷酷的伊斯兰教跨越地中海来到欧洲。但法国人仍然保持宽容。（法国，德布鲁瓦西亚先生，1990 年 6 月 28 日，第 3124 页[翻译含有修正]）

　　鉴于雇主为维护名誉不得不承担巨额诉讼费用，雇主们乐意见到案件得到了结，判有罪还是无罪倒在其次。雇主们经常会因没有法律依据的非法歧视而遭到起诉。这样，这个问题适用的法律就不再是公民权利法案了，而是一项将敲诈雇主合法化的法案。

　　　　　　　　　　（美国，森森布雷纳，1990 年 8 月 2 日，H6773）

　　这种策略最接近肆无忌惮的、非"精英"意义上的"种族主义"——虽然上述关于少数族裔的评论在实质上是负面的，但是它们从来不是受到辩护的种族主义政策的"真正"基础。在法国人的案例中，范戴克指出"担心"一词的使用发挥了缓解作用——一个"宽容"的民族产生担忧情绪是可以接受的，但事实上这种担忧与种族主义没有区别（van Dijk 1993：88）。范戴克认为，"纯粹"通常不是一个负面词汇，除非其后接上明显负面的东西（像"纯粹的邪恶"）。虽然如此，但"纯粹而冷酷的伊斯兰教"的提法仍然是一种典型的"负面的他人表述"。他针对美国案例做出的如下分析极为深刻：

　　　　这段话，特别是"维护"一词，预设了一个前提：被指控的雇主通常是无辜的，而且少数族裔发起的歧视指控往往毫无根据。"敲诈"

一词进一步暗示了这种指控行为……具有严重的犯罪性质……紧接"指责受害者"的举动之后，它甚至逆转了种族主义的社会政治闹剧中受害者的角色：触犯刑法的歧视者成了受害者，并且受害者都变成了怀有惩罚目的的复仇者。（同上：89）

下文介绍范戴克描述的其他四种修辞策略：

坚定而公正。这个短语及其变体，经常出现在正面的自我表述之中——例如，呼吁"坚定而公正的移民管制"——范戴克将其单独挑出来，看作一种对种族主义政策进行家长式粉饰的确切形式。

为他们好。范戴克认为这招用的是"展示显而易见的同情或利他主义"。本质上同样也是家长式的论调。通过这种措辞，那些用以限制移民、结束平权措施之类的政策被描述为维护少数族裔自己的利益，而不是维护多数人的利益。

将人民心声或白人种族主义看作一种威胁。在这种情形下，虽然说话人自己否认有任何种族主义动机，但他们却发出警告说："一般公众"对支持少数群体权利的政策容忍度越来越低了；支持这些政策的结果只会加强而不是弱化种族间的紧张关系以及种族歧视，尽管这些政策的目标是弱化紧张、减少歧视。

数字游戏。这是指对近似客观的数字进行"修辞化"处理，令人信服地暗示每天／周／月／年有多少人"入境"。范戴克将之描述为"在公众舆论形成的过程中最扣人心弦的恐吓策略之一"（同上：107），即便这些数据没有造假、夸大。例如这种策略不仅营造出如移民"失控"的印象，而且还显示出移民群体高出生率的恐惧和恐慌也获得了可乘之机，高出生率正是"一种贬低'落后'民族的常见评定：现代人有生育控制"（同上：108）。

涉及移民和公民权利的政治话语使用了多种修辞手段，而范戴克对它们的总结分类颇有启发意义；只有在对跨语言文本进行了大规模的比较之后，才能总结出这些范式。正如批评性话语分析对政治话语的其他处理方式一样，范戴克的分析使统治者常作的慷慨陈词与花言巧语原形毕露，这对于非政治官员的我们来说是一场耳目一新的体验。出于这些和其他的原因，我相信批评性话语分析是有效的，而且那些来自四面八方的针对其方法论的批评无法动摇它的效力。这些批判的核心论点很简单：批评性话语分析本身拥有稳固的政治立场，所以无法对文本展开任何"客观的"分析，只能做出具有政治利害关系的分析。

以范戴克为例，他并不是从语料库中随机选择具有移民和公民权利辩论背景的演讲来作为样本，然后对它们进行分析，看看哪些有种族主义内容，不同的政治立场是如何借助修辞表达的，等等。相反，除了少数例外，他选定的文本都是来自于保守派或极右翼政党成员的，他已经事先确定了他们的立场是彻头彻尾的种族主义，然后根据它们各自显露的修辞手法将之分类。对于那些致力于批评性话语分析的人来说，下面的事情不难做到：批评性话语分析的关键是通过如下方法创建一个更好的社会——曝光权力在话语上的表现途径和再现途径；以及一切限制移民或削减平权措施的立法中，多数群体运用权力压制历史上曾被它压迫过的少数群体的行为。对于 CDA 研究者来说，CDA 是不是考虑问题的唯一可能途径都不可以质疑，因为质疑会给反少数群体的势力以可乘之机——质疑意味着与种族主义缔结同盟。与此类似的是，有些人想批评费尔克拉夫一心一意地专注于"右翼"话语（包括新工党的话语），但这些呼吁研究方法和解读的客观性的声音，很可能被 CDA 研究者斥为同情保守派的烟幕。

由此可见，批评性话语分析与菲利普森（Phillipson）及斯古纳伯-康格斯（Skutnabb-Kangas）以霸权为基础分析英语传播（参见第 3 章 3.4）研究方法之间存在着一个共同的根本性弱点。如果一个理论框架要求使用者必须先在特定的政治立场上站好队，而那些持有不同政治主张的人则无法运用这个理论，那么这个理论就无法在世俗的学术语境中占有一席之地。因为，它实际上是一种冒充学术方法的意识形态。然而，我不认为批评性话语分析在事实上就是如此——尽管有些人与时俱进、竭尽全力试图使之变成意识形态。批评性话语分析从来都是把政治立场摊开摆上桌面的。这就意味着，从原理上讲，政治立场是可分离的，而且没有什么能阻止人们将它的方法应用到其他类型的话语上，无论该话语是否代表某种政治信仰（如果该话语没有政治立场，那么批评性话语分析就要梳理出它的语言政治，而我一直主张每个文本都是含有语言政治的）。以中情局关于伊拉克大规模毁灭性武器的报告为例，我在第 1 章 1.7 所做的分析就是受到了批评性话语分析的启发。但我在做分析时，并没有预设这样的前提：该报告使用的修辞结构是特意设计的，目的是掩饰其隐秘的政治意图。然而，我确实找到过一些修辞结构，可以用这种方式令人信服地加以解读。在我看来，这一事实反而使得我的分析富有说服力，因为假如我一开始就着手去寻找这种修辞结构，那么我的分析就不会有说服力了。

另一方面，我在第 3 章 3.6 所表达的对语言政策的看法，可能会被批评性话语分析学者定性为"精英种族主义"，因为我的论证使用了范戴克提及的"将人民心声或白人种族主义视为一种威胁"的策略。——根据我的经验，少数群体语言政策由于未能考虑到多数群体的反应，往往在少数社群那里取得事与愿违的结果，造成他们的正义事业发生倒退，而更务实的政策或许能推动这一事业向前发展。如果某种形式的批评性话语分析，其效用只是使得人们在明知理想主义的历史结局情况下，却仍然在语言政策领域信奉理想主义、不采取务实的方法，那么此种批评性话语分析形式就需要修改。

尽管争议颇大，但是在当前，批评性话语分析无疑是最重要的政治话语分析模式。本节的目的在于，在语言与政治更宽泛的概念语境内，介绍批评性话语分析，解释它的政治立场引起的方法论问题，向那些有兴趣实际应用的群体提供如何处理这些问题的建议。

6.7 语言在民主国家发挥的功能

本章前面回顾了一系列思想，包括语言—思想关系的性质、文化—社会关系的性质，以及构成修辞和政治宣传（修辞的极端形式）的特定语言是否以及如何被用于实现反民主甚至独裁的目的。在某些情况下，我明确表达了我的观点，特别是在乔姆斯基理论的解读以及批评性话语分析的利弊方面。在其他问题上，我宁愿向读者不加评判地介绍多种备选方案，以给他们留下选择的余地。但在这一点上，我应该把一些事情说清楚。

关于唯实论、唯名论和概念论，我认为，唯实论的观点在本体论上是正确的，但在认识论上是不可能的——也就是说，世界上有终极真理存在，但作为人类，我们不知道它们是什么。也许我们死后会知道。余下的就剩概念论了。概念论离真理最近。尽管它留下了不确定性，但它并不是一个自由放任的哲学观，因为概念论不允许下列情况出现：无论你想到什么，其余的人都认可你将之当作真理。

关于萨丕尔–沃尔夫假说，我倾向于"弱式"版本。母语学习是一个漫长的过程，在我们出生后的三四年内，母语学习就占去了我们大部分的清醒时光，并且还会延续到余下的人生中。在母语（或方言）习得的过程中，我们还会吸收与之如影随形的母语"文化"内容。从不同角度上说，语言始终是文化传递的初级文本。在语言学习的早期阶段，我们习得的知识不仅成为记忆的一部分，还融入到我们的神经系统、身体和习惯当中。这一现象并不会限制我们的思考与行动能力，尽管它确实会导致这样的结果出现：有些东西我们学起来更容易，而有些东西则更费力。因此，我不认为，语言"仅仅是包裹思想的一层衣服"，两者彼此独立；研究语言确实可以帮助我们深入了解另一种文化，以及自己的文化。语言结构的确会导致逻辑性矛盾，每种语言的逻辑性矛盾各不同，不过完全可以克服。所以，无论是"法宝"视角还是"形而上废话"的视角都有一定道理，不过，我们应该避免夸大其中的正确性。

由此可见，我也认为，我们对语言暗示很敏感。高超的修辞家懂得如何利用语言的潜力。萨丕尔-沃尔夫假说致力于描述这些潜力，而"基本英语"则致力于清除它们。各国政府、各种广告机构和其他有关利益各方早已开始挖掘这些潜力，由此，温和形态的宣传焦虑顺其自然地诞生了。不过，我也认为依托巨大阴谋论的强烈宣传焦虑实际上也站不住脚，很多与之捆绑在一起的其他恐惧在合理性上低于人们对于宣传本身的恐惧。事实上，我们被宣传所包围，从四面八方承受着其源源不断的冲击。如果语言精神控制文化话语框架背后的理论是正确的，结果应是这样的：首先，民众的政治主张日趋单一化，并一贯支持执政党；其次，每种产品只存在一个单一品牌，其他品牌被逐出市场；最后，我们逐渐接受单一宗教（或不接受任何宗教）和单一生活方式，而且这正是政治权威对我们所有人的一贯期望。

经过实证观察，我看不出上述情况正在发生。民众的政治观点正在单一化吗？美国的现状显然并非如此，目前民众间政治分歧比越南战争以来的任何时候都要严重。欧盟的情况当然也不是这样的。由于成员国之间和成员国内部的政策分歧，2005 年欧盟不得不放弃长期以来推动欧盟宪法通过的努力。英国给人们的印象是新工党已成功占据了保守党的传统政治地盘，这勉强称得上是一体化；然而公众舆论的动向根本谈不上是执政党努力推动的结果。产品的品牌是在增多，而不是在消失。有人可能会举出微软作为反例，但是，微软之类的企业获得市场霸主地位的途径不是广告，而是商业行为，即便如此，世界各地仍然有大量的人绝对拒绝购买微软产品，不愿受该公司控制。宗教继续分裂，许多新型教派在东南亚、拉丁美洲、非洲和其他地方取得惊人的发展。至于说每个人的生活方式都是我们的政治领袖希望我们采取的——不吸烟、不吸毒、适量饮酒、饮食多样化和经常锻炼——但愿这样的宣传能取得预期效果，这样的话，我们的生活会变得更美好。以青少年为例，吸烟的吸引力很大一部分来自于他们知道吸烟是一种高风险的行为，并且在一定程度上属于社会禁忌，而包装盒上令人毛骨悚然的死亡警告以及各种广告宣传则加深了这一印象。吸烟对他们来说是一种对所有政府卫生部门、所有国家医疗协会、乔姆斯基语言理论的不折不扣的反抗，对于吸烟他们给出了自己未经认可的解读。

在最后一章我将更充分地描述这些问题，并扩大范围将本书提及的其他有关"选择"的问题纳入其中，如与英语传播有关的问题。然而，在此之前，我想根据我们到目前为止的所见所闻，分析一下语言在现代民主国家中发挥的作用。最初，民主国家其实并不那么民主——只有小部分成年男性自由民才有公民权——但民主也只停留在修辞上。立法和审判的过程直接取决于能否使用语言说服大多数人。在理想状况下，说服成功与否依赖话语的语境。但，除非严格坚持"语言仅仅是思想的一层外衣"这样的观点，否则内容和语言形式无法被干净利落地分隔。同样在理想情况下，说服能力强的人永远是最聪明最正直的人。可是这种情况根本不会出现在民主国家；它只会出现在柏拉图的理想国中，由哲学家担任国王。民主的要点是任何人都可以有机会说服他人，而且每个人都有机会自己做决定，就像他们在市场上自由决定从谁那儿买东西一样。

当然，当民主国家达到临界规模，代议制民主将成为必然。此时，修辞术的价值变得更高，因为潜在的议员们必须说服他们的同伴选举他们。民主的公民大会上的每个人已经不再是公民了，而是政治家与修辞家的结合体。此外，在法院上，有经济能力的人自然会优先选择训练有素、经验丰富的修辞家出庭为自己辩护。获得说服机会与能力的门槛已经大大降低了。不过，就像在市场上那样，每个公民仍然有机会自己做决定，无论是作为选民还是陪审团成员。

大约在文艺复兴时期，半民主的现代国家开始出现，沟通渠道的拓宽让局势发生了显著变化。印刷术的出现使得新闻可以传播得更远更快，新闻细节更丰富。然而，人们逐渐感觉到，一个或少数寡头实际上已经控制了新闻传播。如第 6 章 6.3 所示，随着广播在 20 世纪诞生，这种感觉变得愈加强烈，最终导致披着现代外衣的宣传焦虑的诞生。

在民主国家，引导选民需要信息，政府与人民需要沟通，持有不同政见的人需要论辩的机会。这些需求一直都未发生过改变。媒体，尽管有局限性，但仍然是实现它们的唯一可用手段。在民主社会，政府有责任来解释和证明其政策和举措，要想做到这一点，政府只能借助媒体的力量。政府对媒体的利用何时构成政治宣传，何时又不构成政治宣传？这个问题可以去上《64,000 美元问题》节目 ①。我们设想一下下面的简单情形：政府不允许任何反对派发出声音，或者政府一门心思地试图说服民众相信它正在执行的政策是为了民众着想，哪怕实际情况"显然"不是。但是"显然"一词该怎么解释？在民主社会，总会有那么一批顽固的政治反对派认为政府的所有政策都不是从人民的利益出发的。边缘政党通常是这类人的中坚力量，除此之外，符合条件的还有一些批评性话语分析学者，当然还少不了在谈论政治时的乔姆斯基。在他们看来，当今政府，无论它的政治倾向性是什么，都总是在开展政治宣传活动。

这样的观点与奥威尔的立场很接近。请记住，我们所谈论的通常是宣传程度上的差异，而不是宣传种类的区别，这对我们判断某一政府或机构是否在做宣传非常有用。最重要的事情，在我看来，不是政府说了什么，而是抵制政府意图的人有哪些可行的选择。这种抵制总会存在——它是人性中不可分割的一部分。罗马天主教会四十年来的宣传并未能阻止北半球上绝大多数的忠实天主教徒实施节育。

建议补充阅读资料

关于乔姆斯基对宣传的观点：最好的入门资料是乔姆斯基 2000 年的一次现场录音；此外巴尔斯基（Barsky 1998）、艾格里（Edgley 2000）也很好地阐述了乔姆斯基对宣传的观点。

关于宣传的研究：普拉卡尼斯和阿伦森（Pratkanis and Aronson 2001）、拉莫内特（Ramonet 1999，2000）。

关于批评性话语分析的研究：奇尔顿（Chilton 2004）、奇尔顿与沙夫纳（合编）（Chilton and Schäffner 2002）、费尔克拉夫（Fairclough 1995）、沃达克与迈耶（合编）（Wodak and Meyer [eds.] 2001）。

关于萨丕尔-沃尔夫假说的研究：李（Lee 1995）。

关于语言—思想—现实之间联系的研究历史：约瑟夫（Joseph 2000a），克雷兹曼（Kretzmann 1967）。

---

① 英语原文是 That is *The $64,000 Question*。这里的《64,000 美元问题》是美国一个益智类电视节目，1955 年至 1958 年在美国十分红火，其前身是广播类益智游戏节目《64 美元问题》——考虑到作者在本章从广播宣传讲到电视广告宣传，我们不难理解他的意图。

> 下列期刊定期刊登从批评性话语分析的角度进行政治话语分析的研究论文：《语言与政治杂志》（*Journal of Language and Politics*）和《话语和社会》（*Discourse and Society*）。

尾注

1. 如上文所述，诡辩家可被认定为斯多葛学派的先辈，而斯多葛学派则是概念论学派的雏形，芝诺和其后的斯多葛学派思想家有系统地阐述了概念论的学说。要想更全面地了解中世纪的辩论，可参见 Kretzmann（1967）。

2. 研究语言学史的学者往往把"萨丕尔–沃尔夫假说"这个短语打上"着重引号"，因为萨丕尔和沃尔夫两人都未曾将之称为假说。对他们二人而言，该假说代表了一套较为复杂的理念，无论是常见的"强式"版本还是对应的"弱式"版本都不全面（更多内容参见 Joseph 2002：71—72）。在此免责声明以后，我会省略着重引号。

3. 参见 Whorf（1956）；Joseph, Love & Taylor（2001，Chapter 4）；Lee（1995）。

4. 沃尔夫没有继续探讨他的语言观蕴含的政治含义，西尔弗斯坦（Silverstein 2000）试图在沃尔夫的框架下分析民族语言身份认同，而我本人（Joseph 2004a：123—125）则对他的分析进行了批评。

5. 即不是独立的施动者，但彼此交互。关于法国结构主义与马克思主义之间的复杂关系，参见 Joseph（2001）。

6. 参见 Joseph（2002，第 9 章），详细总结了这一时期出现的几十本关于宣传的著作。

7. BBC 广播新闻报道创始人之一马西森在第一次世界大战期间参与创建了军情 5 局。在第二次世界大战开始时，她领导信息部下属的联合广播委员会，该委员会俗称"反谎言局"。她指导该委员会对付亲德的"呵呵勋爵"的广播宣传。同样值得注意的是，20 世纪 30 年代中期，I. A. 理查兹成为 BBC 口头语言委员会的一员。

8. 再早三年，理查兹曾从马萨诸塞州剑桥市给他的妻子写了一封信，信上写道"事实上，我的工作**终于**明确了，每天工作 12 小时，直接替英国进行政治宣传"（I. A. 理查兹致 D. E. 理查兹，1940 年 7 月 15 日；Constable 1990：106，粗体由康斯特布尔 [Constable] 所加）。

9. 同一年 12 月 7 日日本轰炸珍珠港后，日裔美国作家不太可能再写出这样的一本著作。1968 至 1973 年间，早川一会担任旧金山州立学院校长，因对学生抗议者采取强硬立场而全国闻名。他趁着知名度到达顶峰的时候，当选并担任了一届美国参议员（1977—1983）。1983 年他创立了"美国英语"组织，致力于游说国会宣布英语为美国的官方语言。

10. 他的著作（van Dijk 1993：72—113）的最后一章——第 8 章——的标题为"反种族主义及其阻力"，该章事实上并未列出一个与前七章相提并论的修辞策略类别。我在简述他的类别划分时，再现了范戴克对他所分析文本的阐释，即使他的部分阐释我并不赞同，我将我们之间的分歧点放在本节后面部分予以阐明。

第7章 结论：权力、霸权与选择

7.1 能动作用

至此，本书在"语言与政治"的题目下，宏观地讨论了一系列研究话题。这些话题的选择和组织具有相当的合理性和实用性。其合理性在于，尽管这些话题表面看来不同，但是它们具有特殊的共性，均体现着：语言直接影响了身份认同的政治性、人际关系的政治性、个体与群体和国家之间的关系，或同时影响着这三个方面。其实用性在于，它们可以相互促进发展。比如，我们讲熟悉代词的使用，其实也有助于我们理解语言变化的某些道理，或者也有助于我们理解为什么人们在相处时赌咒发誓之类的语言能够增进人际关系。

还有另外一条贯穿全文的线索，它松散地把各个章节串联在一起，而本章正是要把这条线索收紧。这条线索就是"能动作用"（agency）——人在作为个体时其行为可以自由选择的程度或其行为被支配的程度——或是被"社会"和"权力"这样的无形力量所支配；或是被有形的机构尤其是政府控制的权力机构所支配；甚至或是其行为被决定的程度，其中的决定者可以是某种能够被视为历史趋势（进化）的力量，也可以是某种生理关键（遗传密码）、命运、自然或上帝。我们正在走出语言学的一个重要历史时期——20世纪后半叶。在这一时期，语言本身被普遍视为直接因素甚至是决定因素——这一观点曾是结构主义的深层动力，在许多后结构主义思想中也仍然能够看到这一观点的存在。

作为结构主义的"诞生地"，语言学在发展到萨丕尔–沃尔夫假说时形成了自己的支配论 / 决定论理论。这一假说随即遭到主流语言学的排斥。而现代主流语言学的领袖乔姆斯基，在理论上否认语言决定论的各种版本的同时却又坚称，一切对话的真正解读都由话语本身决定，且由此可必然推断出，所谓的自由之众其实只是患上了虚假意识，实则身受邪恶的政府与集团强权的奴役。政府与集团沆瀣一气，通过语言制造共识。与此同时，应用语言学也逐渐走出了一个重大阶段，期间"语言霸权"是其非常关注的一个议题——特别重要的一个看法是：当前英语作为第二语言在世界诸多地区的传播，其实是帝国主义强加于人的，这些国家的民众或许认为他们或他们的子女学习英语、接受英语教育，是他们自由意志的选择，但这其实也是受到了虚假意识的蒙蔽。但应用语言学内部出现了一个十分重要的领域——批评性话语分析，其观点与上述乔姆斯基的观点十分相似；而其他一些"批评性"的应用语言学领域，则延续着后结构主义（以及后尼采主义）的观点发展，认为话语之外几无真实。

这样一分析，另外一个观点在应用语言学内部的空间似乎所剩无几——人类可"千真万确"是具有主观能动性的施动者（agent）啊！他们能够主动进行选择，虽然这些选择势必与他们的生活环境息息相关，且无疑受限于他们的个人阅历。但从严格意义上讲，他们是"自由的"：他们能意识到自己面前有多重选择，且不必都选得一样（即使大多数人都这样选），而且他们通常有能力说明自己究竟为什么做出这样的选择。否认这一观点的做法不属于任何"解放"之举，因为否认人的能动性在逻辑上就排除了人们改变其原本处境的任何可能性。然而"批判现实主义者"，比如社会学家玛格丽特·斯科福德·阿彻（Margaret Scotford Archer）和哲学家罗依·巴斯卡尔（Roy Bhaskar）指出，事实上那些后结构主义学者以及那些否认能动作用的学者——包括秉持霸权理论的葛兰西学派马克思主义者——几乎无一例外"确确实实"地认为自己是为了解放事业而奋斗，这也就隐晦地表明，他们要将人们被夺走的能动性还给他们。阿彻（Archer 2001）认为，这里面的自相矛盾让非施动理论显得荒谬，同时也意味着现实主义（或许只是她自己主张的批判现实主义）的某种观点，才是唯一合乎逻辑的观点。

我认为这样说又有过犹不及之弊。既然我们认识到了这些相互敌对的理论均主张能动性的可能存在，那么我们就有可能调和这些理论，从而打倒对自由选择的种种空间制约。我认为批判现实主义者认为能动性具有逻辑上和伦理上的双重必然性——如果没有能动性，比方说，法律将不能将任何罪犯绳之以法，甚至包括种族灭绝那样的罪行——所以说，批判现实主义所缺的是，没有详细研究个人可做出的且可以实现的选择受到了哪些"限制"。理论上我可以选择变得富有；但在现实中，至少在起步阶段，我的选择只能局限于"渴望"。最终富有了那又是完全另一码事。我的致富之路上有诸多阻碍，比如银行里端着枪的警卫，比如我年轻的时候选择立志做学者而非入赘豪门等。还有些"选择"由不得我做主——比如没有生在富裕人家，比如在早期教育中不断被灌输做人要服务他人、不能自顾发财的思想。理论上，所有这一切并不会阻止我放弃当下的学术生涯而着手做一份可能获利颇丰的生意。但我的商业成功仍要取决于他人的选择——我的潜在顾客，他们是否决定购买我的产品或使用我的服务，这无从知晓。

言归正传：我可以选择学习因纽特语。我可以从书本中学习关于这门语言的知识，可以找一个因纽特人或其他学习过这门语言的人做老师，甚至是（但也更受家庭责任的限制），我可以找个因纽特人社区到某个因纽特人的家里住上两年。如果我有这样的条件，那么我可以很自信地说，两年之后我一定能够熟练掌握因纽特语的听力和表达。但我的语言技能不比当地居民，而且几乎可以确定的是，我说的因纽特语一定不会带有当地语言"习惯"，可能连这方面的影子都没有。可能会有不少人在这方面做得比我好——他们是所有人口当中特别具有语言天赋的小部分人，他们能将外语说得和母语者一样熟练，即使在成年后学习也能如此；其他人可能不如我，因为我具有语言学习的经验而且我的工作就是分析语言。那么——我能选择学着说因纽特语吗？在我的习惯（心理上的和生理上的）、我的境况以及因纽特社区愿意接纳我的程度所限定的范围内，答案是肯定的。

要理解这个情况需要一种理论，一方面认可我的选择，同时又能有力地说明我达成所选择之事的能力受到了哪些因素的制约。20 世纪初以来，制约因素越来越受到重视，这里面有着历史原因：在这期间的政府比以往任何时候都更加贴近公民，主要是能够通过先进的技术手段更有力地控制公民的生活。普及教育、普选、普征男兵、所得税、电话通信和国家养老金等，更不用提政治宣传方面的发展，这一系列的革新让这种控制遍及所有"发达"国家，而极权国家还有更厉害的办法和手段。我们对语言、对能动性的普遍看法并不脱离于我们赖以生存并得以呼吸的世界而存在。

但也有理论逐渐发展，更好地协调了能动性和限制因素之间的关系。在这些理论中，最有研究前景的是皮埃尔·布迪厄（Pierre Bourdieu）和塔尔伯特·泰勒（Talbot Taylor）的理论。从经验论的角度来看，我们每个人的言语都是从孩提时代起的日常生活的体现。泰勒（Taylor 1997，2000）则一直致力于解读语言的文化概念——包括其中最关键的一个概念：语言的一致性如何通过对我们的言语的"元批评"（meta-comment）作用于我们自身。布迪厄的理论则旨在探究那些受到制约的选择，他的研究前提是，完全不接受真实选择可能存在的结构主义余波。

在这条钟摆轨迹上我们还可以看到阿彻的批判现实主义。她几乎只关注那些能够做出选择的能动性，一边还要忙着在后院灭火——上文提过，有部分研究者否定普罗大众具有能动性,以致她一看到"限制因素"的提法,就本能地摸出标签打印机,把所有不是仅用批判现实主义眼光来看待事物的研究都打上标签划界归类并放在一边。(比如布迪厄就被归为"调和中立派"。)尽管如此,阿彻的论证非常有力,她给意欲坚持非施动观点的研究者带来了巨大的挑战。她证明了即使是那些坚决否认能动性存在的哲学和方法论的观点,其实也必须以能动性可能存在作为其理论的出发点和存在理由。而我所要指摘批判现实主义者的是,他们想要把婴儿(选择的限制因素)和洗澡水(语言决定论)一起倒掉;但婴儿太脏,急需洗澡,以致很多人甚至没能认出这是个婴儿。

7.2 西兰花理论

我们很容易见到下面这样的句子,它无须任何理由,也不怕读者反对就刊印出版:"市场已剥夺我们的身份认同,因此我们不得不没完没了地依照资本主义和现代主义的要求重塑自身,'打造全新的自我'"(Day 2005:27)。这个句子接下来的评述往往是"当前我们对身份认同的执念"——言下之意是,我们因认同被剥夺而十分忧心。奇怪的是,我完全没有这个感觉。相反,在过去的 20 年里,社会学科和人文学科对身份认同的兴趣与日俱增,这与认同意识——国家认同、文化认同和个人认同——的复苏有关,因为资本主义阵营和马克思主义阵营间的冷战不再是解读历史、解读我们在历史中的位置的主要叙事线索。来自东方的巨大威胁(在 2001年 9 月那件令人恐惧的事件之前)暂时解除,这使得像英国这样的国家考虑将政治权力下放,而这正是人们丝毫未被"市场"剥夺的身份认同意识所要求的。

戴伊的言论中有一点很奇怪,他在早期的文章中指出,"众多思想家,从洛克到弗洛伊德",包括亚当·斯密、叔本华和马克思,"他们都以某种方式把工业的兴起看作对劳动力实现自我价值的威胁"。他们主要是担忧劳动分工把人们驱向操纵机械,从而使人们无法单独完成一件完整的产品。戴伊解释道:"今夕当然不同于往日。但我们现在面对的多任务,与朝为渔夫晚为哲人的多任务全然不同了。"这一切都表明,市场削弱我们身份的现象至少可追溯到 17 世纪末,这在洛克的著作中已有阐述,同时也表明这个现象到了 19 世纪初,更被认为普遍存在。这么说来,"身份认同的剥夺"与"现代主义"还有什么关系?如今的媒体和跨国公司——通常被认为对整个人类犯下大规模身份认同盗窃罪行，这又关它们什么事？

　　最重要的是，在描述人们何时真正拥有身份认同、何时用劳动实现自我的时候，戴伊用的例子是：当人们可朝为渔夫（注意词中体现的性别）晚为哲人时，"这时"到底又是什么时候呢？我想这取决于人们如何定义"哲人"吧。如果"哲人"的定义包括晚上在酒吧里谈论人生，或在家读《圣经》给家人听，那么的确，17 世纪到 20 世纪 50 年代，大概很多渔夫都过着这样的生活，但后来由于各种原因，这样的渔夫越来越少了（他们的工时却增加了）。其实到 19 世纪，捕鱼在大多数地方都是非常商业化的；渔夫并不是坐在溪边，用鱼竿谋生；他们在一天的工作后也没有余力在傍晚用严肃的哲学问题来消遣。"朝为渔夫晚为哲人"的时光始终是神话般的存在。

　　戴伊也意识到这个乐园的确是为渔夫准备的。纵观历史，随着产品制造和"市场"的出现，包括洗衣机的出现，拥有外出工作机会对许多妇女而言都意味着解放。是谁在洗涤和缝补戴伊所描述的渔夫／哲人的衣服？谁在为他种植或购买水产品以外的食物？谁在他不打渔或不思考哲学时打水、找生火用的木材或煤炭、打扫房间、倒夜壶、看炉火、处理炉灰、照顾孩子、修理屋顶？还是说，这些都是渔夫利用午后时光自己做的呢？若真是这样，我们就没话说了。但多半情形下，是有一个女人在"乐园"里为他做着上述所有或大部分的工作。对这个女人而言，在所谓"身份认同被剥离"的环境下工作，即意味着给她自由、给她一个以往没有的身份。

　　我对现代身份认同的感受是，并不是市场剥夺了我们的身份——好像市场是某种有别于我们的野兽似的，事实是，市场是我们所有人（除了隐士）的活动和交流的场所。市场就是我们。甚至被指控操纵我们的跨国公司也是拥有数百万股东的上市公司，持股者可能包括戴伊、读者诸君，还有我，如果我们有养老基金（哪怕是"基于伦理"的养老基金），或是有银行账户或购买了保险，或是参与投资了股票投资组合——即便我们没有直接以自己的名义持有这些投资，那么经营这些跨国公司的人就是在为我们工作；他们的任务是确保能支付我们的薪水、让我们退休后有所养、去世后的受抚养人有所依，他们还要在获得赢利后支付自身运营费用、确保成千上万员工就业的同时，给个人投资者以良好的投资回报。要做到这些，他们必须"遵循并预测"消费需求，但如果他们提供的东西不是消费者所需要的，产品就卖不出去，企业就会困难重重。这其中的诀窍就在于，要知晓谁是潮流的引领者，要发现他们做的什么可能会变得更为流行，还要在它流行之前先下手为强。其结果就是，在公众看来，好像是企业在对他们的需求指手画脚——但其实企业的指手画脚从来没有起过任何作用，除非企业劝说大众接受的需求正是大众"真的"想要的，或是大众一旦了解之后就很可能想要的需求。

想想地里的西兰花。大多数小孩都不喜欢这种蔬菜的气味，甚至不少大人也都不那么喜欢，但是一旦大家尝过了这种蔬菜的味道，可能就都喜欢吃了，因为这个东西既可以作为餐盘的点缀又有益健康。如果"市场"真的是按戴伊一派认为的方式那样运行，那干吗不在周六早上的儿童电视节目里多多放送西兰花广告呢? 考虑到西兰花的健康价值，西兰花种植者协会和政府都乐意增加其销量。电视里肯定会反复播放着西兰花广告，称赞西兰花真是太美味了! 西兰花真棒! 西兰花会让你更迷人! 这样西兰花销量就要翻五倍了。孩子们就会要求父母买西兰花，要是学校平时的午餐里没有西兰花，他们就会发牢骚。其实，我并不相信西兰花的广告宣传能达到这样的效果——如果真的能，这种广告宣传很早就该铺天盖地了。但从来都没有这样的广告宣传，因为它显然行不通，事实上，增加的西兰花销售额还不够支付广告的费用。

对于孩子们发自真心想要的东西，广告确实能对销量产生巨大的影响，比如包装里塞了玩具的含糖过量的麦片，或是黄油汉堡配薯条、汽水和额外的免费玩具。企业并非创造了孩子们对这些食物的渴望，企业只是发现了这种渴望，然后用广告让孩子们和家长们的渴望得以实现。要创造消费者对某一特定品牌、某一所需产品特定变体的渴求，可以通过营销手段——一种修辞术——迎合人们的情感和理性而实现 (参见本书第 6 章 6.1，关于旨在"营造情绪"的广告，亚里士多德可能会有何种反应)。但普罗大众比市场营销分析者预估的要聪明得多，他们对广告宣传的抗拒要顽强得多。

政治宣传亦如此理。英国政府和美国政府一直坚称对恐怖主义发动战争十分必要，但不管是在英国还是美国，绝大部分民众并未因此相信这番说辞 (虽然美国民众最初是持信任态度的，但在入侵伊拉克后的三年，战争支持率大幅下降)。这实际上可能是最坏的结果，因为全球恐怖主义的威胁无疑是真实存在的，而如今民众却单单只对政府的警告视而不见，认为那只是政府的自我辩解，并拒绝支持很多必要的预防措施。这当然有政府的问题; 但同时也表现出普通市民对政治宣传有力的怀疑精神和抵制心理。我长这么大，每次只要和别人一起听政治广播，无论是在某个人家里，还是在咖啡馆或酒吧，或是在任何一个我去过的国家，他们都会在听的过程中"反驳"广播的内容。有时他们的态度完全是鄙夷和嘲讽的。其他时候——即人们对某些即将到来的危机感到害怕的时候——他们会更清醒些，但仍不免对广播的内容产生某种怀疑，一些人会质疑是否真的有危机存在，而另一些人则担心政府无法足够坚定地处理危机。

在这个"听广播"的经历中，还有一件事无疑也是事实：我一直都知道很多人坚信媒体宣传控制着他们同胞的思想，但我还不曾遇到任何一个人，认为他/她自己的行为也是受这种操控影响的。人们总认为自己能抗拒感知到的宣传，但实际上没有人能够做到，或只有很少人能够做到，除了那些躲在幕后拉绳子的以及那些具有相同目的的人。换句话说，这是一个典型阴谋论。不仅如此，这还是一种阶级优越感的体现——不仅替居庙堂之高者的责任而忧心，还为民众无法看穿这一切而忧心。他们不像我们这样机智或敏锐——"我们"是指少数快乐的、受过教育的、能明辨是非的中产阶级精英，外加那些操纵阴谋之人。

但乔治·奥威尔对此事的看法却恰恰相反。在《一九八四》中，他认为只有"无产者"仍留有自我思考的能力，这很大程度上是因为他们坚持说"旧语"，也就是普通英语，尽管政府不遗余力地用"新话"替换"旧话"并且限制和控制他们的思想。在奥威尔看来，这种限制和控制，就像标准英语对中产阶级思想的限制和控制。劳动人民的真正语言，是与真实的、可以感知的东西——典型的英国经验主义——直接相连的，这种语言让他们可以看穿政府用以蒙骗他们的谎言，而受过教育的中产阶级却无法看穿（至于毕业于老伊顿公学的布莱尔即奥威尔本人那当然例外）。我认为奥威尔比其他人更接近真理，尽管他对"土壤的语言"的信念是浪漫主义的，而且随着英语语言在阶层上的差异越来越小（你如果怀疑我说的这个情况，只需要听听近三代王室的英语就能明白），这一信念也慢慢不那么重要了。从这里开始，就是我对语言帝国主义论题及其霸权理论的"奥威尔式"批判了。的确，如今在大多数国家，英语与经济优势息息相关，但不仅英语如此，其他大的"世界"语言亦然，甚至具有地方重要性的"中等"规模语言，比如北非的柏柏尔语也是这样，还有我打过交道的一些人，他们身处或来自这样一些国家：马来西亚、黎巴嫩、斯里兰卡、苏丹，等等，他们有的选择学习英语或让子女接受英语教育，有的没有这样，而这些人无一例外都能够阐明他们如此选择的理由。他们并未做出同样的选择，而这特别需要我们注意，因为他们为子女制定了明确的目标——比如大学出国留学，而留学的目标国家肯定需要英语或法语。这些人并不是听凭霸权国家或市场摆布的"被动对象"。他们是具有能动性的施动者，他们能意识到市场的存在，并正在为改善自己和后代在市场中的地位而努力。市场即我们。可惜的是，那些可怜的中产阶层知识分子却视市场为某种庞大的多毛兽，认为它要将我们的身份和灵魂抽走。

7.3 若干结论

从实用性的角度看，本书所谈论的诸多语言学话题可以归入一个由一系列"邀请"所组成的框架，这些"邀请"可能被接受也可能被拒绝。这正是我们一般情况下对待非正式代词的思路——毕竟我们之前相互间一定已经用过敬称了。在本书的第 4 章 4.6 中，我已经展示了这种模式也可以应用到言语社区中的语言变化问题。实施语言标准正是对言语社区某一处所发出的"邀请"的拒绝；而对复数的"世界英语"的承认，则是接受了这样的"邀请"。语言权利事关社区层面语言习惯的改变，对咒骂和仇恨言论的禁令也是如此，甚至政治宣传也可以被理解为邀请人们按照特定的方式思考，但是对这个事情，人们通常表现出超乎一般的拒绝精神。从人际层面到国家层面，一切"邀请"的被接受和被拒绝都具有政治含义。这一理论具有自身的政治性，中心问题是人们是否自主选择去邀请、接受或拒绝，还是迫不得已进行选择。

这是一个很复杂的问题。能够做出选择是人类之为人类的自然之义。我们选择的实现取决于他人，取决于他人是支持我们还是阻碍我们。我们同他人的关系是通过语言来达成的，有时是明示，但通常是暗示，这包括一种极为特殊的语言方式——钱。我们的"身份认同"在本质上离不开我们与他人的关系，且不是绝对的、一成不变的；认同的存在体现在与他人的关系中，包括语言维度的体现。某些情况下，我们处理人际关系可供采用的选项范围为语法本身所决定，就像敬称代词或高度定型化的语域一样。英语则还需要其他方式，尽管英语也存在语域系统——定型程度比不上爪哇语。我们的谈话方式与人际关系的状态有着密切的联系，因此与我们在社会秩序中的地位息息相关，也与我们是否使用非规范的话语方式、禁忌语和其他没有得到社会认可的语言形式紧密相连。

同时，我们在他人的言语或文字中不断做出解读。他们态度友好吗？他们是否试图用某种方式显得自己高人一等？这个人会是我的伙伴、情人、绊脚石或只是可以与之愉快交谈的人？他们是在试图"说服"我吗？——
这时我的评估机制将切换到高速挡，考虑这是否是政治家为了拉选票或让
我支持某种政策，或是销售人员在试图说服我购物，或是我的孩子想要更
多的零花钱。由于我知道他们在试图说服我认可一些我认为是对他们有利
的事情，因而我会对他们的话语进行解读。这并不意味着这个政治人士不
是该职位的最佳人选、这项政策不是时下的最优选择、这个吸尘器性价比
不是最高，或者我的孩子不该得到更多的零花钱。但在选择如何行动之前，
我肯定需要根据情形进行最大程度的心理成本效益分析，再根据分析的结
果做出选择。如果一个政治家的心腹拿枪指着我的头，或是我知道我若反
对他的政策我的家人就会消失，那么，我所做的并不是真正的选择。

最后一个问题：什么是"权力"？1987年我在写《口才与权力》时，
答案似乎显而易见：权力，即掌权之人有能力对特定语言形式的优劣做出
"自己的"选择，并使之成为语言标准的掌权之人。在一些特定的文化发
展阶段，这些选择可能被肆意强加于人。但研究已知的历史事件，尤其是
当代事件，可以发现这样的肆意强加并不常见。一切语言变化，其被接受
或拒绝并非一个泾渭分明的过程，这是一直以来的常态。相比已经建立的
现行标准，更多时候我们看到的是总有人试图把某个或某些语言变体"强
加"给他人。至于为什么语言变体能够"获胜"，那是因为我们非常善于
在事后编造故事；但是为什么在某一特定时间，某一种变体形式能够迅速
让一大批权势人物觉得其"正确"而被接受，这仍是一个谜。萨丕尔将语
言描述为一门"艺术"（参见第6章6.2），至少从这个意义上讲，他是正
确的。因为创建和主张一种标准语言就是一门艺术，而塑造标准语言的权
力属于那些最为精通这两种艺术的人：第一种艺术是能预见何种形式的语
言可以为人所接受；第二种艺术是能让此种形式被出版商、辞书编纂者、
牧师、文员、学者、语法校对员或其他当时公众心目中的权威人士所接受
和宣传。但第一种艺术仍是至关重要的，因为那些掌权之人会有辞职卸任
的时候，难以保证下一任掌权者不会根据自己的想法着手对标准语言做出
改革，除非最初创建语言形式的人是艺术大师，他不仅能够预知他所处的
时代，还能预知未来所能接受的语言形式。这些都说明了，所谓的"权
力"，既复杂又分散，这个术语使我们混淆了若干相互有关联，但根本上
大相径庭的想法和过程。换句话说，作为一个概念，"权力"一词太过强
大，需要分解开来。

7.4 启示与运用

最后，我认为本书对语言的整体理解，特别是对应用语言学的实践有以下一些启示。

1. 所有语言——不仅仅是标准语言，都是以政治进程为中心的历史构造。20世纪60年代以来，对乔姆斯基的误解导致许多语言学家错误地把语言视为自然物，认为语言的具体形式直接来源于人类的大脑构造（乔姆斯基只是称之为"普遍语法"，即一套所有语言都以之为基础的固有原则和参数，乔姆斯基同时认为它是个体的语言知识，但明确否认了其对所有语言的普适性）。就语言教学而言，这种认知让我们无须再禁锢自己，死板地运用某一种母语者模式。这为我们提供了一项原则性基础，让我们关注语言本身抵制背后的国际文化政治斗争，并为这种抵制创造发展空间。

2. 从历史的角度来看，反对观点同样可以被理解，而且需要被认真对待。反对观点认为标准语言不是政治产物，对标准语言形式的抵制，以及因抵制而产生的新的语言形式是不可接受的。（标准）语言的历史与一系列最为重要的力量密切关联：首先当然是民族主义，然后是宗教信仰，以及我在第2章中提到的知识本身，因为传统上知识具有宗教和社会阶层方面的重要意义。故而我们绝不应该在以下情况下贸然推动某个议程：（1）未预估可能的大面积反对意见；（2）未做好应对反对意见的回应准备。

3. 对于复数的"世界英语"——民族主义和语言抵制的产物——我们可以像理解任何语言或方言那样，将其理解为一个个系统。但在其出现的相对早期阶段，更为务实的办法是将其视作一种"态度"，即愿意按照"中心"的规范标准接受变体的主动意愿。那些急于将某种"新英语"系统化的语言学家面临着贸然失实的风险，因为这种做法固化了实际上仍有很大变动性的语言。如果说话人抵制标准英语，那么他们的创新语言形式的关键身份特征就是 [- 中心]，而且为达到这个目的可能产生大量的英语变体；但追求系统化的语言学家总是需要"某一种"[+ 外围] 语言形式。这个问题可能需要很长时间才能解决。新英语的使用者需要把自己作为一个集体的言语社区去解决这个问题。

4. 菲利普森在批判"语言帝国主义"时所犯的根本性错误如今已众所周知。然而，他的批判却直中要害。因为很多人，尤其是中产阶级，特别是来自于富裕而非贫穷国家的中产阶级，他们认为英语语言和美国文化的传播危及了自己国家的语言和文化。他们通常低估了自己的语言和文化有多么强大——"整个世界只说一门英语的时刻即将到来",我们真要回头想想看,这个预言我们已经讲了 130 年了(参见 Joseph 2004c)。而"当前语言灭绝的速度比人类历史上任何时候都快"这种随处可见的说法,仅仅是在炒作一件我们永远不可能证伪的事情。然而事实仍是(并且证明了提出这些观点之人的想法是合理的),太多的"小型"语言没有传承给年轻一代,这是一个巨大的文化损失。而且事实上,这种局面并非外力强迫所形成的。说"小型"语言的人们选择学习"大型"语言,并选择让子女接受"大型"语言教育,因为他们认为这是通往幸福生活的道路,而从经济学角度看,他们的想法是完全正确的。我可能不认为金钱比文化传统更重要,但我有这么认为的物质资本;对于那些没有如我一般的物质资本,但希望自己和子女生活得更好的人来说,我如果以我的标准来评判他们,那只能说我真是个无情甚至残酷的人。菲利普森及其合作者认为:"英语是美好明天的入场券"这一事实,迫使人们落入霸权胁迫之境,因为在此实情之下人们实则不能做出自由的选择。但我一直试图在本章中表明,这样的观点在逻辑上和经验上都是站不住脚的。对于那些它声称要为之提供帮助的人们,这种观点没有从人性的角度看待他们;对于那些它声称要使之摆脱帝国主义枷锁的人们,这种观点使他们丧失选择,它只是迎合了那些已经拥有英语和其他大型语言一切好处的人,同时招致了那些没有享受到此等好处的人的嘲弄和怨恨。

5. "语言权利"实际上就是对权利的索取,这种索取不一定会经立法确认,随着时间的推移,也不一定会一直持续(一旦得到立法确认则必须继续下去)。对权利的索取会引发许多难题,尤其是教育方面的难题。那些语言少数群体相互之间几乎从未在这个问题上达成一致:在各级教育系统中,到底是使用他们的传统语言开展教育,还是使用他们所在地的国语进行教育,政府必须在其对语言少数群体的责任和其对个体的责任之间获取平衡。族裔语言,即其在该国的历史比该国国语的历史更为久远的语言,往往比移民语言更容易享受到特殊语言权利,但这样做的道德基础无论如何都是不稳固的(语用基础也一样)。用哲学方法看待语言权利问题使得更多人更严肃地对待这个问题,但迄今也只起到了帮助制定基本原则的作用。因为现实情况是,各地间差异巨大,而语言立法要想获得成功,就必须让人们真正的需求"自下而上"地进入语言立法(详见 Stroud 2001)。此外,语言"多数"群体的感受也不容忽视,否则就会适得其反,最终阻碍语言少数群体权利的实现而非起到推动作用。

6. 至于语言权利的索取和履行,我们需要尽力做出区分:一种是原意完整的、有意的索取与刻意的履行;另外一种是引申、部分隐喻的意义上的索取和履行,而当代身份认同话语更多时候指的是后者。比利希对"日常民族主义"的见解非常深刻,因为在过去,我们只注意到了有意的权利索取,而忽视了涉及大多数人在大多数情形下的身份认同形式。要纠正这一点,有效的办法向来是把这两种类型结合在一起,但最终,我们必须要梳理清两者间的差异。

7. 考虑到语言在缔造统一的民族认同方面的强大力量,如何既执行语言少数群体的身份认同,同时又不被语言多数群体解读为这是对国家统一的威胁,这样的方式还尚未确定。这是一个经验问题,答案将来自对语言少数群体的研究案例,这些语言少数群体包括已成功实现了的和尚未做到的,然后再判定造成二者之间差异的原因。同样的,语言少数群体要如何实现脱离母国的语言独立——仅适用于确有这样一个母国的情况,这也是一个经验问题。与巴巴(Bhabha 1994)和霍尔(Hall 1995)等文化理论家密切相关的"第三空间"的概念,提出了一种概念性的方法。但把概念落实到语言现实中去还是一件很棘手的工作。

8. 随着某一少数群体语言的具体形式上升到"标准"语言的地位,并最终被认定为"严格意义上的语言",该少数群体语言身份的"合法化"(借用布迪厄的术语)进程,会在少数群体内部造成分裂和压迫。一项语言政策要如何避免此种结果的发生,或至少将发生的可能性降到最低,这个问题由来已久,是每门标准语言历史的一部分。也许它并没有最终的解决方案,能够解决的希望也只是空想。但我们可以从经验中寻找策略,将整个群体对标准方言的"拥有感"最大化,而非教条地或通过政治宣传来强制施加。

9. 政府政策在促进少数群体语言合法化、保留和传播方面能起到的最有效的作用是什么?就以往我所研究或阅读过的案例而言,当政府的政策符合人们实际的所信、所感时,该政策最为有效。若政府违背人民的意愿,采取"自上而下"的方式强行规定和实施政策,这种方式只能在专制国家行之有效。语言政策需要与语言少数群体和语言多数群体的代表广泛协商而形成,并且需要让二者都拥有持续实施该政策的权利。

10. 少数群体语言的身份认同,压制反而势头强,包容反而势头弱。应当如何用索取/履行的模式来协调这一事实呢?又该如何克服这一事实所暗示的僵局呢?这一现象在第 2 章 2.7 中已有描述,特别是关于加泰罗尼亚语的那一部分。这种现象与其说是对索取 / 履行模式的质疑，不如说是对接受索取重要性的强调，不管这种索取是明示的还是暗示的。如果外在群体拒绝内在群体的身份认同，那么潜在的内在群体成员们，即迄今还未承认自己某个内在群体成员身份的人，更可能会为了同胞、为了自己而接受那些被外在群体拒绝的主张和索取。但在政治方面，这确实是个悖论。加泰罗尼亚的民族主义者怀恋佛朗哥专治时代；当伦敦政府冷嘲热讽地对待一切有关把权力下放到联合王国各历史组成的民族和地区时，苏格兰民族主义者同样怀念撒切尔时代。1999 年，伦敦放权给苏格兰议会和威尔士议会，这沉重地打击了民族主义者，因为他们以往挂在嘴边上的"威斯敏斯特压迫"没人买账了。在我看来，解决这一悖论的方式在于，一定要让语言认同脱离政治诉求。19 世纪初期的浪漫主义思潮中，语言认同与政治诉求变得密不可分，之后从 1880 年起有了一定的区分（参见 Joseph 2006），但语言差异仍然很容易成为政治分裂的理由——而事实上，就像巴伦西亚语的案例所示，一个群体对于语言认同的诉求可能会压迫另一群体的语言认同，而且一个压迫专断的政权最终对谁都是不利的——无论此地多么适合语言认同的发展。

11. 将国家语言作为第二语言教授，能够促使语言少数群体认为这种语言属于他们，而他们也属于这个国家，同时不会危及少数群体的语言和认同。在这一方面，教育要如何为这种积极的"抵制"留有空间呢？这里的关键在于，我们这些实行标准语言规范的教育工作者的态度如何。我们能够为"世界英语"或"新法语"，或是带有移民特征的德语开创或扼杀发展空间。而扼杀是默认的选择，因为我们的整个教育系统以及由教育系统发展而来的职业结构，其基础都是统一的标准语言，而我们更是拿着这一标准作为衡量人的学术能力的实质性标准之一。我们必须做出转变，避免将一切语言变体，尤其是书面语方面的变体，统统视为与标准不符。我们要将某些变体（并非全部）视为少数群体认同的积极表现。古往今来，这种转变不断发生——否则就不会出现美式和英式两种不同的英语规范。同理，如果不是历史上一系列诸如此类的巨大转变打破了只有拉丁语才是语言标准的观点，那么现代欧洲语言根本就没有机会存在。这些变化并非一蹴而就的。但是我们每个人，在批阅学生以他们的第二语言英语所书写的试卷时，都在做出选择，这些选择决定了转变的速度能有多快。对于试卷上那些标志着语言少数群体身份认同的语言变体，我们的态度越是易于接受，少数群体的行为就越会受到我们的鼓舞。

12. 语言的本质及其在人际交往中的作用并非永恒和超然的。它会随着社会的发展而演变。本书研究的重点案例包括敬称、性别语言、起誓咒骂以及其他形式的政治敏感语言。近期控制仇恨言论、消除教科书中引发异议的语言与保护个人数据的做法，都表明了新的语言伦理正在出现。在此之下，每个人都无疑拥有免受言语伤害的权利，而国家有义务防止人们接触那些体现人与人之间内在差异的语言，或是那些与从社会和政治角度看均认为与有害的事物相关联的语言。先前的案例研究表明，目前正在制定的政策可能无法达到其目的，而且其目的本身尽管不错，但与言论自由权存在内在的冲突，因此权利的平衡需要适时的调整。

13. 过去 90 年来，人们一直担心政治宣传即意味着政府对思想的控制。20 世纪 60 年代以后，这种担忧得到了乔姆斯基的强力支持。乔姆斯基对语言和语言解读的观点颇具影响力，为这种思想控制的担忧提供了理论模型。他在其政治著作中主张，政府与集团共谋，操纵思想、制造共识。近来，批评性话语分析一直致力于找出中右翼政治话语中的宣传性语言，包括英国工党政府政治话语中的宣传性语言。当然，政府机构确实参与了"粉饰"政治宣传以及其他旨在支配民众决定，让他们接受政府对关键问题所持立场的话语活动。然而，民众抵制这种支配的能力之强，远超乔姆斯基或 CDA 所想象。而且，在民主社会中，政府有义务对其实行的政策和行动做出解释、说明理由，并且必须要通过媒体来完成。在什么情况下，这种解释说明等同于政治宣传? 助力阐明这两者的界限是应用语言学可为社会做出的重要贡献; 而一味主张"所有"主流的政治话语都等同于政治宣传，并不能说明政治话语的作用。

14. 最后，联系上述大部分要点可得知，语言学，无论是理论语言学还是应用语言学，近期的研究都始终围绕着各种观点和理论模式而展开，而主张这些观点与理论模式的研究者或许视彼此为对立方，但他们却持有同一个观点，即人们以为自己做出了自由的选择，但其实大多数人在大多数情况下的选择并不是自由的。相反，大多数群众的感知，比如他们的伪选择，被认为是由语言本身、大脑构造、社会、阶级斗争、政治宣传，或是遗传密码等所直接引导的。但如今也有人在多领域、从多方面坚定地主张，真正的能动性是存在的。如果他们是正确的，或至少能成为主流思想，那么将会有许多空白需要填补，也有许多新的问题会被提出，用以对语言做出整体理解，尤其是语言的政治维度，因为 20 世纪重点关注的那些问题将逐渐退场。

参考文献

Ager, Dennis E. (2001), *Motivation in Language Planning and Policy*, Clevedon: Multilingual Matters.

Alter, Stephen G. (2005), *William Dwight Whitney and the Science of Language*, Baltimore and London: Johns Hopkins University Press.

Ammon, Ulrich (1997), Language-spread policy, *Language Problems and Language Planning*, 21(1): 51–57.

Ammon, Ulrich, Klaus J. Mattheier and Peter H. Nelde (eds.) (2002), *Sprachpolitik und kleine Sprachen/ Language Policy and Small Languages/L'Aménagement linguistique et les langues modiques*, Tübingen: Niemeyer.

Ammon, Ulrich, Klaus J. Mattheier and Peter H. Nelde (eds.) (2003), *Sprachstandards/Language Standards/Standards linguistiques*, Tübingen: Niemeyer.

Anderson, Benedict (1991), *Imagined Communities: Reflections on the Origin and Spread of Nationalism*, 2nd edn, London and New York: Verso. (1st edn 1983.)

Andersson, Lars-Gunnar with Peter Trudgill (1990), *Bad Language*, Oxford: Blackwell, by arrangement with Penguin.

Androutsopoulos, Jannis K. and Evelyn Ziegler (eds.) (2003), *"Standardfragen": Soziolinguistische Perspektiven auf Sprachgeschichte, Sprachkontakt und Sprachvariation*, Frankfurt: Peter Lang.

Annamalai, E. (2003), Reflections on a language policy for multilingualism, *Language Policy*, 2(2): 113– 132.

Anon. (1752), *A Discourse by a Soldier against Prophane Swearing, Blasphemy and Perjury* [s.l.: s.n.].

Archer, Margaret S. (2001), *Being Human: The Problem of Agency*, Cambridge: Cambridge University Press.

Aristotle (1885), *The Politics of Aristotle*, transl. by Benjamin Jowett, Oxford: Clarendon Press.

Aristotle (1924), *Rhetoric*, transl. by W. Rhys Roberts, in W. D. Ross (ed.), *The Works of Aristotle*, vol. 11, London: Oxford University Press.

Armour, William S. (2001), "This guy is Japanese stuck in a white man's body": a discussion of meaning making, identity slippage, and cross-cultural adaptation, *Journal of Multilingual and Multicultural Development*, 22 (1): 1–18.

Augustine, St (1863), Sermo CCLXXXVIII (alias 23 inter Sirmondianos) in natali Joannis Baptistae, in *Sancti Aurelii Augustini, Hipponensis Episcopi, Opera omnia*, vol. 5, Paris: J.-P. Migne, pp. 1302– 1308. (*Patrologiae cursus completus, Series latina* , ed. by J.-P. Migne, vol. 38.)

Austin, J. L. (1960), *How to Do Things with Words*, Oxford: Oxford University Press.

Bakhtin, Mikhail (1981), *The Dialogic Imagination: Four Essays*, ed. by Michael Holquist, transl. by Caryl Emerson and Michael Holquist, Austin, TX: University of Texas Press.

Barclay, James, David H. Knox and George B. Ballantyne (1938), *A Study of Standard English*, Glasgow: Robert Gibson and Sons.

Bargiela-Chiappini, Francesca (2003), Face and politeness: new (insights) for old (concepts), *Journal of*

Pragmatics, 35 (10–11): 1453–1469.

Barsky, Robert (1998), *Noam Chomsky: A Life of Dissent*, Cambridge, MA: MIT Press.

Bechhofer, Frank, David McCrone, Richard Kiely and Robert Stewart (1999), Constructing national identity: arts and landed elites in Scotland, *Sociology*, 22: 515–534.

Beeching, Kate (2002), *Gender, Politeness and Pragmatic Particles in French*, Amsterdam and Philadelphia: John Benjamins Publishing Company.

Bell, Allan (1984), Language style as audience design, *Language in Society*, 13: 145–204.

Bhabha, Homi K. (1994), *The Location of Culture*, London and New York: Routledge.

Billig, Michael (1995), *Banal Nationalism*, London: Sage.

Bisong, Joseph (1995), Language choice and cultural imperialism: a Nigerian perspective, *ELT Journal*, 49: 122–132.

Blank, Paula (1996), *Broken English: Dialects and the Politics of Language in Renaissance Writings*, London and New York: Routledge.

Blommaert, Jan (1996), Language planning as a discourse on language and society: the linguistic ideology of a scholarly tradition, *Language Problems and Language Planning*, 20 (3): 199–222.

Blommaert, Jan (ed.) (1999), *Language Ideological Debates*, Berlin: Mouton de Gruyter.

Bolton, Kingsley (2003), *Chinese Englishes: A Sociolinguistic History*, Cambridge: Cambridge University Press.

Bolton, Kingsley (ed.) (2002), *Hong Kong English: Autonomy and Creativity*, Hong Kong: Hong Kong University Press.

Bonfiglio, Thomas Paul (2002), *Race and the Rise of Standard American*, Berlin: Mouton de Gruyter.

Bourdieu, Pierre (1986), The forms of capital, in John Richardson (ed.), *Handbook of Theory and Research for the Sociology of Education*, New York: Greenwood Press, pp. 241–258.

Bourdieu, Pierre (1991), *Language and Symbolic Power: The Economy of Linguistic Exchanges*, ed. by John B. Thompson, transl. by Gino Raymond and Matthew Adamson, Cambridge: Polity, in association with Basil Blackwell.

Bourdieu, Pierre and Jean-Claude Passeron (1977), *Reproduction in Education, Society and Culture*, transl. by Richard Nice, London and Beverly Hills: Sage.

Braun, Friederike (1988), *Terms of Address: Problems of Patterns and Usage in Various Languages and Cultures*, Berlin and New York: Mouton de Gruyter.

Breitborde, Lawrence B. (1998), *Speaking and Social Identity: English in the Lives of Urban Africans*, Berlin and New York: Mouton de Gruyter.

Brown, Adam (1999), *Singapore English in a Nutshell: An Alphabetic Description of its Features*, Singapore: Federal Publications.

Brown, Penelope and Stephen C. Levinson (1978), Universals in language use: politeness phenomena, in Esther N. Goody (ed.), *Questions and Politeness: Strageteies in Social Interaction*, Cambridge: Cambridge University Press, pp. 56–311.

Brown, Penelope and Stephen C. Levinson (1987), *Politeness: Some Universals in Language Usage*, Cambridge: Cambridge University Press.

Brown, Roger and Albert C. Gilman (1960), The pronouns of power and solidarity, in Thomas A. Sebeok (ed.), *Style in Language*, Cambridge, MA: MIT Press, pp. 253–276. (Repr. in Giglioli [ed.] 1972:

252–282.)

Bruthiaux, Paul (2000), Supping with the dismal scientists: practical interdisciplinarity in language education and development economics, *Journal of Multilingual and Multicultural Development*, 21 (4): 269–291.

Brutt-Griffler, Janina (2002), *World English: A Study of its Development*, Clevedon: Multilingual Matters.

Burke, Peter (1993), *The Art of Conversation*, Cambridge: Polity.

Butler, Judith (1997), *Excitable Speech*, London and New York: Routledge.

Byram, Michael and Karen Risager (1999), *Language Teachers, Politics and Cultures*, Clevedon: Multilingual Matters.

Cameron, Deborah (1992), *Feminism and Linguistic Theory*, 2nd edn, Basingstoke: Macmillan.

Cameron, Deborah (1995), *Verbal Hygiene*, London and New York: Routledge.

Cameron, Deborah and Don Kulick (2003), *Language and Sexuality*, Cambridge: Cambridge University Press.

Canagarajah, A. Suresh (1999a), *Resisting Linguistic Imperialism in English Teaching*, Oxford: Oxford University Press.

Canagarajah, A. Suresh (1999b), On EFL teachers, awareness, and agency, *ELT Journal*, 53 (3): 207–214.

Carter, Ronald (1999), Common language: corpus, creativity and cognition, *Language and Literature*, 8: 195–216.

Chan, Elaine (2002), Beyond pedagogy: language and identity in post-colonial Hong Kong, *British Journal of Sociology of Education*, 23 (2): 271–285.

Chase, Stuart (1938), *The Tyranny of Words*, New York: Harcourt, Brace and Co.; London: Methuen.

Cheshire, Jenny and Dieter Stein (eds.) (1997), *Taming the Vernacular: From Dialect to Written Standard Language*, London: Longman.

Chilton, Paul (2004), *Analysing Political Discourse: Theory and Practice*, London and New York: Routledge.

Chilton, Paul and Christina Schäffner (eds.) (2002), *Politics as Text and Talk: Analytic Approaches to Political Discourse*, Amsterdam and Philadelphia: John Benjamins Publishing Company.

Chomsky, Noam (1962), The logical basis of linguistic theory, in H. Lunt (ed.), *Preprints of Papers from the 9th International Congress of Linguists*, 27–31 August 1962, Cambridge, Mass., pp. 509–574. (Revised versions in H. Lunt (ed.), *Proceedings of the 9th International Congress of Linguists*, The Hague: Mouton, 1964[a], pp. 914–978; and in J. A. Fodor and J. J. Katz (eds.), *The Structure of Language: Readings in the Philosophy of Language*, Englewood Cliffs, NJ: Prentice-Hall, 1964[b], pp. 211–245. Final revision: Chomsky 1964c.)

Chomsky, Noam (1964c), *Current Issues in Linguistic Theory*, The Hague: Mouton.

Chomsky, Noam (1986), *Knowledge of Language: Its Nature, Origin, and Use*, New York: Praeger.

Chomsky, Noam (1992), Language in the service of propaganda, in *Chronicles of Dissent*, Stirling, Scotland: AK Press, pp. 1–22.

Chomsky, Noam (2000), *Propaganda and Control of the Public Mind*, 2 CDs (recorded at Harvard Trade Union Program, Cambridge, MA, 7 Feb. 1997), Stirling, Scotland: AK Press.

Christie, Chris (ed.) (2004), *Tensions in Current Politeness Research*, special issue of *Multilingua*, 23 (1–2): 1–190.

Constable, John (ed.) (1990), *Selected Letters of I. A. Richards, CH*, Oxford: Clarendon Press.

Cooke, Michael (1995), Understood by all concerned? Anglo/Aboriginal legal translation, in Marshall Morris (ed.), *Translation and the Law*, Amsterdam and Philadelphia: John Benjamins Publishing Company, pp. 37–63.

Cooper, Robert L. (1989), *Language Planning and Social Change*, Cambridge: Cambridge University Press.

Coulmas, Florian (ed.) (1988), *With Forked Tongues: What are National Languages Good For?* Ann Arbor, MI: Karoma.

Courtine, Jean-Jacques (2004), La prohibition des mots: L'écriture des manuels scolaires en Amérique du Nord, in Patrick Sériot and Andrée Tabouret-Keller (eds.), *Le discours sur la langue sous les régimes autoritaires*, Lausanne: Cahiers de l'Institut de linguistique et des sciences du langage de l'Université de Lausanne, no. 17, pp. 19–32.

Crawford, James (ed.) (1992), *Language Loyalties: A Source Book on the Official English Controversy*, Chicago: University of Chicago Press.

Crowley, Tony (1996), *Language in History: Theories and Texts*, London and New York: Routledge.

Crowley, Tony (2001), Bahktin and the history of the language, in Ken Hirschkop and David Shepherd (eds.), *Bakhtin and Cultural Theory*, 2nd edn, Manchester and New York: Manchester University Press, pp. 177–200.

Crowley, Tony (2003), *Standard English and the Politics of Language*, 2nd edn, Houndsworth, Basingstoke and New York: Palgrave Macmillan.

Cummins, Jim (2000), *Language, Power and Pedagogy: Bilingual Children in the Crossfire*, Clevedon: Multilingual Matters.

Daftary, Farimah and François Grin (eds.) (2003), *Nation-Building, Ethnicity and Language Politics in Transition Countries*, Budapest: Open Society Institute.

Dante Alighieri (1996), *De vulgari eloquentia*, ed. and transl. by Steven Botterill, Cambridge: Cambridge University Press.

Davies, Alan (1996), Ironising the myth of linguicism, *Journal of Multilingual and Multicultural Development*, 17 (6): 485–496.

Day, Gary (2005), Life's labour's cost, *Times Literary Supplement*, no. 5347, 25 Sept., p. 27.

Defoe, Daniel (1697), *An Essay upon Projects*, London: Printed by R[obert] R[oberts] for Tho. Cockerill, at the Three Legs in the Poultrey.

DeFrancis, John (1984c), *The Chinese Language: Fact and Fantasy*, Honolulu: University of Hawaii Press.

Dessalles, Jean-Louis (2000), *Aux origines du langage: Une histoire naturelle de la parole*, Paris: Hermès.

Deumert, Ana and Wim Vandenbussche (eds.) (2003), *Germanic Standardizations: Past to Present*, Amsterdam and Philadelphia: John Benjamins Publishing Company.

Disney, John (1729), *A View of Ancient Laws, against Immorality and Profaneness: under the following Heads; Lewdness; Profane Swearing; Cursing and Blasphemy; Perjury; Profanation of Days Devoted to Religion; Contempt or Neglect of Divine Service; Drunkenness; Gaming; Idleness, Vagrancy, and Begging; Stage-Plays and Players; and Duelling; Collected from the Jewish, Roman, Greek, Gothic, Lombard, and other Laws, down to the Middle of the Eleventh Century*, Cambridge: Printed for Corn. Crownfield; and John Crownfield, at the Rising-Sun, in St. Pauls Church-Yard; and are also sold by J.

and J. Knapton.

Dua, Hans R. (ed.) (1996), *Language Planning and Political Theory*, special issue of *International Journal of the Sociology of Language*, no. 118, Berlin: Mouton de Gruyter.

Dunbar, Robin (1996), *Grooming, Gossip and the Evolution of Language*, Cambridge, MA: Harvard University Press.

Edgley, Alison (2000), *The Social and Political Thought of Noam Chomsky*, London and New York: Routledge.

Eelen, Gino (2001), *A Critique of Politeness Theories*, Manchester: St Jerome Press.

Eggington, William, and Helen Wren (eds.) (1997), *Language Policy: Dominant English, Pluralist Challenges*, Amsterdam and Philadelphia: John Benjamins Publishing Company; Canberra: Language Australia.

Eisenstein, Elizabeth L. (1993), *The Printing Revolution in Early Modern Europe*, 2nd edn, Cambridge: Cambridge University Press.

Erling, Elizabeth J. (2005), The many names of English, *English Today*, 21 (1): 40–44.

Evans, Stephen John (2003), The introduction and spread of English language education in Hong Kong (1842–1913): a study of language policies and practices in British colonial education. PhD thesis, University of Edinburgh.

Fairclough, Norman (1989), *Language and Power*, London: Longman.

Fairclough, Norman (1992), *Discourse and Social Change*, Cambridge: Polity Press.

Fairclough, Norman (1995), *Critical Discourse Analysis: The Critical Study of Language*, London: Longman.

Fairclough, Norman (2000), *New Labour, New Language*, London and New York: Routledge.

Ferguson, Charles A. (1959), Diglossia. *Word*, 15: 325–340. (Repr. in Giglioli [ed.] 1972: 232–251).

Fisher, John H. (1996), *The Emergence of Standard English*, Lexington, KY: University Press of Kentucky.

Fishman, Joshua A. (1967), Bilingualism with and without diglossia; diglossia with and without bilingualism, *Journal of Social Issues*, 32: 29–38.

Fishman, Joshua A. (ed.) (1999), *Handbook of Language and Ethnic Identity*, Oxford: Oxford University Press.

Fishman, Joshua A. (ed.) (2001), *Can Threatened Languages Be Saved? Reversing Language Shift, Revisited: A 21st Century Perspective*, Clevedon: Multilingual Matters.

Foucault, Michel (1977), *Discipline and Punish: The Birth of the Prison*, transl. by Alan Sheridan, Harmondsworth: Penguin.

Foucault, Michel (1980), *Power/Knowledge: Selected Interviews and Other Writings, 1972–1977*, ed. and transl. by Colin Gordon, Brighton: Harvester; New York: Pantheon.

Fowler, Edward (1692), *A Vindication of an Undertaking of Certain Gentlemen: in order to the Suppressing of Debauchery and Profaneness*, London: s.n..

Fowler, Roger (1987), Notes on critical linguistics, in Ross Steele and Terry Threadgold (eds.), *Language Topics: Essays in Honour of Michael Halliday*, vol. 2, Amsterdam and Philadelphia: John Benjamins Publishing Company.

Fowler, Roger, Robert Hodge, Gunther Kress and Tony Trew (1979), *Language and Control*, London: Routledge and Kegan Paul.

Freire, Paulo (1970), *Pedagogy of the Oppressed*, transl. by Myra Bergman Ramos, Harmondsworth:

Penguin; New York: Herder and Herder.

Galtung, Johan (1979), A structural theory of imperialism, in George Modelski (ed.), *Transnational Corporations and World Order: Readings in International Political Economy*, San Francisco: W. H. Freeman and Co., pp. 155–171.

Gardt, Andreas (ed.) (2000), *Nation und Sprache: Die Diskussion ihres Verhältnisses in Geschichte und Gegenwart*, Berlin: Walter de Gruyter.

Geertz, Hildred (1968), Latah in Java: a theoretical paradox, *Indonesia*, 5: 93–104.

Gelber, Katharine (2002), *Speaking Back: The Free Speech versus Hate Speech Debate*, Amsterdam and Philadelphia: John Benjamins Publishing Company.

Gibson, Edmund, The Right Rev., Lord Bishop of London (1760), *Admonition against Profane and Common Swearing: in a Letter from a Minister to his Parishoners; to be put privately into the Hands of Persons who are addicted to Swearing*, 20th edn, London: printed by E. Owen in Warwick-Lane, and sold by W. Johnston in Ludgate-Street.

Giglioli, Pier Paolo (ed.) (1972), *Language and Social Context*, Harmondsworth: Penguin.

Gillies, William (ed.) (1989), *Gaelic and Scotland*, Edinburgh: Edinburgh University Press.

Goffman, Erving (1955), On face-work: an analysis of ritual elements in social interaction, *Psychiatry*, 18 (3): 213–231. (Repr. in Goffman [1972], pp. 5–45.)

Goffman, Erving (1972), *Interaction Ritual: Essays on Face-to-Face Behavior*, Harmondsworth: Penguin.

Gorham, Maurice (1952), *Broadcasting and Television since 1900*, London: Dakers.

Grant, Sir Francis, Lord Cullen [attrib. to] (1700), *Discourse, concerning the Execution of the Laws, made against Prophaneness, &c: which contains some Account of the Reasons and Tendency of these Laws ... and the spiritual and temporal Happiness, that will ensue on setting about it, without further Delay in the same*, Edinburgh: printed by George Mosman.

Graves, Robert (1927), *Lars Porsena, or The Future of Swearing and Improper Language*, London: Kegan Paul, Trench, Trubner and Co.; New York: E. P. Dutton.

Gray, Douglas (1983), Captain Cook and the English vocabulary, in E. G. Stanley and Douglas Gray (eds.), *Five Hundred Years of Words and Sounds: A Festschrift for Eric Dobson*, Cambridge: Brewer, pp. 49–62.

Grillo, Ralph D. (1989), *Dominant Languages: Language and Hierarchy in Britain and France*, Cambridge: Cambridge University Press.

Grob, Lindsey M., Renee A. Meyers and Renee Schuh (1997), Powerful/powerless language use in group interactions: sex differences or similarities?, *Communication Quarterly*, 45 (3): 282–303.

Habermas, Jürgen (1984), *The Theory of Communicative Action, Vol. 1: Reason and the Rationalization of Society*, London: Heinemann.

Habermas, Jürgen (1999), *On the Pragmatics of Communication*, ed. by Maeve Cooke, Cambridge: Polity Press.

Hall, Stuart (1995), New cultures for old, in Doreen Massey and Pat Jess (eds.), *A Place in the World? Places, Cultures, and Globalization*, Oxford and New York: Oxford University Press, pp. 175–213.

Halliday, M. A. K. (1978), *Language as Social Semiotic: The Social Interpretation of Language and Meaning*, London: Edward Arnold.

Harris, Sandra (1997), Strategic discourse: power, cooperation and conflict, in Marc Maufort and Jean-

Pierre van Noppen (eds.), *Voices of Power: Co-Operation and Conflict in English Language and Literatures*, Liège, Belgium: L3-Liège Language and Literature, for Belgian Association of Anglists in Higher Education, pp. 57–73.

Harris, Sandra (2001), Being politically impolite: extending politeness theory to adversarial political discourse, *Discourse and Society*, 12 (4): 451–472.

Hayakawa, S. I. (1941), *Language in Action*, New York: Harcourt, Brace. (Later edns entitled *Language in Thought and Action*.)

Head, Brian F. (1978), Respect degrees in pronominal reference, in Joseph H. Greenberg (ed.), *Universals of Human Language*, vol. 3: *Word Structure*, Stanford, CA: Stanford University Press, pp. 151–211.

Herman, Edward S. and Noam Chomsky (1988), *Manufacturing Consent: The Political Economy of the Mass Media*, New York: Pantheon Books.

Hickey, Leo and Miranda Stewart (eds.) (2005), *Politeness in Europe*, Clevedon: Multilingual Matters.

Hill, Archibald A. (ed.) (1962), Third Texas conference on problems of linguistic analysis in English, May 9–12, 1958, Austin, TX: University of Texas.

Hiraga, Masako (1991), Metaphors Japanese women live by, *Working Papers on Language, Gender and Sexism*, 1 (1): 38–57.

Hobsbawm, E. J. (1990), *Nations and Nationalism since 1780: Programmes, Myth, Reality*, Cambridge: Cambridge University Press.

Holborow, Marnie (1999), *The Politics of English: A Marxist View of Language*, London, Thousand Oaks, CA and New Delhi: Sage.

Holmes, Janet (2001), *An Introduction to Sociolinguistics*, 2nd edn, Harlow, London and New York: Longman.

Holmes, Janet and Miriam Meyerhoff (eds.) (2003), *The Handbook of Language and Gender*, Malden, MA and Oxford: Blackwell.

Honey, John (1997), *Language Is Power: The Story of Standard English*, London: Faber and Faber.

Hughes, Geoffrey (1991), *Swearing: A Social History of Foul Language, Oaths and Profanity in English*, Oxford: Blackwell.

Hutton, Christopher M. (1999), *Linguistics and the Third Reich: Mother-Tongue Fascism, Race and the Science of Language*, London and New York: Routledge.

Jakobson, Roman (1959), On linguistic aspects of translation, in Reuben A. Brower (ed.), *On Translation*, Cambridge, MA: Harvard University Press, pp. 232–239.

Jarvis, Simon (1999), The Frankfurt School and critical theory: introduction, in Simon Glendinning (ed.), *Edinburgh Encyclopedia of Continental Philosophy*, Edinburgh: Edinburgh University Press, pp. 429–437.

Jespersen, Otto (1922), *Language: Its Nature, Development and Origin*, London: George Allen and Unwin.

Joseph, John E. (1987a), *Eloquence and Power: The Rise of Language Standards and Standard Languages*, London: Pinter; New York: Blackwell.

Joseph, John E. (1987b), Subject relevance and deferential address in the Indo-European languages, *Lingua*, 73: 259–277.

Joseph, John E. (1999), Review of *Chomsky no Brasil/Chomsky in Brazil (Revista de Documentação de Estudos em Lingüística Teórica e Aplicada* 13, no. especial, 1997), *Historiographia Linguistica*, 26:

421–428.

Joseph, John E. (2000a), *Limiting the Arbitrary: Linguistic Naturalism and its Opposites in Plato's Cratylus and Modern Theories of Language*, Amsterdam and Philadelphia: John Benjamins Publishing Company.

Joseph, John E. (2000b), Language as fiction: writing the text of linguistic identity in Scotland, in Heinz Antor and Klaus Stierstorfer (eds.), *English Literatures in International Contexts*, Heidelberg: C. Winter, pp. 77–84.

Joseph, John E. (2000c), Language and "psychological race": Léopold de Saussure on French in Indochina, *Language and Communication*, 20 (1): 29–53.

Joseph, John E. (2000d), Changing English, linguistic identity and ELT, *PASAA: A Journal of Language Teaching and Learning in Thailand*, 30: 30–38.

Joseph, John E. (2001), The exportation of structuralist ideas from linguistics to other fields: an overview, in Sylvain Auroux, E. F. K. Koerner, Hans-Josef Niederehe and Kees Versteegh (eds.), *History of the Language Sciences: An International Handbook on the Evolution of the Study of Language from the Beginnings to the Present*, vol. 2, Berlin and New York: Walter de Gruyter, pp. 1880–1908.

Joseph, John E. (2002), *From Whitney to Chomsky: Essays in the History of American Linguistics*, Amsterdam and Philadelphia: John Benjamins Publishing Company.

Joseph, John E. (2004a), *Language and Identity: National, Ethnic, Religious*, Houndmills, Basingstoke and New York: Palgrave Macmillan.

Joseph, John E. (2004b), The linguistic sign, in Carol Sanders (ed.), *The Cambridge Companion to Saussure*, Cambridge: Cambridge University Press, pp. 59–75.

Joseph, John E. (2004c), Linguistic identity and the limits of Global English, in Anna Duszak and Urszula Okulska (eds.), *Globalization: English and Language Change in Europe*, Frankfurt, Berlin, Bern, Brussels, New York and Oxford: Peter Lang, pp. 17–33.

Joseph, John E. (2005), The tongues of men and of angels: knowledge, inner speech and diglossia in medieval linguistic thought, in Andrew R. Linn and Nicola McLelland (eds.), *Flores grammaticae: Essays in Memory of Vivien Law*, Münster: Nodus, pp. 119–139.

Joseph, John E. (2006), Language and nationalism, 1880–1945, in Guntram H. Herb and David H. Kaplan (eds.), *Nations and Nationalisms in Global Perspective: An Encyclopedia of Origins, Development, and Contemporary Transitions*, 4 vols, Santa Barbara, Denver and Oxford: ABC-CLIO.

Joseph, John E., Nigel Love and Talbot J. Taylor (2001), *Landmarks in Linguistic Thought II: The Western Tradition in the Twentieth Century*, London and New York: Routledge.

Kaplan, Robert B. and Richard B. Baldauf (1997), *Language Planning from Practice to Theory*, Clevedon: Multilingual Matters.

Kibbee, Douglas A. (ed.) (1998), *Language Legislation and Linguistic Rights: Selected Proceedings of the Language Legislation and Linguistic Rights Conference*, the University of Illinois at Urbana-Champaign, March, 1996, Amsterdam and Philadelphia: John Benjamins Publishing Company.

Kienpointner, Manfred (ed.) (1999), Ideologies of politeness, special issue of *Pragmatics*, 9 (1).

Klemperer, Victor (1949), *LTI: Notizbuch eines Philologen*, Berlin: Aufbau-Verlag. Engl. transl. by Martin Brady, *Language of the Third Reich: LTI, Lingua Tertii Imperii: A Philologist's Notebook*, New York and London: Continuum.

Kloss, Heinz (1967), "Abstand" languages and "Ausbau" languages, *Anthropological Linguistics*, 9 (7): 29–41.

Kloss, Heinz (1978), *Der Entwicklung neuer germanischer Kultursprachen seit 1800*, 2nd edn, Düsseldorf: Schwann. (1st edn 1952.)

Korzybski, Alfred (1921), *Manhood of Humanity*, New York: E. P. Dutton and Co.

Korzybski, Alfred (1933), *Science and Sanity: An Introduction to Non-aristotelian Systems and General Semantics*, Lakeville, CT: International Non-artistotelian Library Publishing Co., distributed by the Institute of General Semantics.

Kretzmann, Norman (1967), History of semantics, in Paul Edwards (ed.), *The Encyclopedia of Philosophy*, vol. 7, New York: Macmillan and The Free Press, pp. 358–406.

Kroskrity, Paul V. (ed.) (2000), *Regimes of Language: Ideologies, Polities, and Identities*, Santa Fe, NM: School of American Research Press.

Kymlicka, Will (2001), *Politics in the Vernacular: Nationalism, Multiculturalism, and Citizenship*, Oxford: Oxford University Press.

Kymlicka, Will and François Grin (2003), Assessing the politics of diversity in transition countries, in Daftary and Grin (eds.), pp. 5–27.

Kymlicka, Will and Alan Patten (eds.) (2003), *Language Rights and Political Theory*, Oxford: Oxford University Press.

Laforge, Lorne and Grant D. McConnell (eds.) (1990), *Language Spread and Social Change: Dynamics and Measurement*, Québec: International Centre for Research on Bilingualism.

Lakoff, Robin (1973), Language and woman's place, *Language in Society*, 2: 45–80.

Lakoff, Robin (1975), *Language and Woman's Place*, New York: Harper and Row.

Lakoff, Robin Tolmach (1990), *Talking Power: The Politics of Language*, New York: Basic Books.

Lakoff, Robin Tolmach (2000), *The Language War*, Berkeley, Los Angeles and London: University of California Press.

Lakoff, Robin Tolmach (2004), *Language and Woman's Place: Text and Commentaries*, ed. by Mary Bucholz, Oxford and New York: Oxford University Press.

Landau, Jacob M. (ed.) (1999), *Language and Politics: Theory and Cases*, special issue of *International Journal of the Sociology of Language*, no. 137, Berlin: Mouton de Gruyter.

Langton, Rae (1993), Speech acts and unspeakable acts, *Philosophy and Public Affairs*, 22 (4): 293–330.

Lapesa, Rafael (1968), *Historia de la lengua española*, 7th edn, Madrid: Escelicer.

Le Bon, Gustave (1895), *Psychologie des foules*, Paris: Félix Alcan.

Lee, Penny (1995), *The Whorf Theory Complex: A Critical Reconstruction*, Amsterdam and Philadelphia: John Benjamins Publishing Company.

Leets, Laura, Howard Giles and Kimberly Noels (1999), Attributing harm to racist speech, *Journal of Multilingual and Multicultural Development*, 20 (3): 209–215.

Lester, Paul Mark (1996), On the n- and f-words: quantifying the taboo, paper presented at annual convention of Association for Education in Journalism and Mass Communication, Anaheim, CA, Aug. 1996. Currently available on <http://commfaculty.fullerton.edu/ lester/writings/taboo.html>.

Linn, Andrew R. and Nicola McLelland (eds.) (2002), *Standardization: Studies from the Germanic Languages*, Amsterdam and Philadelphia: John Benjamins Publishing Company.

Locher, Miriam A. (2004), *Power and Politeness in Action: Disagreements in Oral Communication*, Berlin:

Mouton de Gruyter.

Locke, John (1690), *An Essay Concerning Humane Understanding*, London: Printed for Tho. Basset, and sold by Edw. Mory.

Makoni, Sinfree (1995), Linguistic imperialism: old wine in new bottles, *British Association of Applied Linguistics Newsletter*, no. 50: 28–30.

Maley, Catherine A. (1974), *The Pronouns of Address in Modern Standard French*, University, Miss.: Romance Monographs.

Mansour, Gerda (1993), *Multilingualism and Nation Building*, Clevedon: Multilingual Matters.

Mar-Molinero, Clare (2000), *The Politics of Language in the Spanish-Speaking World: From Colonisation to Globalisation*, London and New York: Routledge.

Martín Rojo, Luisa and Angel Gabilondo Pujol (2002), Michel Foucault, in Jef Verschueren, Jan-Ola Östman, Jan Blommaert and Chris Bulcaen (eds.), *Handbook of Pragmatics: 2000 Installment*, Amsterdam and Philadelphia: John Benjamins Publishing Company.

Matheson, Hilda (1933), *Broadcasting*, London: Thornton Butterworth.

Matsuda, Mari (1993), Public response to racist speech: considering the victim's story, in Mari Matsuda, Charles Lawrence, Richard Delgado and Kimberle Williams Crenshaw (eds.), *Words That Wound: Critical Race Theory, Assaultive Speech, and the First Amendment*, Boulder, CO: Westview Press, pp. 17–52.

May, Stephen (2001), *Language and Minority Rights: Ethnicity, Nationalism and the Politics of Language*, Harlow: Longman.

Minnini, Giuseppe (1994), Marxist theories of language, in R. E. Asher (ed.), *Encyclopedia of Language and Linguistics*, Oxford: Pergamon, pp. 2390–2393.

Montagu, Ashley (1967), *The Anatomy of Swearing*, New York: Macmillan.

Mühlhäusler, Peter, Rom Harré, Anthony Holiday and Michael Freyne (1990), *Pronouns and People: The Linguistic Construction of Social and Personal Identity*, Oxford: Blackwell.

Murray, Denise E. (1999), Whose "standard"? What the Ebonics debate tells us about language, power, and pedagogy, in James E. Alatis and Ai-Hui Tan (eds.), *Language in Our Time: Bilingual Education and Official English, Ebonics and Standard English, Immigration and the Unz Initiative* (Georgetown University Round Table on Language and Linguistics, 1999), Washington, DC: Georgetown University Press, pp. 281–291.

Murray, Lindley (1795), *English Grammar*, NewYork: Printed by Wilson, Spence and Mawman. (Repr. Menston: Scolar Press, 1968.)

Myhill, John (2004), *Language in Jewish Society: Towards a New Understanding*, Clevedon: Multilingual Matters.

Ng, Bee Chin, and Kate Burridge (1993), The female radical: portrayal of women in Chinese script, *Australian Review of Applied Linguistics* (Series S), 10: 54–85.

O'Barr, William M. (1982), *Linguistic Evidence: Language, Power, and Strategy in the Courtroom*, San Diego, CA: Academic Press.

O'Barr, William M. (2001), Language, law and power, in Robinson and Giles (eds.), pp. 531–540.

O'Barr, William M. and Jean F. O'Barr (eds.) (1976), *Language and Politics*, The Hague: Mouton.

O'Connor, James (2000), *Cuss Control: The Complete Book on How to Curb Your Cursing*, New York:

Three Rivers Press.

Ogden, C. K. (1944), *The System of Basic English*, 3rd edn, New York: Harcourt, Brace and Co. (1st edn 1934.)

Ogden, C. K. and I. A. Richards (1923), *The Meaning of Meaning: A Study of the Influence of Language upon Thought and of the Science of Symbolism*, London: Kegan Paul, Trench, Trubner and Co.; New York: Harcourt, Brace and Co.

Orwell, George (1944), Propaganda and demotic speech, *Persuasion*, 2 (2, Summer). (Repr. in *The Complete Works of George Orwell*, vol. 16: *I Have Tried to Tell the Truth: 1943–1944*, ed. by Peter Davison, London: Secker and Warburg, 1998, pp. 310–316.)

Orwell, George (1946), Politics and the English language, *Horizon*, 13, no. 76 (Apr.), 252–265. (Repr. in *The Complete Works of George Orwell*, vol. 17: *I Belong to the Left: 1945*, ed. by Peter Davison, London: Secker and Warburg, 1998, pp. 421–432.)

Orwell, George (1947), *The English People*, London: Collins. (Written 1944. Repr. in Sonia Orwell and Ian Angus (eds.), *The Collected Essays, Journalism and Letters of George Orwell*, vol. 3, London: Secker and Warburg, 1968, pp. 1–38.)

Orwell, George (1949), *Nineteen Eighty-Four*, London: Martin Secker and Warburg. (New edn 1987; repr. Harmondsworth: Penguin Twentieth Century Classics, in association with Martin Secker and Warburg, 1989.)

Patten, Alan (2003), Liberal neutrality and language policy, *Philosophy and Public Affairs*, 31 (4): 356–386.

Pauwels, Anne (1998), *Women Changing Language*, London and New York: Longman.

Pêcheux, Michel (1982), *Language, Semantics and Ideology*, London: Macmillan.

Pei, Mario (1949), *The Story of Language*, Philadelphia: J. B. Lippincott.

Pennycook, Alastair (2001), *Critical Applied Linguistics: A Critical Introduction*, Mahwah, NJ: Lawrence Erlbaum.

Perta, Carmela (2004), *Language Decline and Death in Three Arbëresh Communities in Italy: A Sociolinguistic Study*, Alessandria, Italy: Edizioni dell'Orso.

Phillipson, Robert (1992), *Linguistic Imperialism*, Oxford: Oxford University Press.

Poedjosoedarmo: see under Soepomo Poedjosoedarmo.

Pratkanis, Anthony and Elliot Aronson (2001), *Age of Propaganda: The Everyday Use and Abuse of Persuasion*, 2nd edn, New York: W. H. Freeman.

Rajagopalan, Kanavillil (1999a), Of EFL teachers, conscience, and cowardice, *ELT Journal*, 53 (3): 200–206.

Rajagopalan, Kanavillil (1999b), Reply to Canagarajah, *ELT Journal*, 53 (3): 215–216.

Ramonet, Ignacio (1999), *La tyrannie de la communication*, Paris: Galilée.

Ramonet, Ignacio (2000), *Propagandes silencieuses: Masses, télévision, cinéma*, Paris: Galilée.

Rampton, Ben (1995), *Crossing: Language and Ethnicity among Adolescents*, London: Longman.

Rauch, Jonathan (1993), *Kindly Inquisitors: The New Attacks on Free Thought*, Chicago and London: University of Chicago Press.

Ravitch, Diane (2003), *The Language Police: How Pressure Groups Restrict What Students Learn*, New York: Alfred A. Knopf.

Rawls, John (1971), *A Theory of Justice*, Cambridge, MA: Belknap Press of Harvard University Press. (Rev. edn 1999.)

Reid, Thomas (1788), *Essays on the Active Powers of Man*, Edinburgh: Printed for John Bell, and G. G. J. and J. Robinson, London.

Ricento, Thomas (ed.) (2000), *Ideology, Politics and Language Policies: Focus on English*, Amsterdam and Philadelphia: John Benjamins Publishing Company.

Richards, I. A. (1943), *Basic English and Its Uses*, London: Kegan Paul, Trench, Trubner and Co.

Robinson, W. Peter and Howard Giles (eds.) (2001), *The New Handbook of Language and Social Psychology*, Chichester and New York: John Wiley and Sons.

Rojo: see under Martín Rojo.

Ross, H. E. (1960), Patterns of swearing, *Discovery*: 479–481.

Rossi-Landi, Ferruccio (1975), *Linguistics and Economics*, The Hague: Mouton.

Rossi-Landi, Ferruccio (1983), *Language as Work and Trade*, South Hadley, MA: Bergin and Garvey.

Sacks, Harvey (1992), *Lectures on Conversation*, ed. by Gail Jefferson, 2 vols, Oxford and Cambridge, MA: Blackwell.

Sacks, Harvey, Emanuel A. Schegloff and Gail Jefferson (1974), A simplest systematics for the organization of turn-taking for conversation, *Language*, 50: 696–735.

Sapir, Edward (1921), *Language: An Introduction to the Study of Speech*, New York: Harcourt, Brace and Co.

Sapir, Edward (1924), The grammarian and his language, *American Mercury*, 1: 149–155. (Repr. in Sapir 1949: 150–159.)

Sapir, Edward (1949), *Selected Writings in Language, Culture, and Personality*, ed. by David G. Mandelbaum, Berkeley and Los Angeles: University of California Press.

Saussure, Ferdinand de (1922), *Cours de linguistique générale*, ed. by Charles Bally and Albert Sechehaye with the collaboration of Albert Riedlinger, 2nd edn, Paris and Lausanne: Payot. (1st edn 1916. Engl. transl., *Course in General Linguistics*, by Wade Baskin, New York: Philosophical Library, 1959; another by Roy Harris, London: Duckworth; La Salle, IL: Open Court, 1983.)

Schieffelin, Bambi B., Kathryn A. Woolard, and Paul V. Kroskrity (eds.) (1998), *Language Ideologies: Practice and Theory*, New York and Oxford: Oxford University Press.

Schiffman, Harold F. (1996), *Linguistic Culture and Language Policy*, London and New York: Routledge.

Schneider, Edgar W. (2003), The dynamics of new Englishes: from identity construction to dialect birth, *Language*, 79 (2): 233–281.

Searle, John (1968), Austin on locutionary and illocutionary acts, *Philosophical Review*, 77 (4): 405–424.

Sélincourt, Basil de (1926), *Pomona, or the Future of English*, London: Kegan Paul, Trench, Trubner and Co.

Shapiro, Michael J. (ed.) (1984), *Language and Politics*, Oxford: Basil Blackwell.

Shepard, Carolyn A., Howard Giles and Beth A. LePoire (2001), Communication Accommodation Theory, in Robinson and Giles (eds.), pp. 33–56.

Siegel, James T. (1986), *Solo in the New Order: Language and Hierarchy in an Indonesian City*, Princeton, NJ and Chicester: Princeton University Press.

Silverstein, Michael (2000), Whorfianism and the linguistic imagination of nationality, in Kroskrity (ed.), pp. 85–138.

Skutnabb-Kangas, Tove (2000), *Linguistic Genocide in Education—or Worldwide Diversity and Human Rights?*, Mahwah, NJ and London: Lawrence Erlbaum.

Smith, Anthony (1973), *The Shadow in the Cave: A Study of the Relationship between the Broadcaster, His Audience and the State*, London: George Allen and Unwin.

Soepomo Poedjosoedarmo (1968), Javanese speech levels, *Indonesia*, 6: 54–81.

Spender, Dale (1980), *Man Made Language*, London: Routledge and Kegan Paul.

Spolsky, Bernard (2004), *Language Policy*, Cambridge: Cambridge University Press.

Stephens, Edward (1695), *Phinehas: or, The common Duty of all Men: and the special Duty of Magistrates, to be zealous and active in the Execution of Laws against scandalous Sins and Debauchery; and of that in particular, against prophane Cursing and Swearing*, London: printed for Richard Smith…, to be sold by Richard Baldwin.

Stroud, Christopher (2001), African mother-tongue programmes and the politics of language: linguistic citizenship versus linguistic human rights, *Journal of Multilingual and Multicultural Development*, 22 (4): 339–355.

Suleiman, Yasir (2003), *The Arabic Language and National Identity: A Study in Ideology*, Edinburgh: Edinburgh University Press.

Suleiman, Yasir (2004), *A War of Words: Language and Conflict in the Middle East*, Cambridge: Cambridge University Press.

Swaen, A. E. H. (1898), Figures of imprecation, *Englische Studien*, 24: 16–71, 195–231.

Swift, Jonathan (1720), *The Swearer's-Bank, or, Parliamentary security for establishing a new bank in Ireland: wherein the medicinal use of oaths is considered…*, Dublin: printed by Thomas Hume…; reprinted at London by J. Roberts in Warwick-Lane.

Tajfel, Henri (1978), Social categorization, social identity and social comparison, in Henri Tajfel (ed.), *Differentiation between Social Groups: Studies in the Social Psychology of Intergroup Relations*, London: Academic Press, pp. 61–76.

Tannen, Deborah (1990), *You Just Don't Understand: Women and Men in Conversation*, New York: Morrow.

Tannen, Deborah (ed.) (1993), *Gender and Conversational Interaction*, New York: Oxford University Press.

Tannen, Deborah (1994), *Gender and Discourse*, New York: Oxford University Press.

Taylor, Charles (1994), *Multiculturalism: Examining the Politics of Recognition*, Princeton, NJ: Princeton University Press.

Taylor, Talbot J. (1997), *Theorizing Language: Analysis, Normativity, Rhetoric, History*, Oxford: Pergamon.

Taylor, Talbot J. (2000), Language constructing language: the implications of reflexivity for linguistic theory, *Language Sciences*, 22: 483–499.

Thomason, Sarah G. (1999), Speakers' choices in language change, *Studies in the Linguistic Sciences*, 29 (2): 19–43.

Thornborrow, Joanna (2002), *Power Talk: Language and Interaction in Institutional Discourse*, Harlow: Pearson Education.

Thorne, Barrie, and Nancy Henley (eds.) (1975), *Language and Sex: Difference and Dominance*, Rowley,

MA: Newbury House.

Todorov, Tzvetan (1984), *Mikhail Bakhtin: The Dialogical Principle*, transl. by Wlad Godzich, Minneapolis, MN: University of Minnesota Press.

Tollefson, James W. (1991), *Planning Language, Planning Inequality: Language Policy in the Community*, London: Longman.

Tollefson, James W. (ed.) (1995), *Power and Inequality in Language Education*, Cambridge: Cambridge University Press.

Tollefson, James W. (ed.) (2002), *Language Policies in Education: Critical Issues*, Mahwah, NJ: Lawrence Erlbaum Associates.

Tongue, R. K. (1979), *The English of Singapore and Malaysia*, 2nd edn, Singapore: Eastern Universities Press.

Trappes-Lomax, Hugh (2005), Language and discourse descriptions, paper given at workshop on Applied Linguistics and the Teaching of English and Modern Languages, sponsored by the UK Subject Centre for Linguistics, Languages and Area Studies, Edinburgh, 19 Jan. 2005.

Tsui, Amy B. M., and Stephen Andrew (eds.) (2002), *Maintaining and Setting Standards and Language Variation: A Dilemma for Language Education in the Asia Pacific Region*, special issue of *Journal of Asian Pacific Communication*, 12 (1).

Twomey, Anne (1994), Laws against incitement to racial hatred in the United Kingdom, *Australian Journal of Human Rights*, 1 (1): 235–247.

Ullmann, Stephen (1957), *The Principles of Semantics*, 2nd edn, Oxford: Blackwell.

van Dijk, Teun A. (1993), *Elite Discourse and Racism*, Newbury Park, CA: Sage.

van Dijk, Teun A. (1995), Elite discourse and the reproduction of racism, in Rita Kirk Whillock and David Slayden (eds.), *Hate Speech*, Thousand Oaks, CA: Sage, pp. 1–27.

Voloshinov, V. N. (1973), *Marxism and the Philosophy of Language*, transl. by Ladislav Matejka and I. R. Titunik, Cambridge, MA and London: Harvard University Press.

Weinstein, Brian (1983), *The Civic Tongue: Political Consequences of Language Choices*, New York and London: Longman.

Weinstein, Brian (ed.) (1990), *Language Policy and Political Development*, Norwood, NJ: Ablex.

Whitney, William Dwight (1867), *Language and the Study of Language: Twelve Lectures on the Principles of Linguistic Science*, New York: C. Scribner and Co.; London: Trübner.

Whorf, Benjamin Lee (1940), Science and Linguistics, *Technology Review*, 42 (6) (April, 1940): 229–231, 247–248. (Repr. in Hayakawa 1941: 302–321; Whorf 1956: 207–219.)

Whorf, Benjamin Lee (1956), *Language, Thought, and Reality: Selected Writings of Benjamin Lee Whorf*, ed. by John B. Carroll, Cambridge, MA: MIT Press.

Wiley, Terrence G. (2002), Heinz Kloss revisited: National socialist ideologue or champion of language-minority rights?, *International Journal of the Sociology of Language*, no. 154: 83–97.

Wodak, Ruth, Rudolf de Cillia, Martin Reisigl and Karin Liebhart (1999), *The Discursive Construction of National Identity*, transl. by Angelika Hirsch and Richard Mitten, Edinburgh: Edinburgh University Press.

Wodak, Ruth and David Corson (eds.) (1997), *Encyclopedia of Language and Education*, vol. 1: *Language Policy and Political Issues in Education*, Dordrecht, Boston and London: Kluwer.

Wodak, Ruth and Michael Meyer (eds.) (2001), *Methods of Critical Discourse Analysis*, London, Thousand Oaks Calif., and New Delhi: Sage.

Wright, Laura (ed.) (2000), *The Development of Standard English, 1300–1800: Theories, Descriptions, Conflicts*, Cambridge: Cambridge University Press.

Wright, Sue (2004), *Language Policy and Language Planning: From Nationalism to Globalisation*, Houndmills, Basingstoke and New York: Palgrave Macmillan.

译名表

A

Abstand 距离

abstract objectivism 抽象客观主义

abstraction 抽象

academe 学界

accommodation 调节

advertising 广告

Africa 非洲

agency 能动作用

Ager, D. E. D. E. 埃杰

Ainu 阿伊努语

Albanian 阿尔巴尼亚语；阿尔巴尼亚人

Alter, S. G. S. G. 阿尔特

Americas 美洲地区

Ammon, U. U. 阿蒙

Anderson, B. B. 安德森

Andersson, L. G. L. G. 安德森

Andrew, S. S. 安德鲁

Androutsopoulos, J. K. J. K. 安德鲁措普洛斯

animal behavior 动物行为

Annamalai, E. E. 安纳马莱

anthropology 人类学

appropriation （政策）援用

Arabic 阿拉伯语

Arbëresh 阿尔贝雷尔

Archer, M. S. M. S. 阿彻

Aristotle 亚里士多德

Armour, W. S. W. S. 阿穆尔

Aronson, E. E. 阿伦森

artificial language 人工语言

Asia 亚洲

asylum policy 难民政策

audience design 听众设计

Augustine, St 圣·奥古斯丁

Ausbau 扩展

Austin, J. L. J. L. 奥斯汀

Australia 澳大利亚

authenticity 真实性

authority 权威

B

Bakhtin, M. M. 巴赫金

Baldauf, R. B. R. B. 巴尔道夫

Ballantyne, G. B. G. B. 巴兰坦

banal nationalism 日常民族主义

Barclay, J. J. 巴克利

Bargiela-Chiappini, F. F. 巴尔吉耶拉-基亚皮尼

Barsamian, D. D. 巴萨米安

Barsky, R. R. 巴尔斯基

Basic English 基础英语

Basque 巴斯克语

bawdy talk 流氓话

BBC 英国广播公司

Bechhofer, F. F. 贝克豪菲

Beeching, K. K. 比钦

Belgium 比利时

beliefs 信念

Bell, A. A. 贝尔

Bengali 孟加拉语

Berber 柏柏尔语

Bernstein, B. B. 伯恩斯坦

Bhabha, H. K. H. K. 巴巴

Bhaskar, R. R. 巴斯卡尔

Bible 《圣经》

big language and small language 大语种和小语种

bilingualism 双语制

Billig, M. M. 比利希

Bisong, J. J. 毕松

Blank, P. P. 布兰克

blasphemy 渎神之语

Blommaert, J. J. 布洛马特

body and mind 身体和思想

Bolton, K. K. 博尔顿

bonding 关系

P

Palestine 巴勒斯坦

particular significance of lower-middle 社会中下阶层的特别重要性

Passeron, J.-C. J.-C. 帕斯隆

Patten, A. A. 帕顿

pause filler 停顿用词

Pauwels, A. A. 保韦尔斯

Pêcheux, M. M. 派彻

Pei, M. A. M. A. 贝

Pennycook, A. A. 彭尼库克

perception 感知

performativity 表演性

Perta, C. C. 佩尔塔

Phillipson, R. K. R. K. 菲利普森

philosophy 哲学

Plato 柏拉图

Polish 波兰语

politeness theory 礼貌理论

political correctness 政治正确

politics of knowledge 知识的政治

Polynesia 波利尼西亚

Portugal 葡萄牙

Portuguese 葡萄牙语

positive face 积极的面子

post-colonial contexts 后殖民语境

post-structuralism 后结构主义

power 权力

powerless language 无权力的语言

practice 实践

pragmatics 语用学

Pratkanis, A. A. 普拉卡尼斯

prescriptivism 规定主义

print capitalism and print culture 印刷资本主义和印刷文化

profane language 亵渎神灵的语言

professionalism 专业主义

pronouns marking for gender 性别标记

propaganda anxiety 宣传焦虑

Provençal 普罗旺斯语

psychology 心理学

public and private space 公共及私人空间

publishing 出版

Punjabi 旁遮普人；旁遮普语

Puritans 清教徒

Q

Quakers 教友会教徒

Quebec French (Québécois) 魁北克省法语（魁北克）

question intonation in declarative context 用于陈述句的疑问语气

quotation, rather than paraphrase 直接引用原文

R

racial epithets 种族主义称谓

radio 广播

Rajagopalan, K. K. 拉贾戈帕兰

Ramonet, I. I. 拉莫内特

Rampton, B. B. 兰普顿

Rauch, J. J. 劳赫

Ravitch, D. D. 拉维奇

Rawls, J. J. 罗尔斯

Reagan, R. R. 里根

realism 现实主义

reality 现实

reason 理性

Reid, T. T. 里德

religion 宗教

resistance 抵制

rhetoric 修辞术

Ricento, T. T. 理森图

Richards, I. A. I. A. 理查兹

Risager, K. K. 理萨奇

rise of national language 民族语言的兴起

ritual 仪式

Roma 罗马

Roman Catholic Church 罗马天主教会

Roman Empire 罗马帝国

Romance languages 罗曼语族

Romanticism 浪漫主义

译后记

　　蔡思果有言：译书不必序。我深以为然。"译"之为事，有其明确的伦理准则，此与著作者大不同。法国人葛岱克著《职业翻译与翻译职业》有译者守则若干，我印象最深刻的一条是"绝不在任何场合评价客户"。译者不能干扰读者，更不能对原著、原作者指手画脚。鸠摩罗什以"嚼饭喂人"叹传译之无奈，我意此亦深足为译者诫。如此，非但不必序，而且还没法序。

　　当然，濯堂先生也没说"译书不能序"——他译的《大卫·考勃菲尔》便有一篇洋洋洒洒的长篇序文，而我这"后记"充其量也只能算是"跋"。钻得这点空子，我想大着胆子扭捏杜撰一些也无甚大害。一来可以敷编辑之严责，顺带还可以夹点私货，讲讲自己的正经事：翻译。

　　我既画地自牢，《语言与政治》这本书自然不能再谈。然而翻译，尤其是译了之后要公开出版的"译书"这件事，恰是一件"语言与政治"张力十足的工作。译稿完成阶段，国内正掀起一场"维护母语纯洁性该不该成为译者的终极任务"的大讨论。与此同时，讨伐"译者水平"的各种陈年旧帖借风抢浪，沉了若干年底又潮了一把。确实有那么几天，素以"职业译员"自律的我连朋友圈都不敢刷。

　　由此我联想到自己早年的一件蠢事。十几年前，有部茅盾文学奖获奖作品风行一时。当时还少不更事的我写了一篇文章，罗列了作品中一大堆语法不规范的现象。现在想想实在幼稚可笑——大约两年后我悄悄删了博客上的那篇文章，再两年，我又悄悄原谅了自己。十几年了。回头看自己的认知，又对比看今天的讨论，着实心有戚戚焉。

　　这场讨论不该发生。至少不该是发生在现在。对于一种正在获取独立身份的语言，如果它很在意自己的"纯洁性"，这是完全可以理解的。比如本书作者介绍的几百年前的欧洲国家语言。然而现在说的是今天的汉语呀！今天的汉语！而且是翻译！难怪有学者坦言："按理说，这早就不再应该是翻译界讨论的话题。"

　　然而实际上讨论得非常激烈。蔡思果说中国人吃饭抢着买单常常大有要拔出手枪的架势。谁买单当然是个宽泛意义上的人际政治问题，跟钱无关。"维护母语纯洁性该不该成为译者的终极任务"的讨论以及"翻译水平是不是每况愈下"的讨伐归根到底只能是文化界的话语政治问题，绝非真正的翻译的或学术的命题。它们是彻头彻尾的伪命题。其根本特征是，反对或赞成都不能成立。真要让另一方服输，真的得拔手枪。

回到头来，翻译这件事，需要一套自己的伦理准则，或者说，一套独立的伦理准则。这需要译界的经年修养，也需要社会的理性尊重。当今看来，首先需要文化界话语政治的尊重，或者说，不干扰。"养其根而俟其实，加其膏而希其光。"如此，翻译界一定会形成自己的"语言与政治"的平衡，完成自己的终极使命。

林元彪

2017 年 7 月 13 日

于华东师大中江小区青教公寓